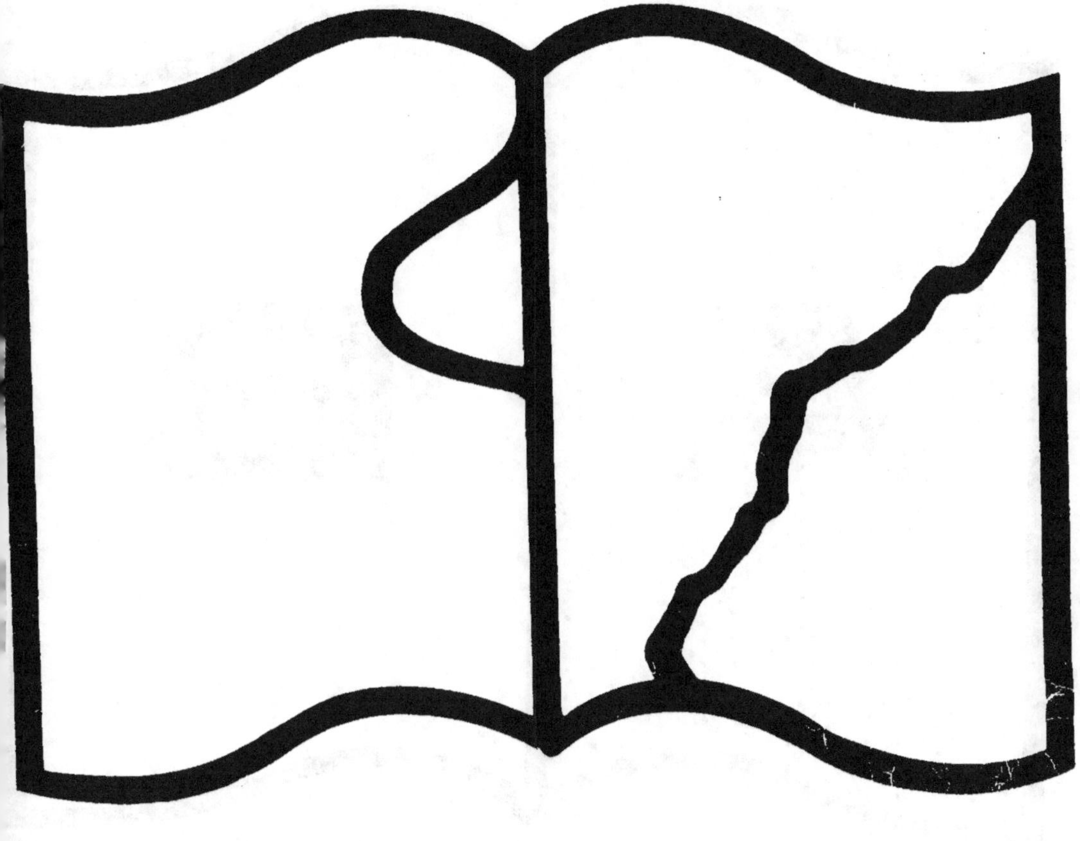

Texte détérioré — reliure défectueuse

NF Z 43-120-11

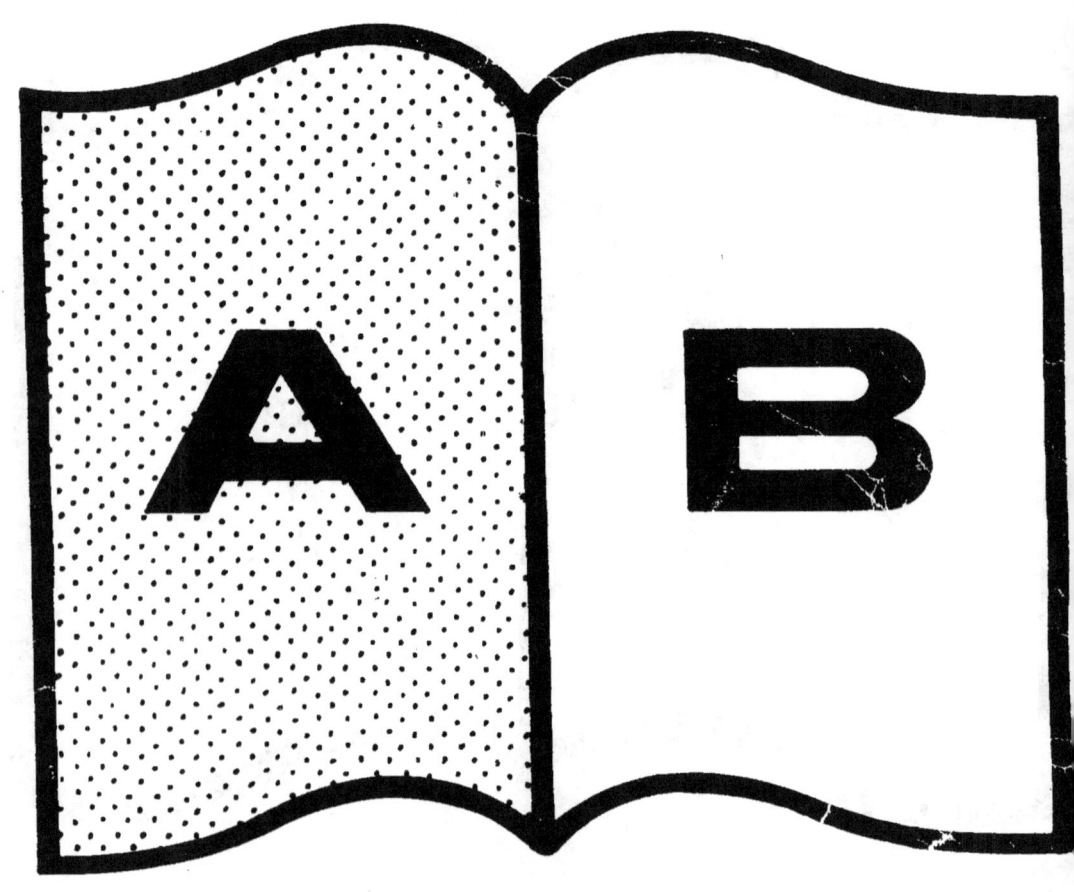

Contraste insuffisant

NF Z 43-120-14

HISTOIRE
DE L'HABITATION
HUMAINE

PARIS. — TYPOGRAPHIE LAHURE
Rue de Fleurus, 9

HISTOIRE DE L'HABITATION HUMAINE

FRONTISPICE.

HISTOIRE

DE L'HABITATION

HUMAINE

DEPUIS LES TEMPS PRÉHISTORIQUES JUSQU'A NOS JOURS

TEXTE ET DESSINS

PAR

VIOLLET-LE-DUC

PARIS
BIBLIOTHÈQUE
D'ÉDUCATION ET DE RÉCRÉATION
J. HETZEL ET Cie, 18, RUE JACOB

Tous droits de traduction et de reproduction réservés

HISTOIRE

DE

L'HABITATION

PROLOGUE

Il y a de cela bien longtemps!

Sur un sommet abrupt, deux personnages sont assis et, pensifs, ils contemplent l'immense paysage qui se déroule devant eux.

Des lacs aux contours irréguliers, réunis par des flaques d'eaux dormantes, laissent émerger des terres plates couvertes d'une végétation touffue, et parfois des roches peu élevées qui montrent leurs flancs comme de longues failles verticales. A l'horizon s'élève une chaîne de montagnes aux profils bizarres.

Le disque du soleil, large et cuivré, sans rayons, répand, sur les innombrables bandes liquides à travers les vapeurs qui sont suspendues au-dessus d'elles, des lueurs incertaines.

Les terres émergées sous cette lumière voilée sont noires et découpent leurs silhouettes sur les brumes.

Des bruits confus percent l'air chaud et humide. Ce sont des croassements de batraciens, des sifflements de reptiles, des beuglements de ruminants, les cris stridents des mammouths, les plaintes de grands oiseaux.

« Tout est bien, dit l'un des deux personnages. — Rien n'est achevé, reprend l'autre; vois au bas de cet escarpement ces êtres qui se rassemblent, puis se séparent, qui cherchent et s'abritent.... — Eh bien? — Ce ne sont pas des êtres semblables aux autres.... Ils sont agités, inquiets, regardent de tous côtés; seuls entre tous, ils s'avancent droits sur leurs pieds. — Regarde : ils se battent entre eux, se jettent des pierres, s'avancent par troupes, armés de branches d'arbres. — Tous les animaux s'entre-battent. — Regarde encore! Voici un ours gigantesque qui sort des fourrés; ces êtres cessent de se battre entre eux; ils se réunissent.... ils forment un cercle autour de l'animal terrible, l'accablent de cailloux. La bête ne sait de quel côté attaquer, elle grogne et tourne sur elle-même, le poil hérissé.... Vois! le cercle se resserre; plusieurs, parmi ces êtres, portent de longs bâtons armés à leur extrémité de pierres tranchantes.... Ils frappent à la fois sur l'ours furieux.... Il se défend.... Deux des assaillants sont tombés déchirés par les griffes de l'ours. L'animal succombe cependant, le voilà à terre couvert de liens de jonc. — Tous les animaux se défendent et attaquent. — Regarde encore; on s'empresse autour des deux blessés; on les emporte au bord du lac; on les couche sur des feuilles; on lave leurs blessures. Vois comme on se penche vers eux; écoute ces cris. — Qu'importe! Chaque être créé possède ses aptitudes, ses instincts; les uns se construisent des nids, d'autres se creusent des tanières ou élèvent des demeures. On en voit qui se réunissent en troupes, quelques-uns vivent isolés et défiants; tous s'entre-dévorent et cherchent à se prémunir contre les attaques de leurs ennemis. C'est la loi. — Descendons au milieu de ces êtres, viens. — A quoi bon? — Peut-être trouverons-nous? — Quoi? — Ce qu'il faut chercher. — Esprit vain et inquiet!.... Soit, allons. »

I

SONT-CE DES HOMMES ?

Une douzaine d'êtres aux membres lourds, à la peau d'un jaune livide, le crâne couvert de poils rares et noirs qui tombent sur leurs yeux, aux ongles crochus, sont groupés, serrés les uns contre les autres, sous un arbre touffu dont les branches basses ont été attirées vers le sol et retenues à l'aide de mottes de limon. Le vent souffle avec violence et chasse la pluie tout à travers cet abri. Quelques nattes de jonc, des peaux de bêtes, protégent à peine les membres de ces êtres qui, à l'aide de leurs ongles, déchirent des lambeaux d'animaux aussitôt dévorés (fig. 1).

La nuit se fait et la pluie redouble. Les plus robustes ramassent des branches mortes, de longues herbes, arrachent des fougères et des roseaux et les amoncellent contre le vent; puis, avec des bâtons et leurs mains, ils cherchent à donner à l'eau qui envahit leur refuge un écoulement, en jetant de la boue sur des branches amassées.

Malgré la violence de la tempête, tous, enlacés comme un nid de couleuvres, s'endorment, sauf un d'eux, qui se tient éveillé en jetant dans la nuit des cris plaintifs et prolongés pour éloigner les animaux nuisibles. Lorsque le sommeil le gagne, il va réveiller un de ses compagnons qui prend sa place.

Le matin, le vent s'est abattu, mais la pluie ne cesse de tomber fine et drue. Le pied de l'arbre est couvert d'eau. Alors chacun de chercher des branches, des roseaux, du

Fig. I.

limon pour exhausser le sol. Quelques reptiles chassés de leurs retraites se réfugient sur les mottes qui entourent l'abri. Ils sont tués à coups de bâton, pour servir de pâture à la famille.

Non loin de là, Épergos, saisi de compassion en face de cette misère, choisit deux jeunes arbres espacés l'un de l'autre de quelques pas. Se hissant sur l'un d'eux, il le fait courber par le poids de son corps, attire le sommet de l'autre à l'aide d'un bois crochu et, joignant ainsi les branches des deux arbres, il les lie ensemble avec des joncs. Les êtres qui sont accourus autour de lui sont émerveillés. Mais

Fig. 2.

Épergos n'entend pas qu'ils restent oisifs, et leur fait comprendre qu'il faut aller quérir d'autres jeunes arbres dans les environs. Avec leurs mains et des bâtons ils les déracinent et les traînent auprès d'Épergos.

Celui-ci leur montre alors comment il les faut incliner

en cercle en appuyant leurs sommets contre les deux premiers arbres attachés; puis comment il faut garnir les intervalles avec des roseaux, des branches, de grandes herbes enlacées ; puis comment les racines doivent être recouvertes de limon et successivement tout l'ensemble (fig. 2), en laissant une ouverture du côté opposé au vent qui amène la pluie. Sur le sol, il fait répandre des branches mortes, des joncs et battre du limon avec les pieds.

A la fin du jour la hutte est terminée. Chaque famille des Naïrriti veut en posséder une semblable.

Épergos, couvert de sueur et de boue, se repose alors près de son compagnon Doxi. « Pourquoi, dit ce dernier, aller ainsi à l'encontre de ce qui est fait? Voudras-tu maintenant apprendre aux oiseaux à faire leurs nids, aux castors à se bâtir des cabanes autres que celles qu'ils savent fabriquer? Pourquoi modifier ainsi l'œuvre du créateur? — Qui sait! reprend Épergos; revenons ici dans cent mille jours et nous verrons si ces êtres ont oublié mes instructions pour vivre comme ils vivaient hier. S'il en est ainsi, j'ai tort de me mêler de leurs affaires, et je n'ai pas trouvé: mais s'ils ont profité de mes avis, si les huttes que nous verrons alors sont mieux faites que celles-ci, j'ai trouvé, car alors ces êtres ne sont pas des animaux. — Folie! répartit Doxi; que seraient-ils donc alors? — Que sais-je!... »

II

LES ARYAS.

Doxi et son compagnon se sont arrêtés au milieu d'une contrée élevée. C'est un immense plateau dominé du côté du nord par une chaîne de montagnes dont les sommets perdus dans les brumes sont rarement visibles.

Des vallées larges et profondes sillonnent ce plateau, et des torrents précipitent leurs cours sur les pentes et dans les fonds couverts de débris et de forêts.

Des neiges éternelles revêtent les hauteurs. Amoncelées, elles se répandent en longues traînées de glace jusqu'au fond de ces vallées, creusant de brillants sillons et poussant devant elles des roches et des sables. Si parfois les rayons du soleil réchauffent l'atmosphère, bientôt les vapeurs s'élèvent de toutes parts, le long des pentes, enveloppant les sommets, s'amoncellent, l'obscurité se fait et des orages terribles durent plusieurs jours.

Surpris par une de ces tempêtes, Épergos et Doxi se sont abrités sous une roche. La pluie serrée ne leur permet pas de distinguer les objets à quelques pas, et les échos se renvoient les détonations de la foudre qui semble éclater de tous les points de l'horizon, lorsqu'une voix claire et vibrante frappe l'oreille des deux compagnons; ils n'ont jamais entendu sur la terre rien qui rappelle ces intonations. La voix se rapproche; ils peuvent percevoir les paroles :

« Le lait de la nue a grossi nos flots et nous allons toutes au réservoir que le Dieu nous a préparé. Nous ne pouvons arrêter notre course.... Que désire le sage qui interpelle les rivières? »

« Qu'est-ce là? dit Épergos. — C'est le vent qui mugit, répond Doxi. — Non pas, c'est un esprit.... Il touche au rocher.... »

En effet, un personnage semblable aux deux compagnons prend place sous la roche.... « Qui es-tu? lui dit Épergos. — Arya, répond le nouveau venu. — Tu es seul? — Non, je suis le père d'une nombreuse famille, j'ai une femme, des enfants, des neveux, près d'ici, dans ma demeure. Venez-y, vous vous reposerez mieux que sous ce rocher; mais attendons un peu que les nuées s'éloignent. — Et que faites-vous dans cette demeure? — La mère élève nos enfants, j'ai des troupeaux que je soigne, et de leur lait je nourris la famille. Avec mes armes, je la défends contre les animaux sauvages et les ennemis. Le matin, avant le lever du soleil, et le soir, après son coucher, nous sacrifions.... Les garçons m'aident au dehors, les filles tissent des vêtements, recueillent le *sôma*, traient les vaches, tiennent la demeure nette de souillures. — Y a-t-il d'autres familles que la tienne? — Beaucoup. — Que dis-tu de cela, Doxi? — Je dis que le créateur a créé; tout est bien. — Nous verrons », se dit Épergos.

La pluie tombe moins drue, et des vapeurs blanchâtres, poussées par le vent, se déchirent en lambeaux à travers les forêts; tantôt elles laissent voir entre elles des taches noires, le fond de la vallée ou quelque pointe de rocher; tantôt elles ne forment plus qu'une masse grise dérobant tous les objets à la vue. « Allons ! » dit l'*hom*, et les deux compagnons suivent leur guide.

Bientôt à travers le brouillard apparaissent deux jeunes garçons : « Père ! disent-ils, la tempête est terrible là-haut. Nous allions à ta recherche. Sois le bienvenu ! — Voici des hôtes, répond le père. Courez dire à la mère qu'on prépare ce qu'il faut. »

Doxi, Épergos et le père atteignent l'habitation. Elle est adossée à de hautes roches qui l'abritent du vent. Le toit, très-saillant, est supporté par des troncs d'arbres fourchus. Les parois sont composées d'autres troncs d'arbres posés horizontalement les uns sur les autres et assemblés entre eux aux angles.

Des deux côtés de l'habitation, un peu en avant, sont deux cabanes : l'une est destinée aux bestiaux pendant l'hiver, l'autre contient du fourrage (fig. 3). Les parois de ces cabanes sont faites de grosses nattes de branchages.

Ces trois logis laissent entre eux une sorte de plate-forme, au milieu de laquelle est une grosse pierre lisse et propre.

La mère, entourée de ses enfants, reçoit les deux hôtes sous le portique et les fait entrer dans la case, au fond de laquelle, le long du rocher servant d'appui à la construction, brille un feu clair dont la fumée s'échappe par une ouverture pratiquée dans le toit et une longue trémie de bois.

Des nattes de jonc couvrent le sol battu ; d'autres nattes sont tendues le long des parois et en travers de la case qu'elles divisent en trois parties à peu près égales. Des peaux d'agneau jetées sur des tas d'herbes sèches forment des siéges autour du brasier, devant lequel un large pot de terre noire laisse échapper une vapeur d'une odeur agréable.

Épergos considère toutes ces choses non sans surprise ; quant à Doxi, il s'assied près du foyer et regarde la flamme.

« Mère, dit l'*hom*, apprête le repas ; ces étrangers doivent avoir faim. » Puis se tournant vers ses hôtes : « Vous êtes fatigués peut-être; prenez quelque repos avant de manger.

Fig 3.

Voilà des peaux d'agneau prêtes à vous recevoir. — Non, dit Épergos, nous n'avons nul besoin de repos.... Puis-je te demander si vous êtes établis ici depuis longtemps? — Pourquoi cette question, étranger? T'ais-je demandé d'où tu venais, où tu allais? Les Aryas ont toujours habité cette montagne; mon père et le père de mon père demeuraient dans cette maison, qui est à nous ainsi que les pâturages voisins. Mais que t'importe? — Pardonne; mais mon compagnon et moi ne savons rien de ces choses. Nous ignorions que ces hauts plateaux fussent habités par des Aryas. Nous n'avions vu sur la terre que des êtres inférieurs à toi, vivant, comme des animaux, de chair crue et d'herbes sauvages, ne sachant se construire des abris, nus et sordides. — Oui, les Dasyus, réplique le maître, race maudite. Indra les chassera de la terre qu'ils souillent de leur présence et qui appartient aux Aryas! »

A ces derniers mots, Doxi ébaucha un sourire.

La tempête redoublait de fureur. Des nuées noires s'accumulaient sur les sommets voisins, et les reflets d'une lumière blafarde le cédaient à la clarté de la flamme du foyer. Le vent soulevait la natte suspendue devant la porte triangulaire et poussait des grêlons jusqu'au milieu de la case. Les petits enfants, attachés à la longue tunique de leur mère, étaient devenus silencieux, pendant que le père et son fils aîné fixaient les nattes qui fermaient les issues à l'aide de cordes de roseau.

Le tonnerre ne cessait de gronder, mais sourdement.

Par moments le calme se faisait, puis on entendait comme un long gémissement lointain qui se rapprochait, semblant partir de tous les points à la fois. Alors les arbres voisins craquaient, la cabane tremblait et la pluie fouettait avec violence sur les écorces de sapin qui couvraient la toiture.

Bientôt l'eau, chassée contre le rocher auquel était adossée la maison, se fit jour par quelques fissures et envahit le sol; un craquement se fit entendre : c'était le sommet du large conduit de fumée, entraîné par l'eau, qui s'affaissait.

Un torrent de boue se précipita alors sur le foyer. La case n'était plus tenable; la fumée, la grêle, une eau noire, l'envahissaient de tous côtés. Il fallut se réfugier dans l'étable vide en ce moment, les bestiaux étant aux pâturages.

L'*hom* et sa compagne songèrent d'abord à leurs hôtes. Tant bien que mal on put se caser dans cette cabane, et pour souper il fallut se contenter de lait, de fromage et de graines de pin. Vers la fin de la nuit cessa la tempête, et les étoiles parurent au ciel.

Au moment où elles commençaient à pâlir, le père et la famille sortirent de la cabane et s'avancèrent vers la pierre placée au milieu de la plate-forme. La mère tenait deux vases de terre, l'un renfermant la liqueur extraite du *sôma*, l'autre du beurre.

Le père, ayant tiré de dessous son vêtement un paquet d'herbes et de branches sèches, le posa sur la pierre, et, faisant pivoter rapidement un brin de bois dans un morceau d'écorce, celui-ci noircit bientôt et s'enflamma. Le feu étant communiqué aux herbes sèches, la mère répandit dessus un peu de la liqueur du *sôma*; aussitôt la flamme brilla d'un vif éclat, et le père, d'une voix vibrante, prononça ces paroles :

« J'invoque pour vous le brillant Agni, hôte du peuple.... Qu'il répande des flots de lumière et que de son foyer il comble de biens son serviteur.

« On aime à honorer ce Dieu, qui est comme votre bien; on aime à le voir grandir et produire ses lueurs. Sur la ramée il agite ses flammes. »

Puis la mère ayant jeté du beurre sur l'autel, le feu prit en pétillant une nouvelle intensité :

« S'acharnant sur le bois qu'il dévore, il brille, il court comme l'eau, il résonne comme un char, il trace en brûlant un noir sentier. Il plaît comme le soleil qui sourit entre les nuées.

« Donne-nous, ô **Agni**, de vaillants compagnons, une heureuse abondance, une belle famille et de grands biens! »

Le soleil commençait alors à semer des touches d'or sur les cimes neigeuses se détachant sur l'azur profond du ciel. L'air était vif et pénétrant. La famille, silencieuse, demeurait debout devant la flamme, les yeux fixés du côté de l'orient. On n'entendait que le murmure du torrent voisin.

Les deux compagnons se tenaient à l'écart. Épergos dit alors tout bas à Doxi : « Que penses-tu de tout ceci? — Je pense que ces Aryas, puisqu'ils se nomment ainsi, détruiront l'œuvre du Créateur. Il n'était pas besoin d'eux sur la terre. »

Épergos ne répliqua pas.

III

LA NOUVELLE HABITATION DE L' « HOM. »

« Prends soin de nos hôtes, dit le père à sa compagne. Je vais chercher mes frères pour nous aider à rebâtir notre demeure. » Et emmenant son fils aîné avec lui, il s'enfonça dans la forêt voisine.

La femme, aidée de son second fils, après avoir servi du lait à ses hôtes, se mit à chercher dans les débris de la maison écroulée les objets qui pouvaient encore être utilisés.

Épergos, soulevant les bois effondrés, l'aidait, tandis que Doxi semblait plongé dans ses réflexions.

« Doxi! cria Épergos, viens aussi à notre aide. — Pourquoi, répondit Doxi, si cette cabane est tombée, chercher à la relever? — Mais, répliqua vivement son compagnon, lorsque la tempête a détruit le nid, l'oiseau ne le façonne-t-il pas de nouveau? Si une pierre tombe dans la fourmilière, les fourmis n'en font-elles pas une autre à côté? — C'est vrai, » répondit Doxi, et il alla aider au déblai.

Vers le milieu du jour, le père revint avec ses deux frères, et au coucher du soleil l'emplacement de la cabane était déblayé. Les frères avaient apporté des provisions.

Le temps était beau ; on alluma un grand feu sur la plate-forme, et, s'asseyant autour sur des mottes de gazon, les habitants et les deux compagnons, après avoir mangé, devisèrent ainsi :

« Hôte, dit Épergos, si vous élevez votre maison contre ce rocher, ne craignez-vous pas que la première tempête ne la renverse de nouveau ? — Oui, répondit l'Arya ; mais mon père a demeuré là, et je veux y demeurer. — Soit ; mais alors ne faudrait-il pas détourner les eaux des pluies qui, réunies là-haut, viennent fondre sur le toit ? — Blasphémateur ! dit tout bas Doxi, qui t'a donné le droit de détourner les eaux du ciel ? »

Épergos se contenta de sourire, et poursuivant :

« Au jour, nous monterons sur ce rocher et nous verrons si l'on peut rejeter les eaux du ciel à droite ou à gauche de votre habitation. — Cela doit être possible, reprit le père ; j'y avais déjà songé. — Puis, continua Épergos, que n'élevez-vous les parois de votre habitation avec des débris de pierre et de la terre ? Elle aurait ainsi plus de stabilité et vous préserverait mieux du froid et du chaud. — Nous essayerons, répliqua l'Arya.

— *Hom !* dit alors Doxi, vous avez prononcé tout à l'heure une sage parole ; vous avez dit que vous vouliez retrouver la maison de votre père ; refaites-la donc telle qu'elle était, telle que votre père vous l'a laissée. — Mais, reprit Épergos, qui te dit que la maison détruite hier était de tout point pareille à celle qui s'élevait probablement à la même place avant elle ? — Elle n'était point pareille, dit l'Arya ; car mon père m'a raconté que celle de son père était moins vaste et qu'elle était couverte d'herbes sèches. — Donc, répondit Épergos, nous pouvons faire la nouvelle plus spacieuse et plus solide que n'était la dernière. — Où borneras-tu tes désirs ? murmura Doxi. — Pourquoi les bornerais-je ? Mettons-nous à l'œuvre, ce sera mieux que de discourir.... Femme, continua Épergos en s'adressant à son hôtesse, dites-nous, vous qui demeurez toujours dans la maison et prenez soin des choses qu'elle renferme, si l'habitation ruinée vous convenait de tout point; si vous la trouviez assez large, assez haute, assez bien close? — Il est vrai, répondit la femme, que les enfants y étaient à l'étroit, que, par les grands vents, la fumée nous incommodait souvent, que nous avions peine à nous garantir contre la bise ou la chaleur. Telle qu'elle était cependant, nous y avons vécu heureux et en paix. » Et elle se prit à pleurer.

« Point de larmes inutiles, dit l'Arya. Mettons-nous à l'œuvre avant que le soleil ait disparu derrière la montagne. Viens avec nous, mère, et dis à cet étranger ce que tu désires de plus que ce que nous possédions, puisqu'il montre la volonté de nous aider. »

La femme alors indiqua sur la place des ruines déblayées l'espace qu'elle entendait donner aux enfants, à la salle commune, à la pièce qu'elle réservait pour elle et son époux. Et ce n'était pas sans verser de nouvelles larmes qu'elle désignait ainsi chaque partie de sa maison. « Tu le vois, dit Doxi, cette femme ne songe qu'à son habitation détruite, et tout ce que ton savoir élèvera ne pourra jamais lui faire oublier cette ancienne demeure où elle a élevé sa famille. Contente-toi donc de ce qui était; nos hôtes seront heureux et te béniront. — Laisse-moi faire, répondit Épergos. Le bien présent fait oublier le bien passé, le fruit fait oublier la fleur. — Et l'hiver flétrit l'un et l'autre, » dit Doxi entre ses dents.

L'Arya ne disposait, en fait d'outils, que de haches de silex emmanchées, et de sortes de scies obtenues à l'aide de la même matière.

Pendant que l'hôte, ses frères, Épergos et l'aîné des enfants s'en allaient dans la forêt voisine pour couper les bois nécessaires, Doxi était resté près de la mère. Il ramenait son souvenir sur l'habitation détruite et se plaisait à lui faire décrire jusque dans les moindres détails les diverses parties de cette case, les meubles primitifs qu'elle renfermait, les événements de famille dont elle avait été le témoin. Doxi semblait s'émouvoir à chaque souvenir touchant exprimé par son hôtesse, et répétait sans cesse : « Refaites-la donc, femme, cette demeure, de telle sorte que vous retrouviez chaque chose à la place qu'elle occupait, et que vous ne puissiez rien regretter du passé ! »

Quand le soir revinrent les *homs*, couverts de sueur et traînant derrière eux des bois recueillis dans la forêt, ils virent la femme triste et silencieuse. Le repas n'était pas préparé et ils avaient grand faim. « Mère ! dit l'Arya, qu'est-ce donc, et pourquoi ce visage triste ? Qu'est-il arrivé,

Fig. 4.

qui t'a empêchée de préparer notre nourriture ? » La femme, les yeux rouges, ne répondit pas et s'empressa de réparer le temps perdu. « La mère, dit Épergos, regrette son habitation détruite ; son chagrin lui a fait oublier nos besoins et les siens propres. C'est trop naturel. Quand elle se trouvera maîtresse dans une demeure plus ample et mieux close, sa tristesse s'évanouira. Laissez-la à ses regrets, et demain mettons-nous à l'œuvre. »

En effet, dès la pointe du jour, on se mit à tracer la nouvelle maison et à tout préparer pour l'élever promptement. Suivant les avis d'Épergos, la maison devait s'élever sur une plate-forme composée d'une bordure de grosses pierres, afin de soustraire le sol intérieur à l'humidité qu'entretenait la pluie autour de l'ancienne habitation.

Puis, le périmètre de la maison fut d'abord formé de pierres assemblées avec soin. Un premier rang fut placé sur le sol (fig. 4), la face la plus large en bas; puis, à l'aide de deux morceaux de bois réunis par une cheville (fig. 5), on prit l'angle rentrant *a b c* donné par les deux pierres déjà posées, et on alla chercher une pierre qui présentât à peu près cet angle; l'ayant trouvée, on plaça cette pierre A dans cet angle rentrant, et ainsi pour tout le premier rang, de telle sorte

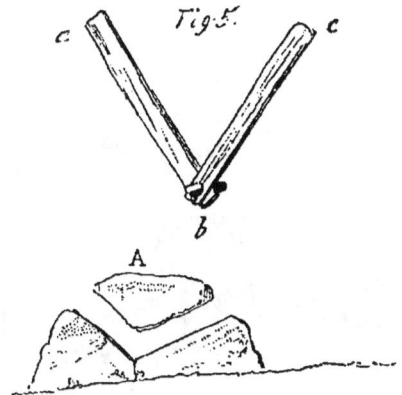

qu'à la fin du jour, on avait formé le soubassement de la demeure future (fig. 6), en laissant vide l'espace de la porte.

Avec des fragments plus petits, on égalisa ce soubassement. Ces murs s'appuyaient contre le rocher.

« A la place de ces troncs d'arbres empilés qui formaient les parois de votre demeure, dit Épergos le lendemain, lorsqu'on eut repris le travail, si nous élevions ces murs de pierre jusqu'à la hauteur du toit, nous aurions ainsi un abri plus solide et durable? — Certes, répondit le père, mais comment pourrons-nous élever ces pierres? nous avons eu bien de la peine déjà à poser les dernières. — Voici, reprit Épergos, ce que nous pouvons faire. Nous ne monterons pas les pierres du bas, mais nous irons les chercher là-haut, sur le rocher, et nous les descendrons à l'aide de troncs d'arbres inclinés comme sur un chemin. A mesure que le mur s'élèvera, nous donnerons moins de pente aux troncs d'arbres en posant ceux-ci sur ce mur. —Essayons, » dit l'Arya. En effet, du haut du rocher, sur des arbres accouplés, disposés en pente et portant leur extrémité inférieure sur les murs latéraux, déjà sortis du sol, les pierres furent descendues, retenues par des liens faits de branches souples. Ainsi les murs s'élevaient-ils sans trop de peine, en

Fig. 6.

réservant les ouvertures de la porte et des fenêtres. Cette opération ne laissait pas toutefois de prendre beaucoup de temps, car les travailleurs n'étaient pas fort habiles; puis la pluie se reprit à tomber pendant vingt-quatre heures. Un soir que la famille et ses hôtes prenaient leur repas, accroupis autour d'un brasier, abrités par des nattes, le découragement se peignait sur les visages; les enfants, pelotonnés autour de leur mère, grelottaient, et les propos étaient rares. Épergos seul conservait sa gaieté ordinaire. « Je vois, dit-il enfin, que la tâche entreprise vous paraît lourde et trop longue. Nous aurions plus tôt fini si nous avions fait des parois à l'aide de troncs d'arbres empilés, ainsi que cela était pratiqué pour la maison détruite.

— C'est, dit aussitôt Doxi, ce que commandait la sagesse ; et aujourd'hui, cette femme et ses enfants seraient à l'abri dans leur demeure si ton imprudence ne t'avait pas engagé à entreprendre un travail au-dessus de tes forces. — Hélas ! soupira la mère. — Considérez cependant, reprit Épergos, que la durée n'est acquise qu'à ce qui exige du temps pour croître, et du travail. Le chêne croît plus lentement que la fougère ; mais celle-ci se dessèche pendant l'hiver, tandis que le chêne persiste et finit par couvrir de ses branches un large espace. L'insecte se fait une demeure pour sa vie qui s'éteint avec la belle saison et n'a point à se préoccuper des générations qui le suivent. Mais vous, Arya, vous devez vous construire un logis pour votre vie et, s'il est possible, pour celle de vos enfants, car ils se souviendront de vous, s'ils conservent le toit que vous leur avez fait, et vous croiront toujours parmi eux. La vue des lieux que vous avez habités leur rappellera votre courage et vos soins. Mon compagnon Doxi prétend que tout est pour le mieux et doit être dans l'avenir comme dans le présent. Il entend conserver le bien comme le mal, l'incomplet comme le fini. N'écoutez pas trop ses propos, si vous voulez vous distinguer de la brute.

— Le Créateur de toutes choses, répliqua Doxi, non sans une certaine aigreur, a réparti à chaque être une dose d'intelligence qui lui permet d'obtenir ce qui lui convient ; aller au delà, c'est franchir la limite qu'il a tracée. Ces Aryas ont des instruments avec lesquels ils tranchent le bois et brisent la pierre, c'est déjà trop ; l'oiseau n'a pas besoin d'outils pour faire son nid, et il vit ainsi dans la limite qui lui est assignée, sans désirer plus ou mieux. Tu as trouvé cette famille établie dans une habitation qui lui semblait bonne et où elle vivait tranquille; un accident a détruit cette demeure, et aussitôt ton humeur inquiète suggère à notre hôte la pensée d'en élever une nouvelle dans des conditions qui dépassent ses forces et qui demandent de longs jours, tan-

dis qu'il pouvait rentrer sous son toit, rétabli tel qu'il était, en quelques heures. Est-ce sage ?

— Nous aurions fini plus tôt si tu nous avais prêté ton aide, interrompit Épergos. Mais puisque l'*hom* conçoit le mieux, il doit suivre le penchant qui le porte vers ce mieux; et c'est aller contre les vues du Créateur de lui dire : Tu t'arrêteras là. » L'Arya avait écouté attentivement cette discussion ; mettant la main sur l'épaule d'Épergos, il lui dit : « Hôte, il sera fait comme tu l'as dit. »

Le lendemain, la famille se mit au travail avec une ardeur nouvelle et peu de jours après la maison était achevée (fig. 7).

Les baies, suivant le conseil d'Épergos, avaient été construites au moyen des jambages de bois inclinés avec traverses au-dessus (fig. 8). Les pierres venaient s'appuyer contre ces jambages et poser sur ces linteaux, de telle sorte qu'elles étaient solidement maintenues. Les joints, plus ou moins ouverts entre les pierres, avaient été remplis de

mousse mêlée à de la terre grasse. Des nattes fermaient les baies. Devant l'habitation s'élevait, sur la plate-forme qui relevait la construction au-dessus du sol naturel, un portique composé de troncs d'arbres fourchus, debout, qui recevaient une traverse sur laquelle s'appuyaient les bois supportant la toiture faite d'écorces de sapin. Cette fois, la cheminée était construite à l'aide de grandes pierres plates posées verticalement. Sur ce foyer s'élevaient les membrures auxquelles étaient fixées les écorces de bois formant le conduit de fumée. Les écorces étaient retenues par des liens d'osier et le tout était enduit de terre grasse qu'on trouvait dans les environs.

Sur le sommet du rocher, les travailleurs avaient fait un

barrage au moyen de troncs d'arbres couchés, entremêlés de cailloux reliés avec de la terre. Ainsi les eaux pluviales coulaient-elles à droite et à gauche et ne pouvaient plus envahir la toiture. On s'installait dans cette nouvelle demeure, plus spacieuse, plus solide et mieux close que n'était la précédente. On travaillait aux nattes qui devaient former les cloisons. Le père préparait les poteries destinées à remplacer celles qui étaient brisées. Il se servait pour cela de l'argile recueillie dans le voisinage et qu'il façonnait avec ses mains sur une plaque de schiste posée sur un pivot de pierre. Il faisait pirouetter cette assiette afin de donner aux vases la forme circulaire. Épergos le regardait faire tout en considérant avec attention quelques fragments des poteries brisées par la chute de la maison. « Comment donnes-tu la dureté nécessaire à ces vases pour qu'ils puissent contenir l'eau? — En les faisant sécher au soleil et en les entourant de feu lorsqu'ils sont bien secs.

— Mais alors, reprit Épergos, tu pourrais faire des murs avec cette terre, et leur donner une grande dureté en les entourant d'un feu ardent? — Ces masses de terre ne pourraient sécher suffisamment, elles conserveraient de l'humidité dans leur épaisseur et elles éclateraient à la chaleur, car si nos vases sont trop épais et s'ils ne sèchent pas entièrement avant qu'on ne les fasse cuire, ils éclatent. — Oh! alors, on pourrait cuire des morceaux de terre assez petits pour bien sécher, et, de leur réunion, composer des murs plus faciles à élever que n'ont été les nôtres faits de lourdes et grosses pierres. » L'Arya avait, en écoutant son hôte, suspendu son travail; il réfléchit quelques instants, puis, prenant de la terre molle, il la battit sur une pierre de façon à l'amincir, il la coupa en carré avec un morceau de bois tranchant et il dit :

« Tu penses bien, Epergos! nous essayerons de cuire ceci avec les vases. »

Peu après, la chaleur du soleil aidant, les poteries furent bien sèches; l'Arya éleva autour un mur circulaire de cailloux, puis il remplit le tout de menu bois auquel on mit le feu en ayant le soin d'entretenir la flamme. En une demi-journée, les vases semblèrent suffisamment cuits; on les laissa refroidir doucement jusqu'au lendemain matin. Sur le nombre, quelques-uns étaient brisés ou déformés; quant à la plaque de terre, elle était dure, sonore et d'une belle couleur brune. « Eh bien, dit Épergos à son hôte, tu n'as plus besoin d'autre matière pour faire les murs que tu voudras élever. Tes enfants peuvent façonner des morceaux de terre et quand tu en auras un certain nombre, tu les feras cuire ensemble, et ainsi pourras-tu dresser dans ta maison une aire bien sèche et propre; tu pourras aussi, si tu obtiens de ces plaques assez grandes et minces, les poser sur les bois qui forment le toit et mettre ta famille à l'abri de la pluie. »

IV

LES JAUNES.

Une plaine couverte d'une riche végétation s'étend à perte de vue; elle est traversée par un large fleuve au cours lent et vaseux qui se divise en quantité de bras, laissant entre eux de longues îles basses. A l'horizon s'élève un cône immense couronné de neige, du sommet duquel s'échappe un nuage de vapeurs blanches. Sur les bords du fleuve on aperçoit des habitations clair-semées qui sont en partie construites dans l'eau, en partie sur la terre ferme. Les hommes qui occupent ces demeures n'ont pas la haute taille, les longs cheveux blonds, la peau blanche et les yeux bleus des Aryas, mais sont de stature médiocre, leur peau est jaune et luisante, leurs yeux noirs et petits sont bridés, relevés aux extrémités externes; leurs cheveux ont la teinte de l'aile du corbeau, et sous leur nez court, s'ouvre une large bouche qui laisse apparaître des dents courtes et aiguës.

Épergos et Doxi ne se sentiraient guère disposés à faire un long séjour parmi ces populations, si l'aspect des habitations n'attirait pas vivement leur curiosité. Toutes ces maisons brillent au soleil, car elles sont revêtues de couleurs éclatantes et contrastent avec la rudesse des demeures des Aryas. Les deux compagnons se dirigent donc vers une de ces maisons, qui leur paraît plus spacieuse et mieux ornée que les autres, et qui est entourée d'un jardin. Mais quand ils veulent pénétrer dans l'enclos, ils sont reçus à coups de pierre. « Que penses-tu des façons de ces êtres hideux? dit Épergos à son compagnon. — Je pense que quand on est en présence de bêtes sauvages, le mieux est de se retirer et de ne pas attendre qu'elles vous mordent ; nous n'avons rien à faire ici, retirons-nous donc. — Non, pas si vite ; il nous faut savoir comment des êtres, en apparence si sauvages, se font des demeures qui indiquent des mœurs polies. Le tout est de trouver le moyen d'entrer chez eux. » A ce moment apparut sur la porte de l'habitation un indigène au ventre proéminent. A peine semblait-il pouvoir se tenir sur ses jambes, et il s'appuyait sur deux jeunes garçons. Un troisième ouvrait un large parasol pour préserver des ardeurs du soleil sa grosse tête enfoncée dans ses épaules. « Que voulez-vous? dit-il aux deux compagnons. — Voir ta maison, répondit Épergos ; elle nous a paru la plus belle entre toutes. — Qui êtes-vous, qu'apportez-vous? reprit le gros possesseur de cette demeure. — Nous apportons la santé, la longue vie et guérissons les infirmités, répliqua aussitôt Épergos. — Si tu dis vrai, entrez donc, car j'ai besoin de vous, dit l'homme au gros ventre en radoucissant sa voix ; mais qui me prouve que tu ne cherches pas à me tromper? — Nous sommes bien plus vieux que toi et cependant tu vois que nous paraissons jeunes et dispos ; nous te dirons notre secret. — Alors, soyez les bienvenus.—Quelle est cette nouvelle folie? dit Doxi à l'oreille d'Épergos ; es-tu donc un dieu aujourd'hui pour promettre santé et longue vie ? — Laisse-moi faire, cet être difforme sera content de nous et j'aurai vu ce que je tiens à voir. »

La maison du gros Fau (c'est ainsi que le nommaient ses serviteurs), entourée d'arbustes et d'arbres fruitiers, se composait d'un portique élevé de quelques marches au-dessus du sol (fig. 9). Ce portique P, très-bas et profond, donnait entrée dans une salle centrale A, haute, éclairée près de la charpente qui la couvrait par des baies munies de treillis de joncs. Sur cette salle A s'ouvraient deux chambres B, laté-

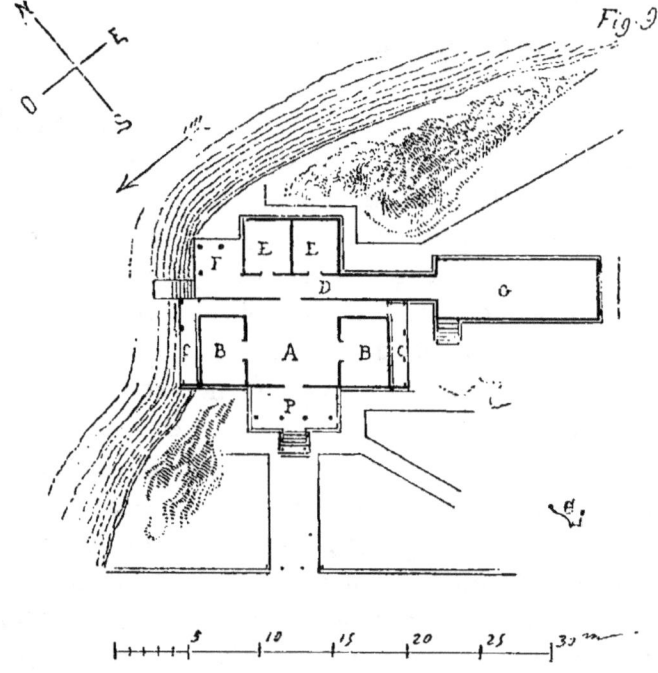

rales, beaucoup plus basses sous plafond, et une galerie étroite, qui, à droite et à gauche, donnait sur deux balcons en encorbellement et couverts, C. L'un d'eux avait vue sur le fleuve. Derrière cette galerie, une autre plus large D donnait sur une terrasse F, sur deux petites chambres E et sur un long bâtiment peu élevé G qui renfermait les serviteurs et les services tels que cuisines et magasins de provisions.

CHINE

VUE DE LA MAISON CHINOISE PRIMITIVE (P. 29).

CHINE

PORCHE DE LA MAISON CHINOISE PRIMITIVE (P. 29).

Sur la terrasse F on pouvait suspendre des nattes à des poteaux, lesquelles permettaient de jouir de l'air frais du fleuve, à couvert. Un petit embarcadère descendait de cette terrasse au fleuve afin de faciliter les promenades en bateau.

Toute cette construction était faite de bambous. Des treillis de joncs artistement assemblés fermaient toutes les baies et laissaient circuler l'air en tamisant la lumière du jour. Nous donnons (fig. 10) la vue de cette habitation du côté de l'entrée, et (fig. 11) l'aspect du portique.

De grands toit, faits de gros bambous recourbés et couverts de joncs très-habilement disposés, abritaient les intérieurs contre la pluie et le chaud, car ces couvertures étaient épaisses. Des nattes serrées, façonnées de même avec des joncs, permettaient de fermer hermétiquement les baies pendant la nuit et couvraient le sol. La bâtisse reposait sur un socle composé de grosses pierres parfaitement assemblées quoique irrégulières. Le tout était peint extérieurement et intérieurement de couleurs vives parmi lesquelles dominaient le jaune et le vert.

Étant introduits dans la salle principale, dont l'aspect était gai et dont la température douce contrastait avec la chaleur accablante de l'air extérieur, Épergos examinait curieusement la combinaison des bambous qui formaient le plafond élevé, éclairé par des ouvertures percées au-dessus de l'entrée et sur la face postérieure (fig. 12). Il n'aurait pas interrompu de sitôt son examen si le gros Fau n'eût invité ses hôtes à prendre place sur des nattes épaisses qui couvraient une sorte de plate-forme dressée au milieu de la pièce. Lui-même se laissa tomber lourdement sur un amas de sacs remplis d'herbes aromatiques. Ayant repris haleine — car l'effort qu'il avait fait pour venir jusqu'à la porte l'avait essoufflé — il commanda à ses serviteurs qu'on eût à apporter des boissons fortifiantes, puis s'adressant aux deux compagnons : « Qui vous amène dans le pays du ciel ? — Le désir d'être utiles aux plus nobles d'entre les humains, répondit Épergos. Nous avons visité maintes contrées, et c'est ici seulement que nous avons vu des êtres sachant élever des demeures qui ne rappellent plus les tanières des bêtes des bois ou les nids les plus vulgaires des oiseaux.

« Tandis que nous voyons, dans la profondeur des mers, les humbles mollusques se construire des demeures solides et parées de brillantes couleurs, nous ne pouvions comprendre comment les plus intelligents parmi les êtres animés ne savaient se faire des abris ou ne possédaient que des demeures sordides. Nous avons su cependant que dans ces vastes et fertiles plaines, arrosées par de grands fleuves, vivaient des peuples supérieurs aux autres par leur industrie et leur intelligence, mais que ces êtres privilégiés, les rois de la terre, sont soumis à des infirmités et à des maux de toute nature. Habiles dans l'art de guérir ces maux et capables de soulager ceux qu'atteignent ces infirmités, nous sommes venus. Dispose donc de nous et mets notre savoir à l'épreuve. — Vous le voyez, reprit Fau, à peine si je puis faire quelques pas sans étouffer. — As-tu toujours été ainsi ? — Non, j'étais alerte et dispos ; je ne craignais ni le vent, ni la pluie, ni le soleil ; je dormais toute la nuit et les mets, si grossiers qu'ils fussent, me paraissaient savoureux. Aujourd'hui je ne dors plus, ou, si je m'assoupis, bientôt je me réveille croyant qu'une lourde pierre pèse sur ma poitrine. Les mets les plus succulents me paraissent sans saveur. — Et quand tu étais en santé, habitais-tu cette charmante demeure? — Oh! certes non, je n'avais ni maison ni jardin. Je travaillais rudement tout le jour, pour obtenir un plat de riz qui me semblait bien petit. Ce labeur persistant m'a cependant permis d'acquérir un peu de bien ; j'ai trafiqué longtemps sur le fleuve, vivant dans une barque, vendant et achetant, si bien qu'un jour, je me suis vu assez riche pour acheter ce domaine. J'ai alors fait travailler les autres et me suis

CHINE

INTÉRIEUR DE LA MAISON CHINOISE (P. 29).

reposé, espérant jouir des biens si péniblement amassés. Mais la santé m'a quitté et le repos attendu dans cette maison bâtie sous mes yeux n'est qu'un long supplice. — Des breuvages et des herbes dont nous connaissons les vertus te soulageront, mais d'abord fais-nous voir cette maison, car il est bon de savoir si elle n'est pas la cause de ton mal. » Les petits yeux du gros Fau s'arrêtèrent alors sur Épergos et Doxi avec une expression de défiance si marquée, que le premier reprit : « Si tu te défies de nous, dis-le ouvertement, et nous te laisserons à ton mal. D'autres réclament nos soins. — Demeurez, répondit aussitôt Fau, vous verrez la maison à votre aise quand vous aurez bu et mangé. » Les serviteurs apportèrent alors un vase rempli d'une boisson chaude et des gâteaux épicés. « Cela, dit Épergos après avoir goûté un des gâteaux, n'est guère bon pour des humains en santé, mais te conduit rapidement à la mort. Puis à la place de cette boisson aromatisée, fais apporter de l'eau pure. Pour que le remède que nous te donnerons ce soir puisse agir, il est nécessaire que tu t'abstiennes tout le jour de prendre autre chose que de l'eau claire. »

Fau n'était guère capable de faire les honneurs de son domaine aux deux compagnons. Le maître des serviteurs fut chargé de les conduire partout. Épergos put enfin, à loisir, examiner tous les coins de cette demeure, sauf la pièce où étaient enfermées la femme du maître et sa fille. C'était une de celles qui donnaient sur la grande salle. Épergos s'exclamait à chaque pas. L'assemblage des bambous supportant la toiture de la salle principale faisait surtout l'objet de ses observations (fig. 13). « Vois donc, disait-il à son compagnon, comme avec des matériaux en apparence si faibles, ces hommes ont su faire un grand toit aussi léger que solide. Comme ces liens sont adroitement placés, comme l'air circule dans ces pièces afin d'éviter l'incommodité causée par la chaleur du climat! » Mais Doxi levait à peine les yeux et ne paraissait prendre qu'un intérêt médiocre à tout ce que lui montrait Épergos.

L'ossature de la construction était entièrement composée de bambous de grosseurs différentes, se pénétrant et se reliant de la manière à la fois la plus simple et la plus solide.

En voyant comme toutes les parties de cette maison se

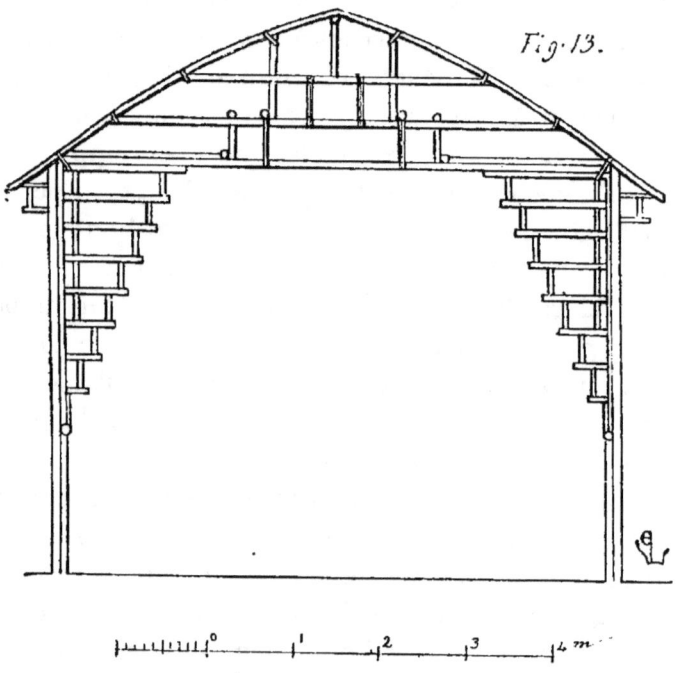

tenaient entre elles, Épergos se demandait comment il se pouvait faire que tous les êtres humains n'eussent pas trouvé ces combinaisons si naturelles et qui demandaient si peu d'efforts d'intelligence. Il considéra avec une attention particulière certains de ces assemblages de bambous que présente la figure 14. Pour réunir à angle droit ces roseaux, le constructeur avait fait passer à travers l'un d'eux un cylindre de bois, qui entrait, comme le ferait un tenon, dans les cavités cylindriques des bambous à assembler; des chevilles maintenaient ces pièces. Il vit que les légers roseaux qui composaient les balustrades du portique étaient

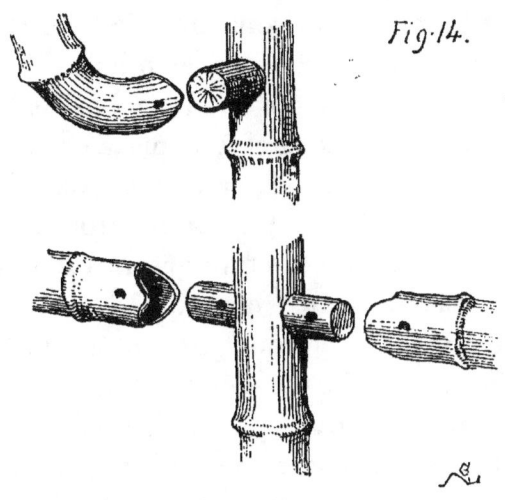

Fig. 14.

joints par le même procédé, et il reconnut que les têtes grossièrement sculptées, qui armaient les bouts des pièces horizontales du portique à l'extérieur, n'étaient que des

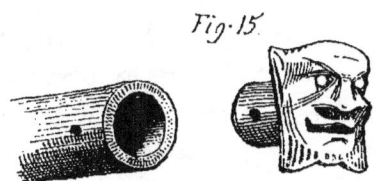

Fig. 15.

sortes de bouchons engagés dans les cavités cylindriques de ces pièces (fig. 15).

En y réfléchissant cependant, Épergos se dit que, pour avoir l'idée d'assembler ainsi ces roseaux de toutes tailles et grosseurs, la première condition est de posséder ces matériaux. Or il se trouvait qu'aucun végétal de cette nature ne poussait dans les montagnes habitées par les Aryas, et que ceux-ci les eussent-ils possédés, le climat de ces altitudes était trop rude pour que des constructions de ce genre pussent offrir un abri. Dans ces vastes plaines chaudes et humides, au contraire, ces habitations à claire-voie étaient ce qui convenait le mieux. Il fit part de ces réflexions à Doxi, qui ne manqua pas de lui répéter que tout serait pour le mieux et à sa place en ce monde, si lui, Épergos, ne se mêlait pas sans cesse de déranger l'ordre établi. « Est-il dans l'ordre établi, répliqua Épergos, que notre hôte ait acquis cet embonpoint exagéré et ne puisse faire trois pas sans être essoufflé ? Ne serait-il pas mieux qu'il fût comme toi et moi ? Et cet état maladif ne tient-il pas à une vie molle et désœuvrée après une existence active et laborieuse ?... — Peut-être ; mais que t'importe ? — Il ne m'importe guère en effet, mais tu ne saurais m'empêcher d'observer et de tirer des conclusions de mes observations. Or, je constate que dans les pays montagneux et rudes où nous étions naguère, nous n'avons rencontré nulle part des monstres humains semblables à notre hôte, et cependant ces montagnards ne mènent pas la vie douce. Leurs habitations, si nous les comparons à celle-ci, sont de véritables tanières. — Eh bien, j'ai donc raison. Ce mieux, vers lequel tu parais pousser ces humains, est hors de l'ordre naturel et ne fait que les acheminer plus rapidement vers la tombe. — C'est précisément ce sur quoi je fais, à part moi, certaines réflexions. Mais dis-moi, Doxi ; il est, paraît-il, dans l'ordre établi que ces humains, contrairement à ce qui se passe chez les animaux, aient le désir et les moyens de perfectionner leurs abris ; comment donc alors pourrait-on les contraindre, sans déranger cet ordre établi, à ne pas tenter ces perfectionnements, à ne pas diriger leur intelligence vers ce mieux qu'ils entrevoient? » A cette question, Doxi ne répondit pas, d'autant que leur hôte les faisait appeler pour prendre le repas du soir.

La femme et la fille de Fau étaient alors sorties de leur chambre et étaient debout derrière le maître accroupi sur des nattes, les bras appuyés sur des sortes de petits tréteaux de bambous, artistement travaillés. Devant lui était placée une large tablette basse, couverte d'une natte fine sur laquelle étaient disposés des écuelles, des flacons d'une terre vernie et quantité de menus objets inconnus aux deux compagnons. Au milieu, un large vase contenait du riz fumant auquel étaient mêlés des morceaux de poisson. Les serviteurs, sitôt que les étrangers furent introduits et se furent accroupis sur les nattes disposées pour eux, s'empressèrent de remplir les écuelles à l'aide de longues spatules. Le maître, prenant deux petits bâtons qu'il manœuvrait adroitement, malgré son obésité, faisait passer rapidement le riz dans sa bouche. Épergos et Doxi eurent grand'peine à employer le même procédé et durent s'aider de leurs doigts pour vider leur écuelle. Puis on versa à chacun des convives une boisson chaude dans des vases délicats. Puis on apporta des poissons cuits avec des herbes et des oiseaux rôtis. Mais les deux compagnons étaient rassasiés.

« C'est maintenant, dit Épergos, qu'il convient de commencer la cure qui doit te rendre la santé, dit-il à Fau. Laisse tous ces mets à tes serviteurs et causons, s'il te plaît. Nous avons admiré ton habitation et tes jardins; mais quand on possède une demeure pareille, on est peu disposé à la quitter. Ne vas-tu jamais dehors? — Le puis-je? répondit Fau; à peine si j'ai la force de faire quelques pas dans mon jardin. — Demain matin, au lever du soleil, fais vingt pas, tu en feras trente après-demain en mangeant peu, quarante le jour suivant en ne mangeant pas davantage, et ainsi chaque jour; au bout de vingt jours, tu seras en état de te promener dehors. J'ai vu un bateau attaché au portique; eh bien, tu le monteras et le dirigeras toi-même, quitte à te faire aider par un serviteur quand tu seras fatigué. Rends peu à peu à ton corps l'habitude de l'exercice et du travail qu'il a perdue; c'est le seul moyen de retrouver la santé. » Fau fixait sur Épergos ses petits yeux noirs. « Est-ce pour me railler que tu es venu chez moi? dit-il. Tu n'es donc pas magicien! Je ne suis qu'un vieux fou de t'avoir écouté. Sors d'ici; si tu n'avais pas mangé dans ma maison, je te ferais repentir de ton impertinence. »

« Eh bien, dit Doxi quand son compagnon et lui furent dehors, tu as perdu ici ta peine, et, toi parti, les choses demeureront en l'état où nous les avons trouvées. Je n'ai pas perdu mon temps, lui répondit Épergos. J'ai laissé ici des paroles de vérité. Si le gros Fau n'en tire pas profit pour lui-même, qui te dit que sa femme, ses enfants, ses serviteurs, les oublieront. »

V

LES ÉMIGRANTS.

Le soleil s'abaissait sur l'horizon. Au débouché d'une large vallée sur une plaine ondulée, on voyait une longue file d'hommes à pied et à cheval qui descendaient les dernières rampes des montagnes, à travers les bois et les prairies. Derrière eux venaient de lourds chariots traînés par des bœufs et remplis de femmes, d'enfants, d'ustensiles, puis une épaisse troupe de cavaliers fermait la marche.

Les hommes qui tenaient la tête de la colonne s'arrêtèrent dans une large clairière gazonnée, formèrent le cercle, et peu à peu les chariots et leur escorte arrivèrent au milieu d'eux; ils se rangèrent sur plusieurs files. Les chevaux furent attachés à des arbres ou à des piquets fichés en terre. Les femmes et les enfants descendirent des chariots et, sans perdre de temps, s'occupèrent de préparer le repas du soir. Des feux furent promptement allumés entre les chariots, pendant que les hommes enlevaient les jougs des attelages et faisaient paître les bœufs. L'air était calme et les fumées de tous ces feux s'élevaient lentement vers le ciel comme autant de colonnes grises. Les derniers rayons du soleil ne doraient que les sommets des montagnes et la vallée était déjà plongée dans l'ombre bleue du soir ; des chants graves aux notes traînantes s'élevaient alors de tous

les points de la clairière, et bientôt la troupe se divisa par groupes autour des feux.

Les repas achevés, la nuit était venue et au loin, vers le haut de la vallée; seuls, quelques sommets conservaient encore une teinte empourprée. La lune se levait alors et la nuit était douce. Au centre du campement, les émigrants se réunirent, et l'un d'eux, monté sur un des chariots, se tournant vers l'astre qui apparaissait sur la crête des dernières collines à sa gauche, entama d'une voix forte un hymne sacré commençant ainsi :

« La lune, poursuivant son vol à travers les vagues de l'air, s'avance dans le ciel. O rayons du jour, à la trace dorée, l'œil ne peut retrouver votre voie!.... »

Le peuple répétait chaque strophe sur une mélopée large et simple.

Quand l'hymne fut achevé, les femmes étendirent sur les chariots des étoffes de laine (fig. 16), et chaque famille s'étant retirée dans ces demeures mobiles, le silence régna dans le campement.

Quelques hommes veillaient autour de la clairière et entretenaient un cercle de feux en devisant entre eux à voix basse.

« Depuis que nous avons quitté nos montagnes, nous n'avons pas encore rencontré les Dasyus ; sont-ils bien loin d'ici ?

— Ils sont dans la plaine, reprit un autre ; demain, peut-être, les verrons-nous. Ils vivent là au milieu des richesses du sol, ces êtres immondes ; nous les chasserons, nous prendrons la terre qu'ils souillent, car ils sont incapables de se défendre contre les Aryas, ou nous les ferons travailler pour nos familles.

« Dans ces riches plaines, nous n'aurons plus à nous garantir contre la neige ; plus de longs hivers, plus de torrents dévastateurs. »

Le premier cependant regardait du côté de la montagne et soupirait : « Me croiras-tu, dit-il enfin à son compagnon, il me semble, depuis le moment où nous avons quitté nos gorges, si difficiles à descendre et où les chariots n'avançaient qu'à force de bras, que j'ai laissé là-haut partie de moi-même ; la tristesse m'a saisi en voyant cette plaine infinie, et l'air me manque ! — Nous ne saurions retourner dans nos montagnes ; nous avons été vaincus par les grandes familles du Nord ; elles sont descendues sur nos prairies, ont tout ravagé quand nous avons voulu les repousser. Plus nombreux que nous, ces hommes commandaient en maîtres. Nous ne sommes pas faits pour obéir, il a donc fallu quitter nos demeures ; laisse là tes regrets. Étant enfant, je suis descendu avec mon père, qui vendait de la laine dans ces plaines heureuses, où croissent des arbres couverts de fruits, où les rivières coulent doucement à travers les ombrages, où l'homme ne souffre jamais ni de la faim ni du froid. Les Dasyus ont des maisons grandes et bien bâties, des troupeaux en abondance. Quand tout cela sera à nous, tu oublieras ta cabane de la montagne. »

PREMIERS ÉTABLISSEMENTS DES ARYAS SUR LES HAUTS AFFLUENTS DE L'INDUS.

Les premiers émigrants descendus des rampes de l'Himalaya trouvèrent devant eux des hommes au teint jaune, sans énergie, et n'eurent pas de peine à les soumettre. De grande taille, beaux, braves, les Aryas parurent au milieu de ces populations de couleur comme des êtres supérieurs, faits pour dominer, et, malgré leur nombre, ces populations renoncèrent bientôt à toute résistance. Cependant les diverses industries étaient plus développées dans la plaine, parmi ces hommes de race inférieure, que dans la montagne. Ceux-ci travaillaient les métaux, possédaient un outillage assez complet, façonnaient le bois, savaient fabriquer la brique et tailler la pierre. Ils employaient la peinture pour orner leurs demeures et tissaient des étoffes de lin, de coton et de laine d'une grande finesse, qu'ils teignaient habilement.

Quand toute tentative de résistance fut étouffée, les Aryas songèrent à s'établir sur le sol conquis, d'une manière fixe. Mais les demeures des anciens habitants, faites de briques, de roseaux, légères et fragiles, ne pouvaient convenir aux nouveaux venus, qui prétendaient demeurer dans des maisons solides, fermées, propres, au besoin, à résister à une attaque.

Le sentiment de la durée, inné chez l'Arya, ne s'accommodait pas de demeures qu'un coup de vent pouvait emporter. Ils contraignirent donc les indigènes à élever des habitations plus durables que celles du pays; mais ne pouvant donner que des instructions, puisqu'ils dédaignaient le travail manuel, les conquérants imposaient des conditions de stabilité nouvelles. Les indigènes appliquaient donc forcément les formes qui leur étaient connues à l'emploi de matériaux plus solides et à un système de structure plus résistant. Telle est aussi la force de l'habitude, que les nouveaux venus prétendaient retrouver certaines apparences qui leur étaient familières et qui leur rappelaient les anciennes demeures abandonnées. Les Aryas ne construisaient guère, dans leurs montagnes, qu'en pierres sèches et en bois de brin, non équarris; les races chez lesquelles ils venaient s'établir bâtissaient en pisé et en roseaux. Ce pisé n'était qu'un grossier blocage de limon et de menus cailloux, battu entre des claies et qui, séchant au soleil, prenait une certaine consistance. Une fois ce soubassement établi, les indigènes élevaient dessus des charpentes légères dont les vides étaient garnis de roseaux sur lesquels on posait un enduit de ce même limon, mêlé à de la paille; si bien que ces habitations présentaient l'apparence que donne la figure 17. Les bois restés apparents étaient peints, ainsi que les bouts de charpentes des combles, débordant de beaucoup les murs afin de les bien abriter. Tout cela ne présentait pas une structure résistante et, aux yeux des Aryas, ne constituait que des demeures indignes de les recevoir. Ils prétendaient avoir des murs faits de pierre ou de bonne charpente, solides comme ceux de leurs maisons de la montagne et mieux que des parois faites de roseaux recouverts d'un léger enduit, eux qui avaient l'habitude de demeurer derrière des troncs d'arbres empilés et fortement réunis aux angles. Les malheureux indigènes étaient fort empêchés de satisfaire aux exigences de leurs nouveaux

maîtres, d'autant que ceux-ci savaient parfaitement dire ce qu'ils ne voulaient pas, mais n'expliquaient que vaguement ce qu'ils désiraient. Aussi, malgré les coups de bâton, les constructions nouvelles ne s'élevaient que péniblement et souvent étaient abandonnées par les ouvriers qui, eux aussi, émigraient, ne pouvant contenter les fantaisies des nouveaux venus. Le pays se dépeuplait ainsi peu à peu et les Aryas se virent forcés, pour conserver des travailleurs, de parquer les habitants qui restaient et de leur enlever les quelques chevaux qu'ils possédaient. Les pauvres gens furent classés par catégories; les uns durent travailler à la terre, d'autres soigner les bestiaux et les plus intelligents, ou ceux qui possédaient déjà un métier, furent affectés aux travaux de construction, au tissage des étoffes, à la fabrication des outils et ustensiles. Chaque famille des Aryas reçut en partage un certain nombre de ces indigènes, avec charge de les surveiller et de les faire travailler. Si quelqu'un d'entre eux essayait de prendre la fuite, aussitôt des Aryas, montant sur leurs chevaux, se mettaient à sa poursuite; il était bientôt ramené, enfermé, et recevait, pendant une ou deux semaines, plus de coups que de nourriture. Après une année de ce régime, les cas de fuite étaient devenus fort rares et les indigènes semblaient s'être résignés à leur sort. Tout le travail produit par eux soit en cultivant la terre, soit en exerçant un métier, appartenait de droit aux familles des Aryas, qui se chargeaient dès lors de nourrir et de vêtir leurs *serfs*.

Comme conséquence de cet état social, on vit bientôt s'élever la demeure de chaque famille des conquérants au milieu des cabanes habitées par les indigènes tenus sous leur main. Ces cabanes avaient l'apparence la plus humble, mais étaient construites suivant les méthodes admises par ces indigènes, tandis que les maisons des maîtres avaient un aspect plus durable, bien que leur structure empruntât quelques formes à celles des indigènes, notamment la disposition des couvertures. C'était à qui, entre les Aryas, posséderait d'ailleurs la maison la plus spacieuse et la plus belle. Après quelques années de séjour sur ce territoire, l'égalité, qui régnait à peu près entre les familles des conquérants, n'existait plus. Celles qui étaient dirigées par des chefs actifs, forts, intelligents, sachant gouverner le domaine qui leur était dévolu et diriger leurs serfs de telle sorte que leur condition fût supportable, voyaient accroître leur bien au détriment des familles dont les chefs ne prenaient pas ces soins et ne déployaient pas la même activité. Celles-ci, ne pouvant nourrir leurs serfs, étaient obligées de les céder en partie, aussi bien que les portions de terres où ils vivaient, car la terre et le serf qui l'habitait ne faisaient qu'un.

On comptait donc, après vingt ans de séjour des nouveaux venus sur ce fertile territoire, une douzaine de grandes familles, puissantes et riches parmi toutes les autres moins heureuses, quoique chacune d'elles, dans les assemblées, conservât des droits égaux s'ils s'agissait de délibérer. Mais, qu'elles fussent spacieuses ou exiguës, les demeures des Aryas étaient construites toutes sur les mêmes données.

Elles se composaient invariablement d'une grande salle dans laquelle on réunissait la famille et les voisins, d'une cour intérieure, plus ou moins spacieuse, quelquefois entourée de portiques sous lesquels s'ouvraient les chambres du repos. Ces habitations étaient fermées à l'extérieur, car les Aryas, entourés de serfs dont ils avaient à se défier, ne voulaient pas que des regards indiscrets pénétrassent dans leurs demeures ni que l'accès en fût trop facile. Une enceinte extérieure renfermait les étables, les écuries et les logements des serviteurs attachés à la maison, des granges et des celliers pour contenir des provisions.

La figure 18 présente le plan d'une des plus grandes et des mieux disposées entre ces maisons. En A, la salle percée de deux portes, l'une sur l'entrée, l'autre sur la cour intérieure. De cette grande salle, on ne peut communiquer à l'habitation que par cette seconde porte *a*. En B est la cour intérieure avec son portique et les chambres de repos tout autour. L'entrée de la partie servant à l'habitation est en C, avec salle D, dans laquelle le maître reçoit journellement les gens du dehors.

En E est le lieu consacré, réservé aux sacrifices et où est déposé le trésor de la famille, car alors le chef de la famille pratiquait, au milieu des siens, les trois cérémonies religieuses du jour : la première au lever du soleil, la deuxième

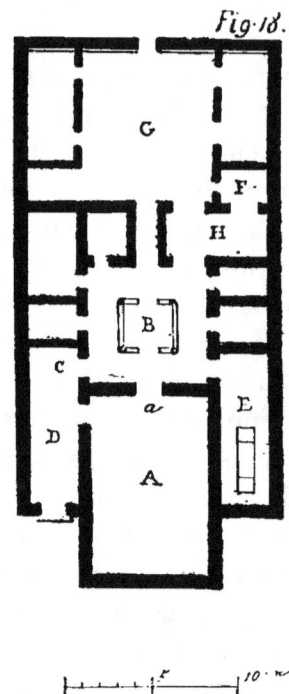

Fig. 18.

quand le soleil était au plus haut, et la troisième au moment du coucher de l'astre générateur de la vie. En G est la cour extérieure avec son enceinte, sa porte spéciale et les bâtiments des écuries, logements des serviteurs, chambres de provisions, petite pièce pour préparer les aliments en F, et, en H, la salle dans laquelle la famille se réunit pour prendre ses repas.

De beaux arbres entourent cette demeure construite en pierre et en bois, et dont la figure 19 donne l'aspect extérieur du côté de la grande salle. Mais il est nécessaire d'entrer dans quelques détails sur le système mixte de construction employé.

Le maître de cette habitation avait voulu que toute la partie inférieure donnant sur l'extérieur fût élevée en pierre.

A cet effet, il avait employé une partie de ses serfs à extraire des blocs de pierre le long de coteaux calcaires voisins; blocs apportés à pied d'œuvre sur des chariots traînés par des bœufs. Sur ce soubassement s'élevait, pour former la partie supérieure de la grande salle, un pan de bois de lourdes charpentes, et, sur cette cage, un comble construit d'après la méthode indiquée figure 20.

Sur les sablières supérieures AB, on avait posé les traverses CC, sur celles-ci les cours de pannes E, puis d'autres traverses plus courtes G, puis d'autres de pannes H et ainsi de suite jusqu'au faîtage F. On obtenait donc deux pignons à claire-voie sur chaque extrémité et un pignon intermédiaire parfaitement solides. Aux pannes on avait attaché

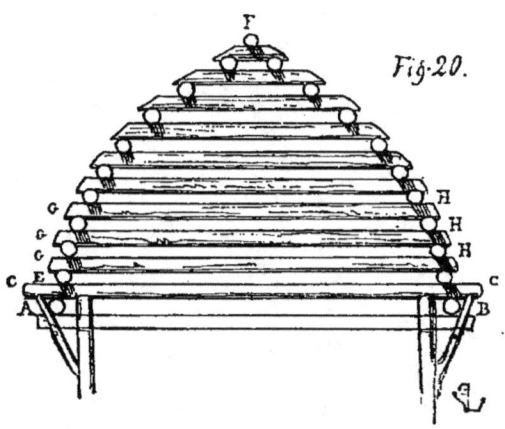

Fig. 20.

de longues perches et sur celles-ci des roseaux en long, puis une épaisse couche de joncs bottelés suivant la méthode adoptée par les indigènes, de telle sorte que la pluie ne traversait pas cette couverture.

On avait procédé de même pour les bâtiments de l'habitation, c'est-à-dire par séries de pignons ou de demi-pignons à claire-voie. Les supports du portique étaient faits de troncs d'arbres fourchus au sommet, ainsi que l'indique la figure 21, et, comme le maître de cette maison était riche, qu'il possédait des serfs habiles dans l'art de travailler le bois, au lieu de laisser ces troncs en grume, il les avait fait tailler aussi richement que cela était possible ; de telle sorte que ce portique avait fort bon air, et était considéré par tous comme une œuvre excellente.

Les portes réservées dans le soubassement de pierre étaient faites de deux plaques se joignant au sommet, de

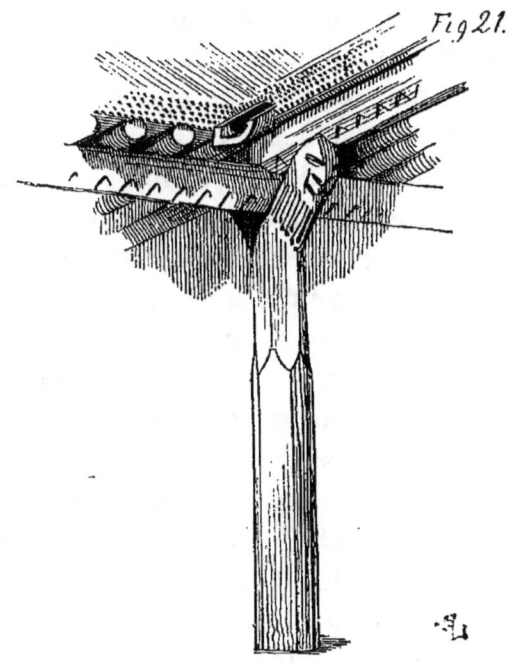

manière à former des baies triangulaires parfaitement solides et contre les jambages inclinés desquels les murs étaient faits de blocs irréguliers soigneusement assemblés suivant la méthode appliquée par les Aryas dans leurs montagnes. Les séparations des chambres étaient composées simplement de gros treillis de roseaux, contre lesquels étaient tendues des peaux de bêtes. Les repas étaient préparés dans la petite salle **F**[1], comme il a été dit, et la famille mangeait dans la pièce **H**, donnant sur le portique.

Les chambres de repos n'étaient éclairées que par les portes s'ouvrant sur le portique, et la grande salle par les ouvertures laissées dans le pan de bois supérieur; ouvertures qui n'étaient fermées que par des claies.

Vâmadevâ, le maître de cette belle résidence, entourée d'une trentaine de cabanes habitées par ses serfs, était un grand vieillard. Sa barbe blanche, ses yeux d'un bleu clair, son front large et uni encore, malgré les ans, sa haute taille droite et sa démarche pleine de noblesse, imposaient le respect à ses égaux aussi bien qu'à ses serviteurs. Bien qu'il se fût enrichi aux dépens de ses voisins, il ne manquait jamais de venir à leur secours dans les moments de détresse; aussi jouissait-il d'une grande influence dans les assemblées et était-il consulté sur toutes choses. La salle de sa maison pouvait facilement contenir deux cents personnes, et c'était un des lieux où les Aryas aimaient à se réunir, car le maître avait la parole persuasive et savait ramener les opinions divergentes à la sienne. Aussi se faisait-il à certaines occasions des banquets dans cette salle, qui se prolongeaient fort avant dans la nuit; car l'abondance des biens de la terre avait modifié les habitudes de sobriété des Aryas montagnards. Cependant ils s'interdisaient certaines viandes, notamment celle du porc, et ne buvaient aucune des liqueurs fermentées que les indigènes fabriquaient depuis longtemps et avec lesquelles ils s'enivraient parfois. Les femmes ne paraissaient jamais à ces banquets et vivaient dans l'intérieur de leur maison, travaillant à façonner des tissus et des vêtements pour la famille et s'occupant de surveiller les serviteurs, d'élever les enfants et de faire préparer les repas. Les jeunes filles avaient pour mission spéciale

---

1. Voy. la figure 18.

de traire les vaches et de disposer le lait dans des vases soit pour s'en servir comme boisson, soit comme nourriture. Elles devaient aussi récolter la plante *sôma* et en extraire la liqueur propre aux sacrifices.

Ce jour-là, toute la colonie des Aryas était dehors dès le matin, et se rendait à la demeure de Vâmadevâ. C'était un beau jour de printemps, clair et serein. On voyait les hommes vêtus de tissus d'un blanc éclatant, la tête couverte d'un bonnet de fourrure, les jambes enfermées dans des bandes d'étoffe de laine, les sandales aux pieds, s'avancer lentement par troupes en devisant entre eux, tandis que les femmes et les enfants les suivaient en riant et en chantant. Celles-ci étaient enveloppées de fins tissus de laine blanche couverts de broderies de diverses couleurs. Leurs bras nus et leurs visages laissaient voir la blancheur de leur peau.

Des brodequins faits de toisons d'agneaux protégeaient leurs pieds et leurs jambes, et de longs voiles transparents n'empêchaient pas d'apercevoir leurs chevelures fauves, entremêlées de grains d'or. Quant aux enfants, presque nus, ils couraient d'un groupe à l'autre.

Vâmadevâ mariait, au milieu du jour, la fille de son fils à un jeune homme du voisinage. Devant sa demeure avait été préparé un vaste clos à l'aide de mottes de gazon et de feuillées. Au milieu de l'enceinte circulaire s'élevait un petit tertre sur lequel était posée une pierre plate.

En attendant le moment fixé pour la cérémonie, les Aryas se groupaient autour de l'enceinte sans y pénétrer, et la famille de Vâmadevâ distribuait à chacun des galettes, du lait caillé, des graines rôties et de l'eau.

Le soleil atteignait le zénith quand Vâmadevâ sortit de sa maison et parut au milieu de l'enceinte, suivi de sa femme et de ses filles qui portaient les vases du sacrifice contenant la liqueur du *sôma*, le beurre et des herbes sèches. Quand le feu sacré d'Agni fut allumé sur le tertre, le vieillard se tourna vers la flamme en prononçant une invocation aux puissances célestes. La fiancée s'avança alors escortée à distance de ses garçons d'honneur, puis des deux familles. A cette vue, les bruits confus de cette foule cessèrent tout à coup, et, au milieu du plus profond silence, la jeune fille, d'une voix claire comme le chant de l'alouette, prononça ces paroles : « Père! je demande à être unie à Nêmâ, fils de Gotôma! — Sûryâ, reprit le vieillard, s'avance revêtue d'une robe éclatante pour être unie à Sôma. La main a formé ses atours, l'œil a surveillé sa coiffure, le ciel et la terre ont fourni sa parure quand Sûryâ vient trouver son époux. Les Açwins sont ses deux garçons d'honneur, Agni est son messager. Sôma a désiré Sûryâ pour épouse; les deux Açwins furent ses garçons d'honneur, lorsque Savitri la donna pour époux à sa fille heureuse de ce choix.

« O Açwins, quand vous êtes venus sur votre char à trois roues demander pour Sôma la main de Sûryâ, tous les dieux ont applaudi, et Pûsân, fils du ciel et de la terre, a orné les deux grands parents. »

Le fiancé s'est avancé à son tour et s'est placé à côté de la jeune fille; s'adressant à celle-ci, Vâmadevâ lui dit : « Je l'enlève à l'autorité paternelle pour la remettre dans la dépendance d'un époux. Puisse-t-elle, ô bienfaisant Indra, être fortunée et avoir de nombreux enfants! » Une acclamation de la foule suivit ces paroles, et l'époux, prenant alors la main de la jeune femme, le grand-père continua : « Que ta famille croisse dans notre maison. Éveille-toi pour le feu domestique! » Alors l'épouse fit tomber les ornements qui couvraient ses vêtements et apparut à l'assemblée plus belle encore sous le long tissu blanc qui l'enveloppait. Nêmâ, prenant de nouveau la main de sa femme, lui dit alors à haute voix : « Je prends ta main pour notre bonheur; je veux que tu sois ma femme et que tu vieillisses avec moi.

Tous les dieux t'ont donnée à moi, qui suis le feu domestique. »

Pendant que Vâmadevâ se tournant vers les assistants leur cria : « Que cette épouse soit heureuse. Approchez d'elle, regardez-la. Faites-lui vos souhaits et retournez dans vos demeures. »

Épergos et Doxi étaient mêlés à la foule. Tout en suivant attentivement les détails de la cérémonie, Épergos disait à son compagnon : « Nos montagnards d'autrefois se sont singulièrement dégrossis, que t'en semble? — Trop! répondit Doxi ; vois ces demeures étendues, ces vêtements brillants; écoute ces invocations; un pas de plus, ces hommes se corrompent dans le luxe et la vanité, s'ils ne le sont déjà !

« Quel est cet homme qui s'adresse aux puissances célestes et semble parler en leur nom? — C'est l'aïeul de l'épouse ; est-il quelque autre plus intéressé que lui à attirer sur sa petite-fille la bienveillance de ces puissances? — Qui te dit qu'il soit digne de s'adresser à elles? — Qui te dit qu'il en soit indigne? — Déjà ces Aryas ont réduit en esclavage des hommes moins forts et qu'ils eussent dû protéger!... ». Et ainsi, discutant comme toujours, Épergos et Doxi, la cérémonie terminée, se trouvèrent sur les pas de Vâmadevâ. Celui-ci, s'apercevant qu'ils étaient étrangers, les invita à entrer dans sa demeure pour se reposer et se réconforter.

VII

DES OCCUPATIONS DE DOXI ET D'ÉPERGOS CHEZ LES ARYAS ÉTABLIS SUR LE HAUT INDUS.

Pendant leur séjour au milieu de cette peuplade d'Aryas, Épergos et Doxi employèrent différemment leur temps. Le premier ne cessait de visiter les ouvriers, afin de s'enquérir de leurs procédés. Doxi passait ses journées chez les anciens, et s'entretenait avec eux de leurs croyances et de leur culte.

Épergos n'épargnait pas les avis aux indigènes qu'il voyait travailler, et ceux-ci, naturellement dociles, l'écoutaient avec respect. Il leur indiqua les moyens de perfectionner leurs outils soit par la forge, soit en leur montrant comment ils pouvaient augmenter leur action tranchante en battant le métal et en affutant ces tranchants sur certaines pierres que l'on trouvait dans les environs et qui n'étaient autres que du grès. Ainsi arrivaient-ils à couper le bois plus facilement et à mieux assembler les pièces de charpente.

Un des principaux d'entre les Aryas, qui jusqu'alors s'était contenté d'une assez chétive demeure, ayant acquis des richesses par l'élevage de grands troupeaux, voulut se faire bâtir une résidence somptueuse, et manda les ouvriers les plus capables parmi ses serfs et parmi ceux de ses voisins auxquels, dans ce cas, il devait payer une redevance par tête.

Se souvenant de ce qu'il avait vu chez le gros Fau et des combinaisons ingénieuses appliquées par les constructeurs jaunes dans leurs demeures de bambous, Épergos pensa qu'on pourrait tirer parti de ces combinaisons dans la charpente de la nouvelle bâtisse, car celles qu'il voyait lui semblaient grossières, lourdes, et ne pas présenter les avantages qu'on peut tirer de l'emploi des bois.

Épergos se rappelait ces balcons en saillie sur le dehors, et se disait que si on obtenait ces résultats avec des bambous, à plus forte raison le pourrait-on avec des essences résineuses plus résistantes. Il se dit aussi qu'après tout, si l'on pouvait, dans les constructions futures, moins prodiguer les bois, — d'autant qu'il fallait aller les couper assez loin, — on perdrait moins de temps, et que l'habitant pourrait entrer plus tôt dans sa maison.

Le plan de l'habitation nouvelle ne différait pas de celui que nous avons donné figure 18; mais il y avait avantage à mettre les parties hautes de la demeure en encorbellement sur les parties basses, pour mieux abriter celles-ci, et trouver ces galeries en saillie, qui présentent tant de commodités soit à l'intérieur, soit à l'extérieur, comme on l'a vu dans l'habitation du gros Fau. Sur les conseils d'Épergos, le constructeur disposa donc la face, ou le pignon de la salle principale, ainsi que l'indique la figure 22. On chercha dans la forêt deux troncs d'arbres présentant chacun une fourche et une forte branche en avant. Ces troncs d'arbres formaient les points d'appui de la façade extérieure de la grande salle; de telle sorte que les pièces de bois horizontales qui étaient encastrées dans les fourches se trouvaient soulagées à leur extrémité par la troisième branche antérieure. Ainsi pouvait-on poser, sur la saillie solidement portée de ces poutres, une pièce de bois transversale sur laquelle on élèverait deux autres poteaux également fourchus à la tête, lesquels recevraient les deux pièces horizontales terminant latéralement la construction. Il n'y avait plus qu'à placer sur ces

23

pièces les bois formant comble et pignons, suivant la méthode précédente. Cette disposition permettait de trouver une loge, ou un étage au-dessus du rez-de-chaussée, en encorbellement.

Mais les Aryas, peut-être en souvenir de leurs montagnes ou pour mieux surveiller les habitations de leurs serfs, tenaient à ce que leurs demeures dominassent le sol naturel de la plaine. On éleva donc une plate-forme de terre battue. et la construction fut établie sur cette plate-forme.

Les parties basses de la bâtisse étant désormais parfaitement abritées par les saillies des charpentes supérieures, il fut décidé, pour celles-ci, de se passer de ces murs de pierre qui demandaient beaucoup de peine et de temps, et qu'on se contenterait de murs faits de briques de limon séchées au soleil, pour les parties au-dessus du socle établi au moyen de blocs de pierre.

« Pourquoi, disait Doxi à son compagnon pendant que la construction s'élevait, mettre ainsi les choses hors de leur place et porter le corps ample et large sur une base étroite? Les hommes d'ici avaient au moins le bon sens d'élever des bâtisses bien assises sur leurs pieds, et voilà que tu les encourages à placer les choses à rebours. Les montagnes sont-elles plus larges au sommet qu'à la base? — Les montagnes, reprit Épergos, sont des montagnes, non des maisons.... Les arbres ne sont-ils pas plus larges au-dessus de leurs branches qu'à la base du tronc? Et puisque ces gens-là bâtissent avec du bois, n'est-il pas tout simple de se servir de ce que donne le bois, c'est-à-dire de s'évaser comme l'arbre, dont les branches s'écartent du tronc à mesure qu'elles s'élèvent? N'avons-nous pas vu, dans le pays des jaunes, des maisons bâties seulement de bambous, et qui donnaient ces saillies extérieures si favorables à l'habitation, si propres à préserver efficacement le pied de la bâtisse? — Oui, certes, répliqua Doxi, entre autres la maison de ce gros Fau qui nous mit si bien à la porte de chez lui. Ces idées devaient nécessairement germer dans la tête de pareils fous, et si c'est là ce que tu prétends enseigner à ces hommes d'ici, plus sensés, tu emploies mal ton temps. S'ils ont le grain de raison qu'ils semblent posséder, ils te désapprouveront. » La maison ne s'en élevait pas moins.

Doxi avait entrepris une tâche fort différente. Dans ses

entretiens avec quelques vénérables d'entre les Aryas, il avait paru fort pénétré de la grandeur de leur système religieux, et avait manifesté parmi eux la crainte que la pureté de leur culte ne vînt à s'altérer. « Certes, il est très-beau, leur disait-il, de voir le chef de la famille se mettre directement, au milieu des siens, chaque jour, en rapport avec les puissances qui régissent l'univers ; mais ne craignez-vous pas qu'à la longue ces traditions ne s'altèrent, qu'il n'y ait des négligences, des oublis, que plusieurs tentent d'innover?.... et alors, que deviendra le dogme? que deviendra le culte? Pour qu'ils puissent se conserver dans leur pureté, le dogme, le culte devraient être enseignés et pratiqués par les plus respectés parmi vous, lesquels se transmettraient la tradition dans toute sa rigueur en se soumettant à des épreuves particulières, et en ne permettant pas ainsi aux profanes de connaître, d'interpréter et de transmettre les choses sacrées. » Les vieillards demeuraient songeurs après ces entretiens et se consultaient entre eux. Une autre fois, Doxi leur disait encore : « Chaque père de famille sacrifie chez lui ; savez-vous comment il se comporte? Savez-vous s'il ne s'écarte pas de la vérité? Ne serait-il pas mieux de pratiquer le culte dans des lieux destinés à cet objet et sous les yeux de personnages revêtus d'un caractère sacré par un conseil spécial, par un collége des conservateurs du dogme? » Ces raisons, et d'autres que nous omettons, semblaient faire impression sur les vénérables personnages auxquels Doxi les adressait.

Lorsque la maison fut achevée, son riche possesseur voulut, suivant l'usage, y réunir les plus notables parmi les Aryas. Cette construction qui, à l'extérieur comme à l'intérieur, présentait certaines innovations, ne fut pas du goût des personnages les plus âgés, tandis que les plus jeunes se faisaient expliquer par Épergos les améliorations conseillées par lui et réalisées d'après ses instructions. Les avis étaient donc partagés, et, ainsi que cela se pratiquait en pareil cas au milieu de ces peuplades, toute discussion prenait le caractère d'une délibération régulière. Lorsqu'on eut tout examiné, le maître du logis, qui avait aisément constaté la diversité des opinions, ayant fait distribuer des rafraîchissements consistant en gâteaux de farine et de miel et en lait caillé, placé au centre de la salle, parla ainsi à ses invités : « Vous avez visité cette demeure; elle présente une structure qui, jusqu'à ce jour, n'était pas usitée chez les Aryas. J'ai cru bien faire en cherchant des dispositions nouvelles propres à rendre la vie de l'homme plus facile, des abris plus sûrs et plus solides; mais je tiens à connaître votre opinion sur la valeur de mes tentatives. »

Vâmadevâ, après un moment de silence (personne ne se pressant de répondre), s'éleva lentement de dessus la natte qui lui servait de siége, et, ramenant avec majesté les plis de son long vêtement de laine non teinte, répondit : « Tu as agi en homme libre, et nul, parmi les chefs de nos familles assemblés ici, n'a le droit de te blâmer si tu as construit une maison pour toi et les tiens présentant des dispositions nouvelles; mais puisque tu fais appel à nos sentiments, je te donnerai le mien.

« Jadis, lorsque nous habitions nos montagnes, nous vivions dans des demeures moins vastes, moins commodes, moins somptueuses. Étions-nous pour cela moins forts, moins propres à soumettre les Dasyus, moins durs à la fatigue, moins disposés à défendre nos familles et nos biens? Certes non. J'aime la demeure nouvelle que j'ai fait élever, j'aimais plus encore peut-être la cabane d'où je suis sorti un jour avec mes chariots, pour venir m'établir avec vous dans cette plaine. Je redoute pour nos enfants ces demeures de plus en plus spacieuses et belles. Je crains qu'ils n'oublient au sein de cette existence facile, la vie rude et simple que doit mener l'Arya. Donc, si je ne me permets pas de blâmer ce que tu as fait en pleine liberté, je ne puis m'empêcher de jeter un regard inquiet vers l'avenir et de me demander si cette abondance de commodités ne tendra pas à corrompre ceux auxquels nous laisserons des demeures aussi belles, nous qui, dans notre jeunesse, avons vécu abrités à peine sous des toits d'écorce, et qui, habitués à la fatigue, à la lutte contre les intempéries, nous sommes trouvés assez forts et résolus pour nous rendre maîtres de cette vaste contrée et de la misérable race qui l'occupait. » Un murmure approbateur parti d'un côté de l'assemblée accueillit ce discours; Vâmadêva continua : « Mais il est un péril plus grand, car il s'agit de la protection que les puissances directrices de la nature accordent à l'Arya. Au sein de cette abondance de biens, de cette vie qui tend à s'amollir, n'ayant plus sans cesse à lutter, ce qu'il faut surtout redouter, c'est l'oubli des hommages que nous rendons à ces puissances divines. Je veux croire que nul d'entre nous ne néglige les sacrifices qui nous les rendent favorables, mais qui nous assure que nos enfants, élevés dans le bien-être, seront toujours aussi scrupuleux et se lèveront avant le jour pour offrir le sacrifice à Agni, que nos filles iront toujours cueillir le *sôma* lorsque la lune brille dans le ciel étoilé? » Il y eut alors comme un frémissement dans l'assemblée, et mille propos s'échangèrent à demi-voix pendant un temps assez long pour que Vâmadevà ne pût reprendre son discours. « Il faut donc aviser, dit-il enfin lorsque le silence fut rétabli; nous ne pouvons supporter la pensée que le plus précieux héritage laissé par nos aïeux soit dilapidé, que la sainteté de notre culte transmis par les dieux mêmes aux pères de la race soit corrompue. — Non! non! répétèrent de tous côtés les assistants. — Eh bien, instituons des gardiens de ce culte sacré, choisissons pour cet objet les plus dignes et les plus respectés parmi nous. Cela fait, nous n'avons plus rien à craindre, car ces gardiens, investis par nous de devoirs sacrés, aimés des dieux dont ils conserveront le culte, deviendront nos conseils lorsqu'il s'agira d'innover ou de modifier quoi que ce soit dans nos usages, nos habitudes et notre vie journalière. Ainsi, toujours guidée par leurs lumières, sous le regard favorable des puissances divines, la race des Aryas se maintiendra dans sa pureté et demeurera la plus puissante sur la terre. » La fin de ce discours fut accueillie par une acclamation, et, séance tenante, du consentement de tous, six chefs de famille furent investis des fonctions sacerdotales.

En sortant de l'assemblée, Doxi, habituellement sombre, était radieux. Épergos, suivant un geste qui lui était familier, sifflotait sur l'ongle de son pouce. « Te voilà bien content, dit-il à son compagnon lorsqu'ils furent seuls. — Passablement, répliqua Doxi, et je commence à croire que nous ferons quelque chose de ces hommes. C'est ta maison extravagante qui me donne cette joie, et je me garderai de te blâmer de l'avoir fait élever suivant ta fantaisie. — Soit, mais tu n'empêcheras pas le monde de marcher, ni moi de recommencer ce que tu appelles : mes extravagances. Voilà de braves gens qui vont s'endormir satisfaits, et qui cependant se préparent pour longtemps une rude besogne. — Parce que? — Oh! je m'entends bien et cela suffit; le mal.... ou le bien, comme tu voudras, est fait; il n'y a plus à revenir sur ses pas. Si ces anciens, chargés de conserver les pures doctrines, les transmettent intactes à leurs successeurs, ce sera pour le mieux ; mais s'ils tombent eux-mêmes dans l'erreur, qu'arrivera-t-il ? »

VIII

LE DÉSERT DE L'ASIE CENTRALE.

La plaine s'étend à perte de vue. Parfois des stries de roches calcaires, comme des sillons, percent un sol sablonneux. A peine si quelques lichens forment des taches jaunes sur la pierre grise. Parfois aussi, on rencontre un lac peu profond, sur les bords duquel poussent des roseaux bientôt desséchés par le soleil et le vent. Puis des marécages tourbeux couverts d'une herbe drue dans laquelle les pas forment autant de trous qui s'emplissent d'une eau saumâtre. Pas un arbre, pas un buisson. Le ciel d'un bleu grisâtre se perd dans l'horizon brumeux. L'air est calme et lourd, et cependant par intervalles, survient une rafale qui, en tourbillonnant, soulève des colonnes de poussière paraissant cheminer lentement.

Le silence n'est interrompu que par le croassement des batraciens et par le bourdonnement des insectes près des lacs. De longues failles, comme autant de fêlures de l'écorce terrestre, interrompent seules la monotonie de ces plaines. Au pied de ces escarpements, à peine visibles de loin, poussent des herbes à l'abri des vents, des mousses rougeâtres et quelques maigres arbustes épineux.

Épergos et Doxi, montés tous deux sur de petits chevaux noirs, au poil long, à la tête large et courte, cheminent au pas de leurs montures le long d'une de ces failles, qui semble se prolonger jusqu'à l'horizon, accablés par la chaleur et entourés d'une nuée de mouches.

« Qu'espères-tu trouver dans ce désert, qu'y viens-tu chercher? dit Doxi après un long silence. — Des hommes, répond Épergos. — Des hommes ici? et comment y vivraient-ils? — Là où vivent les grenouilles et les mouches, l'homme peut vivre. Des mouches, il n'en manque pas, comme tu vois; quant aux grenouilles, n'en avons-nous pas entendu depuis ce matin? » Et après un nouveau silence, comme le soleil commençait à baisser : « Regarde, dit Épergos, là, devant nous, cette mince colonne de fumée bleuâtre qui s'élève toute droite, c'est un feu, et certainement ni les mouches ni les grenouilles ne l'ont allumé. — Tu rêves, c'est le vent qui, comme tout le long du jour, soulève une colonne de poussière. — Non, à cette heure, le vent ne produit plus ce phénomène dans ces plaines ; il se calme tout à fait ou est constant. C'est bien la fumée produite par du bois vert ou des herbes sèches; avançons! »

Les montures prirent le trot au milieu des pointes de rochers qui perçaient le sable, et bientôt les deux compagnons se trouvèrent au milieu d'un troupeau de brebis. A quelque distance, on voyait des hommes, des chevaux et comme une série de tertres bruns à peine élevés sur le sol, herbu sur ce point.

Sitôt que les deux compagnons furent à portée de voix, un des hommes leur cria de ne point avancer davantage; des chiens se mirent à aboyer avec fureur. L'homme sauta sur un cheval qui paissait près de lui, et s'armant d'une longue lance, il s'avança au pas vers Épergos et Doxi. Il était de taille moyenne, vêtu d'une courte tunique grossière avec une sorte de pelisse de peau de brebis noire à laquelle pendait un capuchon. Ses jambes et ses bras étaient nus et ses pieds couverts de sandales de peau attachées par des lanières, son visage naturellement jaune et bruni encore par le soleil n'était rien moins que beau. Sous ses sourcils noirs et rapprochés, sous un front bombé et large, perçaient deux petits yeux bridés aux prunelles noires et qui ne regardaient jamais en face. Le nez épais, court, les pommettes saillantes et osseuses, la bouche large qu'entourait une barbe rare et d'un noir mat, une peau cuivrée et huileuse, donnaient à ce masque un aspect repoussant. « Que voulez-vous? dit cet homme. A quelle tribu appartenez-vous? — A aucune, répondit Épergos; nous sommes étrangers à ces déserts et égarés; nous te demandons l'hospitalité pour cette nuit. — Approchez donc alors, quittez vos montures. » Épergos et Doxi s'empressèrent d'obéir à cet ordre donné d'un ton dur. « Que portez-vous sur vos chevaux? continua l'homme. — Quelques vivres, rien de plus. — Rien du soleil levant? — Rien du soleil levant. — Vous en venez cependant? — Oui. — Je le vois à vos visages. — Tu connais donc les hommes de ces contrées? — Il en est passé beaucoup par ici. — Vous ont-ils fait du bien ou du mal? — Du mal; ils ont pris des troupeaux. — Tu ne les aimes pas, alors. — Non. — Voudrais-tu te venger sur nous? — Non, vous n'êtes que deux, nous sommes ici plus que vous, vous n'avez pas d'armes, nous en avons; nous ne vous craignons pas. Si vous aviez avec vous quelque chose qui nous convînt, nous le prendrions.... Mais à quoi bon prendre vos vies? Cela ne nous rendrait pas les troupeaux volés par vos pareils. — C'est parler droit, et peut-être pourrons-nous vous faire quelque bien. Où habitez-vous? — Là, » dit l'homme en montrant ces proéminences que de loin les deux compagnons prenaient pour des tertres. Ils s'approchèrent et reconnurent que ces habitations étaient faites de peaux cousues ensemble, soulevées au-dessus du sol par des assemblages ingénieux de baguettes et fixées par des piquets tout autour (fig. 23). « Vous vivez là-dedans? dit Épergos. — Les femmes et les enfants y restent, nous n'y entrons que pour dormir. » Épergos se coula dans l'une de ces tentes en rampant; mais l'odeur infecte de l'intérieur l'en fit bientôt sortir.

Cependant les deux compagnons tirèrent quelques vivres d'un sac suspendu à la selle de leurs montures et, s'asseyant

Fig. 23.

sur l'herbe, procédèrent à leur repas du soir. Leur hôte leur donna du lait de brebis, et tous les habitants du campement vinrent voir les étrangers, sans manifester d'autre sentiment que l'indifférence. Quelques femmes semblaient plus curieuses et, tout en causant entre elles, tournaient autour d'Épergos et de Doxi, regardant leurs vêtements et se hasardant à les toucher.

Le soleil couché, celui qui avait accompagné les deux compagnons au milieu du campement, leur montrant une petite

5

tente, leur dit : « Voici un abri pour la nuit ; cette tente est vide, celui qui l'habitait n'y reviendra plus. » Puis tournant le dos, il alla chercher son gîte. Épergos et Doxi entrèrent en rampant dans le logis indiqué ; ils n'y restèrent que peu d'instants, incommodés par une odeur insupportable. Ils pensaient passer la nuit dehors, enveloppés dans les larges couvertures qu'ils portaient sur leurs chevaux. Vers le minuit, le froid devint cependant si pénétrant, que force leur fut de se mettre à l'abri sous la tente qu'on leur avait cédée. Le sommeil les prit après cette journée de fatigue, et, quand ils se réveillèrent, le soleil était déjà haut. Sortis de leur gîte, il n'y avait plus autour d'eux ni tentes, ni hommes, ni chevaux, ni troupeaux, et aussi loin que le regard pouvait s'étendre, on ne voyait que l'horizon poudreux, plat, sans apparence d'être animé. Les nomades avaient emmené avec eux les montures des deux compagnons, les trouvant passablement à leur convenance, et, avant l'aube, avaient décampé sans bruit.

IX

LA DELTA DU NIL.

De grands lacs salés, en communication avec la mer, bordent tout un vaste rivage de plus de deux cent mille pas de largeur et formant un arc de cercle présentant sa convexité vers le nord. Dans ces lacs et sur le rivage même, débouchent quantité de bras d'un grand fleuve aux eaux limoneuses. Si l'on s'avance dans les terres au midi des lacs salés, on trouve des marais d'eau douce, un sol noirâtre peuplé d'échassiers, de troupes d'oies sauvages et de canards, couverts de roseaux et d'une riche végétation. Dans les lacs d'eau douce et dans les bras du fleuve au cours lent, pullulent des sauriens, et se plongent à moitié des hippopotames, nagent des loutres et des batraciens.

Ce territoire est bordé à l'est et à l'ouest par deux chaînes de collines peu élevées, qui tendent à se rapprocher quand on s'éloigne de la mer et qui rétrécissent la vallée au milieu de laquelle coule le fleuve. Ces collines sont arides, dépourvues de toute végétation et, lorsqu'on les franchit, on ne trouve que du sable et des cailloux. Il ne pleut que très-rarement, le long de la mer, mais si l'on s'avance dans les terres on ne voit jamais tomber du ciel une goutte d'eau.

L'atmosphère, toujours pure et sèche, est légère et entretient la santé. Au solstice d'été, les eaux du fleuve commencent à gonfler et leur niveau s'élève graduellement jusqu'à l'équinoxe d'automne, alors tout le Delta est inondé. Puis, peu à peu les eaux décroissent et le fleuve rentre dans son lit. Le limon qu'il apporte ainsi chaque année élève successivement le sol, empiète sur la mer et comble les étangs les moins vastes. La végétation s'empare aussitôt de ces relais et des nuées d'insectes s'élèvent dans l'air au fur et à mesure de l'abaissement des eaux. Ce pays est occupé par des hommes doux, aux traits délicats, aux membres déliés et fins. Leur peau est d'un blanc légèrement teinté de bistre. Leurs yeux et leurs cheveux sont d'un noir d'ébène. Ces hommes disent que leurs pères sont venus du nord-est dans cette contrée, qui n'était alors qu'une lagune, après avoir passé des déserts. Ils vivent dans des villages dont les maisons sont faites de limon et de roseaux et obéissent à des anciens qui, de père en fils, règlent tous les usages journaliers, président à tous les actes de la vie ainsi qu'aux cérémonies religieuses.

Ces administrateurs et régulateurs de toutes choses ne cultivent pas la terre, ne recueillent pas les fruits, n'exercent aucun état ; tout entiers à leurs devoirs religieux et civils, ils sont nourris par la population, sur laquelle ils exercent un pouvoir absolu.

Celle-ci, bien que réduite à un état voisin de la servitude, vivant de peu sous ce beau climat, trouvant dans les produits naturels du sol ce qui sert à la nourriture et au vêtement, ne se plaint point de son état et ne fait nul effort pour le modifier.

Ces hommes accueillent volontiers les étrangers, sans toutefois leur permettre de se mêler à aucun de leurs actes. Ils se croiraient souillés à leur contact, ne mangent ni ne boivent avec eux, ne les laissent pas pénétrer dans les lieux qu'ils considèrent comme sacrés, et ne souffrent pas qu'ils parlent à leurs femmes.

Les habitants des terres basses n'ont qu'une épouse, ceux des vallées supérieures en peuvent prendre plusieurs. Sur le fleuve et les lacs, ils ont des bateaux faits de planches de bois et d'une plante ligneuse qui croît dans les marais, et qu'ils appellent byblos. Ils s'en servent pour pêcher et pour trafiquer; car ils sont naturellement commerçants. Leurs armes consistent en arcs faits de peau d'hippopotame, en frondes et en sortes de piques. Ils emploient le cuivre et l'or, savent fabriquer des poteries de terre et des pâtes de verre qu'ils colorent habilement de diverses façons. Dans les contrées supérieures du fleuve demeurent des peuples noirs, contre lesquels il leur faut parfois défendre leur frontière méridionale qui est située à six cent mille pas environ de la mer. Du côté de l'ouest et du côté de l'est, ils n'ont aucune crainte, ces pays étant déserts. Ils ont un grand respect pour les morts dont ils salent les corps afin de ne point les laisser corrompre. Ce respect s'étend à certains animaux qu'ils considèrent comme sacrés et auxquels ils rendent des honneurs funèbres.

Leurs maisons, séparées les unes des autres et entourées chacune d'un terrain cultivé, sont bâties sur les bords du fleuve ou des lacs, au-dessus des inondations autant que faire se peut, car, étant construites en partie de limon, lorsque l'eau les gagne pendant plusieurs jours, elles se réduisent en boue et s'écrasent.

Aussi les plus riches parmi les habitants ont le soin d'élever leurs demeures sur des plate-formes ou de si bien mêler les roseaux au limon que celui-ci résiste à l'action de l'eau.

Quant aux habitants de la partie du fleuve au-dessus du Delta, qui vivent dans une vallée étroite bordée de chaînes de collines calcaires ou de grès et dépourvue de marais fertiles remplis de ces roseaux utiles et qui servent même de nourriture, ils habitent dans des grottes naturelles ou creusées dans les flancs de la montagne.

Ces hommes vivent de pêche, de chasse et de graines d'épeautre cultivées le long des rives.

Plus hardis, plus robustes que les habitants de la basse-terre, ce sont eux qui luttent contre les peuplades noires lorsque celles-ci tentent de descendre le cours du fleuve. Cependant ils semblent avoir la même origine que leurs voisins du Delta, bien qu'ils soient plus grands et plus bruns de peau, plus entreprenants, plus actifs et plus indépendants.

Voici comment les habitants du Delta bâtissent leurs maisons qui ont peu d'étendue, car ce peuple vit habituellement dehors et ne reste guère dans ses demeures que pour dormir.

Beaucoup mangent même en plein air sous des abris faits de nattes qui les préservent de l'ardeur du soleil, établis soit à côté des maisons, soit sur leur couverture; car la pluie étant très-rare dans cette contrée, les habitations n'ont pas de toits, mais sont couvertes par des terrasses. Ces hommes aiment beaucoup les animaux, ils en ont toujours près d'eux et prennent leurs repas entourés de chiens, de chats, d'oiseaux privés. Ils n'excluent de leur présence que ceux des animaux qu'ils considèrent comme immondes, tels que les porcs, par exemple, bien qu'ils les utilisent et mangent leur chair. Mais si un homme touche un porc, il doit se purifier en se plongeant dans l'eau avec ses habits. Ceux d'entre eux qui soignent ces animaux vivent à part, ne sont pas admis dans la société des autres hommes et ne peuvent entrer dans les enceintes sacrées.

Donc, lorsqu'un habitant du Delta a choisi l'emplacement qu'il juge propre à élever sa demeure, il fait tracer le plan par terre par les gens chargés des constructions, lesquels sont réunis en corporation. Puis on s'approvisionne de bottes de cannes et de roseaux appelés byblos et lotus, on amasse du limon que l on délaye dans l'eau avec de la paille d'épeautre, et dont on fait des pains promptement séchés au soleil.

Les maisons les plus ordinaires se composent d'une salle principale de huit coudées de largeur environ[1] (fig. 24) sur quatorze de longueur; d'une seconde pièce plus étroite (six coudées) sur la même longueur et de deux petites pièces servant de chambres de repos, de six coudées de largeur

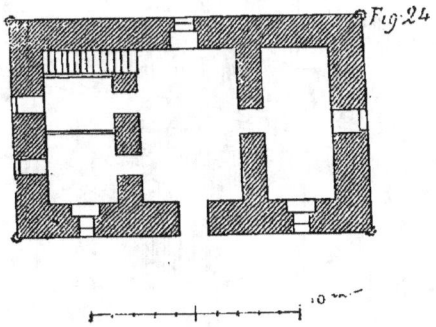

chacune sur autant de longueur et séparées par une clôture ne montant pas dans toute la hauteur de la pièce. Un escalier de bois intérieur permet de monter sur la terrasse. Les murs sont épais et voici comment on les construit.

Quand le plan est tracé, ainsi que le montre la figure 24, on dispose des faisceaux de cannes ou de lotus. Ces roseaux sont soigneusement reliés entre eux par des liens de byblos et forment par leur réunion des sortes de poteaux qui ont en longueur la hauteur que l'on prétend donner à la construction, laquelle n'a guère plus de sept à huit coudées du

---

1. La coudée égyptienne kilométrique équivaut à 0ᵐ,5243.

sol à la terrasse supérieure. D'abord on plante les faisceaux les plus forts aux quatre angles externes de la maison (fig. 25). D'autres faisceaux sont plantés aux angles internes, de telle sorte qu'ils soient verticaux. Ces faisceaux externes et internes sont reliés entre eux par des liens de byblos. Les

quatre angles ainsi préparés, dressés et maintenus par des étais, des faisceaux de cannes sont posés horizontalement pour relier les têtes des poteaux externes sur les quatre faces, et ces faisceaux horizontaux sont soulagés dans leur portée par des roseaux verticaux intermédiaires, entre lesquels sont ménagées les ouvertures qui formeront les portes et les fenêtres. Ces roseaux verticaux externes se relient à d'autres poteaux de roseaux internes. Alors les ouvriers qui travaillent le limon se mettent à l'œuvre en noyant dans l'épaisseur des murs les roseaux, sauf ceux d'angles verticaux externes et le couronnement horizontal, qui servent ainsi de jalons et de gabarit pour monter les murs. Quand ceux-ci ont atteint le niveau C, on pose

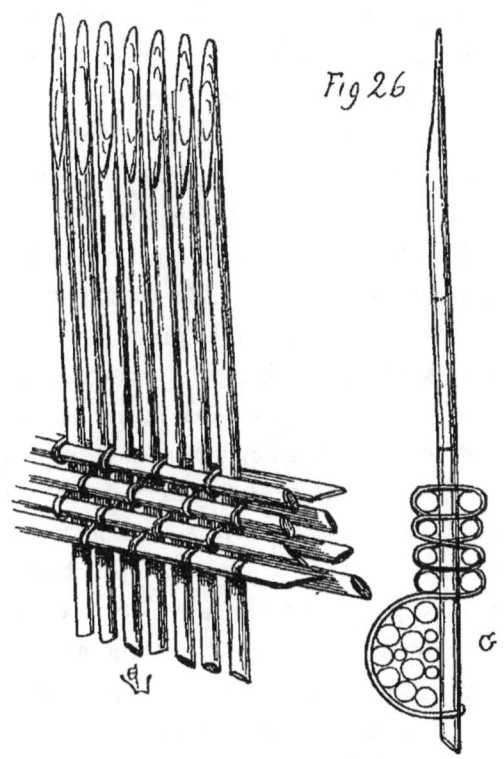

alors sur le gros faisceau horizontal des herses de roseaux préparés à l'avance, ainsi que le montre la figure 26, et qui se composent d'une double rangée de roseaux entre lesquels sont maintenus perpendiculairement, au moyen de liens nattés de byblos, d'autres roseaux très-rapprochés. Ces herses sont maintenues verticalement, par d'autres liens qui attachent les parties inférieures des tiges des roseaux formant herse, à la partie intérieure du gros boudin horizontal supérieur (voir en G). Puis les limoneurs continuent leur ouvrage derrière ces herses, et, en battant leur terre, ils donnent une courbure aux extrémités des roseaux vers l'extérieur, de façon à former une corniche quelque peu saillante. Ces roseaux maintiennent les terres ainsi battues en encorbellement et permettent de terminer la courbure par un listel plat qui donne le niveau de la terrasse. Les ouvriers patients, soigneux, élèvent ces ouvrages très-proprement et en montant la terre sur des plans inclinés. Lorsque les murs intérieurs et extérieurs sont ainsi élevés jusqu'au faîte, on pose des troncs de palmier, de cyprès ou de sycomore sur la tête des murs, suivant la largeur des pièces; puis sur ces troncs, des roseaux; puis du limon que l'on bat doucement, de manière à établir la plate-forme supérieure enduite du même limon, pétri avec de la paille; et le gros œuvre est achevé. Pour faire les jambages et linteaux des portes et fenêtres, on se sert ou de roseaux pour les habitations pauvres, ou de troncs de palmier pour les habitations riches. La lumière du soleil dans cette contrée ayant un éclat extraordinaire, les fenêtres sont très-petites et sont garnies de treillis très-adroitement tressés. Si les habitations appartiennent à des gens pouvant faire de la dépense, les murs sont enduits de limon, comme les terrasses, et recouverts d'une composition formée de ce même limon et de sable très-fin ou de poussière de pierre blanche. Alors viennent les peintres qui revêtent ces roseaux et ces enduits de couleurs brillantes. On opère de même dans les intérieurs sur les murs et les plafonds. Des nattes de joncs garnissent le sol et la partie basse des parois.

Parfois aussi un portique, dont les supports sont des faisceaux de roseaux et dont la couverture est faite de bois et de byblos avec terrasse de limon, précède la porte et donne de l'ombre et de la fraîcheur devant l'habitation.

C'est sous ce portique que l'on se tient le plus souvent et que les hommes travaillent s'ils ont un état. Quant aux femmes, elles sont chargées des occupations extérieures : ce sont elles qui vont chercher les provisions, qui font les marchés, portent les fardeaux, tandis que les hommes de-

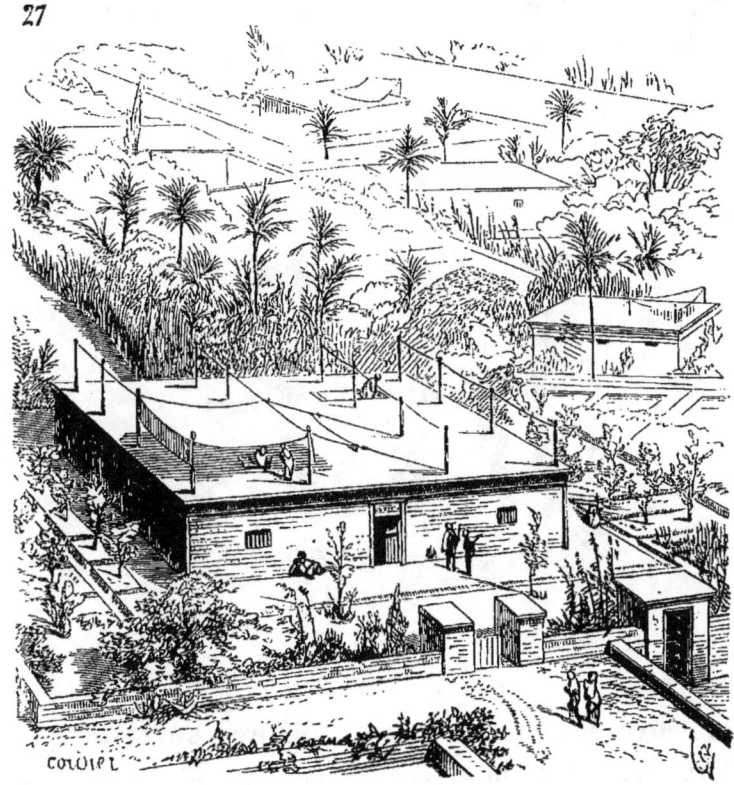

meurent, tissent, fabriquent des nattes, des poteries et de menus ouvrages de bois dans lesquels ils sont fort experts.

La figure 27 présente une de ces habitations choisies parmi les plus riches.

Le soir, au moment où le soleil disparaît derrière l'horizon, les familles montent sur ces terrasses pour jouir de la fraîcheur. L'air étant habituellement très-calme, beaucoup allument de petites lampes de terre remplies d'huile ; et, comme ces habitations sont généralement entourées d'arbres, on voit, au milieu de la verdure, brûler ces lumières, qui vont, viennent et disparaissent ainsi que des lucioles dans les prés.

Les demeures des hommes qui habitent au-dessus du Delta diffèrent en tout de celles que nous venons de décrire. Sur les flancs des collines rocheuses qui bordent les rives

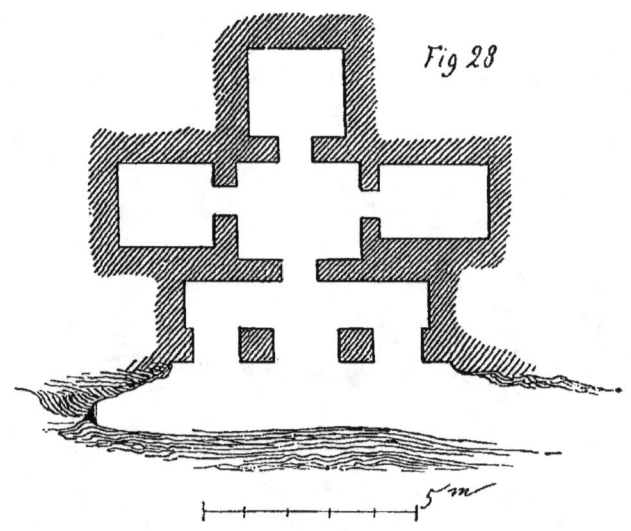

du fleuve, il existe des grottes naturelles dans lesquelles, à l'origine, ces hommes se sont installés. Mais, la population augmentant, il a fallu bientôt, à défaut de cavernes, creuser des excavations.

Cette race laborieuse, patiente et industrieuse, a su fabriquer des outils propres à ce travail ; ce sont des coignées et ciseaux de cuivre, et même des masses façonnées avec des pierres très-dures que l'on trouve en remontant le fleuve, à l'endroit où il passe à travers des roches qui robstuent son cours. Certaines parties de ces collines présentent d'ailleurs des calcaires en grandes masses qui se taillent assez facilement.

Soit que ces hommes aient conservé des traditions de constructions de bois avant leur séjour dans ces contrées, soit l'influence des habitations du pays bas, plus peuplé,

lorsque les indigènes de la vallée haute creusent des demeures, ils reproduisent parfois des formes qui rappellent les structures de bois.

Ces demeures — nous parlons des plus récentes, de celles creusées à main d'hommes — présentent habituellement, en plan, la disposition suivante (fig. 28).

Profitant d'un palier naturel sur les flancs de la colline, on a creusé une sorte de portique avec un ou deux piliers de réserve. Au fond du portique est percée une porte qui donne entrée dans plusieurs petites salles fouillées perpendiculairement les unes aux autres.

A l'extérieur, ces habitations montrent ainsi leurs entrées (fig. 29), qui, de loin, semblent suspendues le long des escarpements. Ces hommes, lorsqu'ils prennent du poisson, le font sécher au soleil, qui est très-ardent, et le conservent ainsi longtemps sans qu'il se corrompe. Au besoin, ils y ajoutent du sel que l'on recueille sur les bords des marais qui longent la mer, au-dessous du Delta. Ces demeures, creusées dans le grès ou le calcaire, sont très-sèches, les collines ne renfermant aucune source et le ciel étant toujours pur. Aussi leurs habitants sont-ils robustes, sains et dispos. Ils savent diriger habilement les barques, et beaucoup d'entre eux passent leur vie sur le fleuve, transportant dans le Delta certains outils et des armes qu'ils fabriquent, des produits de leur chasse et de la pêche, de la pierre, de l'or et des métaux qu'ils tirent des peuples noirs, leurs voisins, des parfums extraits de certaines plantes. Ils rapportent du sel, des étoffes, du bois, des vases de terre et beaucoup d'objets usuels façonnés sur les rives du bas fleuve. Ils sont guerriers et luttent sans cesse contre les peuplades noires qui vivent dans la haute vallée, tantôt reculant leurs frontières, tantôt forcés d'en céder des parties.

Quoique soumis aux mêmes coutumes que les habitants du Delta, c'est-à-dire à des chefs religieux qui sont chargés du gouvernement de toute chose, ces hommes de la vallée moyenne sont plus indépendants, plus actifs et se plient moins volontiers que leurs voisins du bas fleuve au gouvernement théocratique partagé entre une multitude de petits despotes.

Un jour, les plus hardis d'entre eux, les plus braves,

s'assemblèrent en grand nombre et s'élirent un chef suprême, un roi, sur la tête duquel le pouvoir jusqu'alors disséminé fut concentré. Ce roi s'appelle Ménès, et bientôt toute l'Égypte lui obéit.

« Tu considérais, dit Doxi à son compagnon, les hommes que nous avons visités dans les montagnes du haut Indus comme la race par excellence, et, pendant le séjour que nous avons fait parmi eux, nous les avons vus changer souvent d'avis et de projets. Mobiles et légers dans leurs desseins, ne sachant se tenir nulle part, ils écoutaient tes conseils, et le Créateur sait où cela les conduira. Ces habitants de la vallée du Nil me paraissent bien autrement sages et mériter le titre d'hommes par excellence. Ils savent se soumettre à une loi fixe et nul, parmi eux, ne songe à s'y soustraire. Bien mieux, dans la crainte de voir la loi compromise par la négligence ou la folie de quelques-uns d'entre ses interprètes, ils n'en admettent plus qu'un seul ! — Voire ! reprit Épergos ; et si cet unique interprète perdait le sens ? — On le remplacerait par un autre, puisque tous ne demandent qu'à maintenir toute chose en l'état. Entre dans la maison d'une de ces familles d'honnêtes gens et tu verras que les ustensiles dont ils se servent sont exactement les mêmes que ceux soigneusement conservés par eux comme ayant appartenu à leurs ancêtres. Ils construisent leurs maisons de la même manière, à l'aide des mêmes matériaux, et ils ont bien le soin d'empêcher les orgueilleux d'employer d'autres méthodes. Cela est sage et bon ; c'est, en effet, la vérité. Il faut nous en tenir à ce pays, d'autant qu'il y fait bon vivre. — Oh ! nous n'avons pas tout vu, il y a peut-être mieux ailleurs.

« Voici ces bonnes gens qui se sont donné un roi, qui va tout maintenir en l'état, dis-tu ; soit. Mais lui et ses successeurs se passeront peut-être la fantaisie de faire travailler pour eux toute cette population. Qui sait si, mal contents d'habiter des demeures de limon et de roseaux que le temps détruit, ces rois n'en voudront pas habiter qui soient indestructibles? — Puisque ces rois sont là pour conserver, ils ne changeront pas cet usage.

— Précisément parce qu'ils sont là pour conserver, ils prétendront que leurs propres demeures ne périssent pas. — Tu vois que tout est soumis ici à des règles sévères. La disposition et l'apparence des demeures sont fixées.

— Parfaitement; on ne changera ni les dispositions ni l'apparence, mais on pourra, pour le monarque et ses amis, élever avec de la pierre, c'est-à-dire à grand'peine et dépens, cette apparence si facilement obtenue à l'aide d'un peu de boue et de roseaux. Tu pourras être content toi, Doxi, car tu te promèneras pendant des siècles au milieu d'habitations semblables, en apparence, à celles que nous voyons aujourd'hui. Mais les pauvres diables, qui auront passé leur vie à élever ces apparences à force de bras et à tailler les matières dures qui les constitueront, seront-ils aussi satisfaits.... dis? C'est douteux.

— Ce sont là des suppositions et il n'y a pas de motifs sérieux pour que ces rois prétendent avoir des demeures de pierre à la place de ces habitations faites de limon et de roseaux qui sont fort bonnes et suffisent aux besoins de tous, à moins que, par suite de ton besoin de changer toute chose, tu ne leur mettes cette idée dans l'esprit.

— Je m'en garderai bien! mais observe que ce roi, qui vient d'être désigné, ainsi que ceux qui ont les premiers songé à le mettre à la tête de toute la population de la vallée du Nil, habitaient des demeures creusées dans la pierre; or il est à croire qu'ils voudront ne pas changer leurs usages et que, ne trouvant pas de grottes dans le Delta et ne pouvant en creuser, puisqu'il n'y a point ici de collines propices, ils feront apporter les matériaux propres à bâtir des habitations de pierre et non faites de limon. On commencera par vouloir honorer la divinité en lui élevant des temples indestructibles, et le peuple, qui est fort attaché aux choses qui touchent à la religion, s'empressera de bâtir des édifices à l'instigation de ses maîtres; puis les maîtres eux-mêmes voudront se rapprocher autant que possible de la divinité, se mettre en communication avec elle, et ils voudront à leur tour avoir des palais aussi durables que les temples. Qui les élèvera, ces palais? Le peuple, j'imagine; en sera-t-il plus heureux dans ses maisons de boue? »

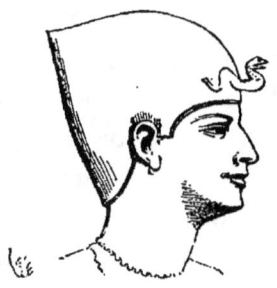

X

LES DEMEURES DES ÉGYPTIENS SOUS LES TROIS
PREMIÈRES DYNASTIES.

Epergos ne s'était guère trompé; toutefois les modifications apportées dans le système de construction des habitations des bords du bas Nil étaient lentes, indécises, car personne n'osait innover en quoi que ce fût.

Sous le règne des premiers monarques, cette vallée privilégiée devint un centre de productions agricoles et industrielles qui attirait déjà de nombreux étrangers. Le commerce était florissant et les richesses s'accumulaient entre les mains de ces heureux habitants. Les rois s'étaient peu à peu entourés d'une cour nombreuse, composée en grande partie de fonctionnaires, auxquels incombait la charge d'administrer le pays. Les actes de tous les citoyens étaient réglés par des lois; la principale occupation du monarque était de se faire rendre un compte exact de toute chose. La configuration du pays se prêtait merveilleusement à ce gouvernement paternel. Le Nil, dont la vallée a peu de largeur au-dessus du Delta, était l'artère naturelle qui facilitait les voyages, les transports et la surveillance sur toute la contrée. En effet, à cent quatre-vingt mille pas au sud, à partir de la mer, la vallée se rétrécit de plus en plus jusqu'à sept cent mille pas environ, où commence la contrée habitée par les noirs. Là elle devient très-étroite et le cours du fleuve est encombré de rochers. C'est au point où les collines calcaires se rapprochent, au sommet du Delta, que les premiers rois établirent leur résidence. Ainsi pouvaient-ils facilement surveiller le Delta et tout le haut cours du fleuve ; car, de ce point, si l'on veut franchir les collines sur l'une ou l'autre rive, on ne trouve que le désert, et le fleuve est comme une large voie toujours navigable dont les bords, favorables à la culture et habitables, par conséquent, ont très-peu d'étendue. Ces bords se couvrirent bientôt de villages, car les habitants de la partie étroite de la vallée cessèrent de demeurer dans des cavernes pour se rapprocher du fleuve. La pierre brute et le limon leur servirent pour élever ces habitations. Mais il arriva un jour qu'un violent tremblement de terre jeta l'effroi parmi les populations et fit écrouler beaucoup de ces maisons. Celles dont les parois étaient épaisses résistèrent assez bien, mais la plupart de celles dont les murs étaient légers furent détruites ou profondément lézardées. Ce phénomène ne se fit guère sentir dans le Delta même, mais eut des effets terribles dans les parties hautes de la vallée.

Les Égyptiens, ayant un grand respect pour les morts et croyant à l'immortalité des âmes de tous les êtres animés, ensevelissent leurs parents, après avoir soustrait leurs dépouilles à la corruption par des préparations particulières, dans des cavernes naturelles ou creusées et encore sous des amas de pierres et de briques crues, afin qu'on ne puisse violer leur sépulture.

Ils donnent à ces amas le nom de *Pi-rama*, qui veut dire *Hauteur*, ou de *Pi-re-mi*, suivant d'autres, ce qui signifie *Splendeur du soleil*.

Ces amas sont établis sur une base quadrangulaire, comme toute construction égyptienne, et s'élèvent plus ou moins haut, suivant la surface de cette base et l'inclinaison des faces. Or, après le tremblement de terre dont nous venons de parler, les plus savants parmi les Égyptiens ayant constaté que ces pyramides, fussent-elles creuses, avec parois relativement minces, n'avaient souffert aucune altération, se réunirent pour savoir s'il ne conviendrait pas de donner aux habitations futures la forme de ces édifices.

Épergos et Doxi furent consultés.

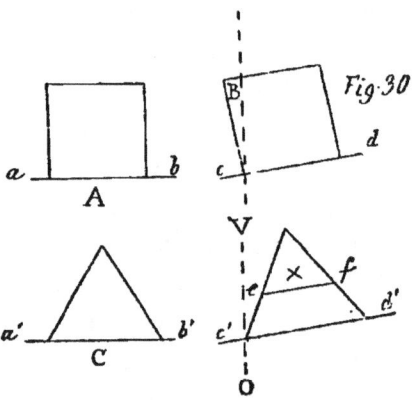

Doxi se contenta de dire que, si le sol de la terre était secoué, l'homme n'avait pas la puissance de se soustraire à ce phénomène et devait se résigner à en subir les conséquences en suppliant les dieux, toutefois, de les rendre moins terribles. Épergos ayant observé que les Égyptiens possédaient, en géométrie, des connaissances assez étendues, prit un morceau de charbon et traça sur le mur la figure 30 ci-dessus; puis il dit : « Si le solide A est posé sur un sol horizontal *a b*, il se tient debout par sa propre masse, mais si ce sol s'incline suivant *c d*, toute la partie B du solide doit se détacher et tomber. — Si, au contraire, le solide C est posé sur un sol horizontal $a'\,b'$, et si ce sol s'incline, suivant $c'\,d'$, aucune partie de ce solide ne peut se détacher puisque toutes restent en dedans de la verticale V O. Voilà pourquoi vos pyramides sont restées debout pendant que vos maisons croulaient.

« Mais ces tremblements de terre, ainsi que j'ai pu le constater ailleurs, secouent le sol plutôt qu'ils ne le dénivellent, ou du moins ce dénivellement est peu sensible; donc il suffira que vous donniez aux murs de vos maisons une légère inclinaison pour les maintenir debout, en cas

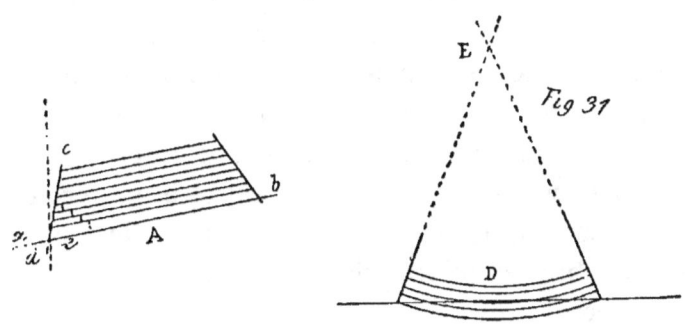

d'oscillations de la terre. Mais il n'est pas nécessaire que vous les terminiez en pointe comme le sont vos pyramides; car, supposez la partie X de la pyramide supprimée, la partie $c'\,d'\,e\,f$, qui restera, ne sera pas moins solide. » L'assemblée écoutait Épergos avec attention. Quand il eut terminé, un vieillard qui passait pour un des plus savants dans la nation et qui observait les astres afin de prévoir les époques favorables aux divers travaux de la culture, se leva, et s'approchant lentement de la muraille sur laquelle Épergos avait tracé les linéaments qu'on vient de voir, prit à son tour le charbon, traça la figure 31 et dit : « Tes raisons sont bonnes, Épergos, mais les maisons, non plus que nos pyramides, ne sont faites d'un seul morceau; les unes et les autres sont composées de matériaux qui n'ont entre eux qu'une cohésion limitée. Si donc la maison A est inclinée suivant la ligne ab, par suite d'une commotion du sol, bien que la ligne dc ne sorte pas de la verticale, les matériaux e, sollicités par la pression, pourront glisser, et ainsi toute la bâtisse se disloquera. Mais si nous posons les couches de brique ou les assises de pierre conformément au tracé D, en prenant comme centre des segments de cercle le point E, rencontre des deux lignes inclinées qui forment les parois des murailles, les pierres d'angles seront à peine sollicitées par la pression et ne pourront glisser, puisqu'elles ne seront pas sur un plan incliné. » Épergos, en signe de respect, abaissa ses mains devant lui à la hauteur des genoux et inclina la tête; le vieillard alla retrouver sa place au milieu d'un murmure flatteur. Il fut décidé qu'après dix jours l'assemblée se réunirait encore, apporterait les nouvelles lumières que la réflexion pourrait faire naître parmi ses membres et qu'on rédigerait alors le décret à soumettre à la sanction royale.

Au bout de dix jours, en effet, les membres de l'assemblée réunis déclarèrent qu'ils n'avaient rien à ajouter à ce qui avait été dit précédemment. Épergos seul fit observer que si on construisait des habitations sur un plan circulaire en inclinant les lits d'assises vers l'intérieur au lieu d'adopter des plans quadrangulaires, alors la solidité serait absolue et qu'il n'y aurait de point faible sur aucune partie du pourtour de la bâtisse. Cette ouverture fut accueillie par une clameur, et l'un des plus respectés parmi les membres de l'assemblée se levant, dit : « La demeure de l'homme doit regarder les quatre points du ciel ; cela est consacré. Il convient qu'elle ait sa face et ses côtés, ce que ne saurait posséder une demeure circulaire. Elle doit avoir ses angles, et ces angles doivent être droits. Épergos a parlé légèrement. — Certes! » répondit l'assemblée tout d'une voix.

Le décret royal qui fut promulgué d'après l'avis de l'assemblée portait en substance : que les parois des demeures à élever devraient être inclinées suivant un certain angle donné par les inspecteurs des bâtiments; que, si ces maisons étaient élevées sur soubassement de pierre, les assises devraient être posées suivant la portion de cercle donnée par un rayon égal à l'un des côtés du triangle dont le sommet serait la rencontre des lignes inclinées des parois; qu'il en serait de même pour les constructions de briques crues; que, d'ailleurs, la forme ancienne et consacrée de ces maisons soit en plan, soit en élévation, ne devrait être modifiée d'aucune façon.

Les premières maisons qui furent élevées après ce décret présentèrent donc leurs soubassements construits ainsi que l'indique la figure 32, et les gabarits de roseaux étaient toujours employés pour guider les maçons.

Toutefois les ouvriers habitués à mettre en œuvre la brique crue, le pisé et les roseaux dans leurs bâtisses, n'étaient point très-habiles à tailler la pierre; ils n'avaient encore que des outils de cuivre qui s'émoussaient promptement, bien qu'on les trempât. Pour fendre les pierres dans la carrière, ayant observé que les calcaires se présentent naturellement par lits, ils dégageaient la surface horizontale extérieure; puis, au moyen de poinçons de cuivre, ils creusaient de distance en distance, sur une même ligne, suivant la dimension qu'ils voulaient donner au bloc à extraire, des trous oblongs étroits et de la profondeur de quatre à cinq doigts. Cela fait, ils enfonçaient dans ces trous des coins de bois bien séchés; ils mouillaient régulièrement ces coins qui, en gonflant, faisaient fendre la pierre suivant la ligne tracée par les entailles.

A l'aide de leviers de bois durcis au feu, ils faisaient alors sortir le bloc de sa place. Ces blocs, en raison de la nature litée de la pierre, présentaient ainsi des parallélipipèdes dont ils régularisaient les faces et qu'ils assemblaient. Comme ce peuple est patient et laborieux, il parvint cependant à tailler régulièrement tous ces blocs, à les polir même à l'aide de

pierres dures, à y creuser des traits, des figures; car, de même que toute chose est réglée dans la manière de vivre sur les bords du Nil, toute construction, tout objet doit mentionner les motifs en vue desquels ces constructions ou objets ont été établis et le nom de ceux pour qui on les établit. De telle sorte que rien ne demeure ignoré. Celui qui connaît les figures au moyen desquelles ils traduisent les faits, les dates, les noms des choses sur la pierre, le bois, la terre cuite ou le métal, peut ainsi savoir tout ce qui touche à la vie présente et passée de ce peuple.

Cela fut ainsi réglé par les rois des trois premières dynasties qui régnèrent l'espace de sept cent soixante-neuf ans, et comme pendant ce temps les habitants de la vallée du Nil ne cessèrent de travailler et de perfectionner toute chose, ils arrivèrent à un développement prodigieux dans les arts, les sciences, l'industrie et l'agriculture.

Si le menu peuple construisait toujours des maisons de terre et de roseaux, ceux qui s'étaient enrichis et qui occupaient des fonctions dans l'État ne se contentaient plus de logis aussi simples, et peu durables. Ils commençaient à faire employer des blocs de pierre, de la brique crue enduite avec soin et des bois de charpente équarris et débités en planches. Cependant les formes consacrées primitivement devaient être maintenues, et en changeant la nature des matériaux, ceux qui bâtissaient conservaient scrupuleusement l'apparence de l'ancienne demeure.

On y ajoutait toutefois des portiques; les salles étaient plus nombreuses, les dépendances plus importantes.

Originairement les habitants faisaient cuire leurs aliments en plein air, mais alors on commençait à disposer des locaux propres à cet objet toujours en dehors du logis, d'autant que les familles prenaient habituellement leurs repas sous des arbres et des bannes d'étoffe.

Les animaux domestiques entouraient les maîtres pendant ces repas, et on voyait ainsi, aux environs des petites tables sur lesquelles étaient disposés les mets, des antilopes, des chats, des chiens, des oies, des échassiers, vivant entre eux dans la meilleure intelligence et récréant leurs maîtres par leurs sollicitations et leurs habitudes familières. Chaque habitation était entourée d'un jardin clos de murs de brique crue plus ou moins vaste, suivant la richesse du propriétaire. Ces jardins étaient entretenus avec un soin extrême et contenaient des plantes rares disposées dans des caisses afin de pouvoir les soustraire à l'ardeur trop vive du soleil ou les abriter du vent du désert qui, lorsqu'il soufflait, desséchait les feuilles et les fleurs en quelques instants. Les jardins et demeures, toujours placés sur les bords du fleuve ou de canaux, possédaient un manége faisant mouvoir une roue

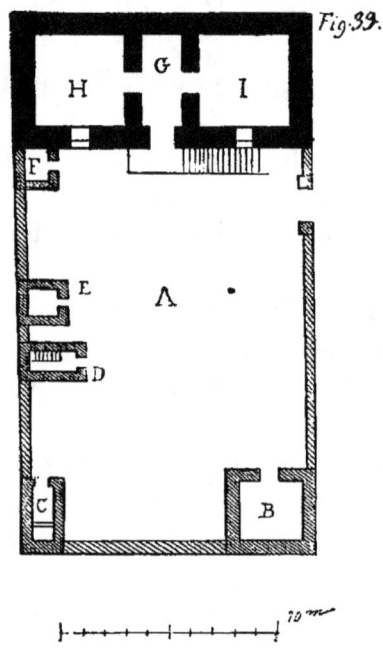

à chapelet versant l'eau dans des rigoles qui allaient, en se divisant, arroser les plantations. Ces machines hydrauliques étaient mues par des esclaves ou par des ânes.

Il faut parler d'abord des maisons les plus simples. Voici l'une d'elles, figure 33, qui se compose d'un petit jardin A avec chambre pour les provisions en B, latrines en C, pigeonniers en D, poulailler en E et four en F pour cuire les aliments. L'habitation comprend une salle G, ouverte sur la cour, et deux pièces avec lits H et I. Un escalier extérieur de bois permet de monter sur la terrasse.

La figure 34 donne la vue cavalière de cette habitation. Quatre perches fixées à des attaches réservées dans la muraille permettent de placer une banne sur la terrasse cen-

trale disposée en contre-bas, afin d'être à l'abri du vent. C'est là que le soir la famille aime à se réunir pour jouir de la fraîcheur.

Nous avons dit que les Égyptiens étaient experts en la science de géométrie et des nombres. En effet, la terre étant, dans la vallée que le Nil arrose et inonde périodiquement, d'une fertilité prodigieuse et la population qui habite cette vallée très-nombreuse, il parut important, de toute ancienneté, de ne laisser en friche aucune partie du sol. Ce territoire fut donc partagé en lots avec le plus grand soin, de telle sorte que chaque habitant eût en propriété la quantité de terre qu'il pouvait cultiver ou faire cultiver. Ainsi les anciens prêtres qui gouvernaient avant les rois conservaient-ils scrupuleusement, tracés sur des feuilles de papyrus, les héritages de chacun, afin d'éviter les contestations et empiétements. Pour tracer ces plans cadastraux, il fallut avoir recours à des opérations géométriques que la nécessité fit peu à peu perfectionner, et on arriva bientôt à reconnaître que le triangle était la figure qui permettait de relever exactement une étendue de territoire, d'en apprécier les dimensions et les accidents, tels que cours d'eaux, parties inondées ou sèches, sablonneuses, rocheuses ou limoneuses. Aussi le triangle fut-il considéré comme la figure sacrée, particulièrement le triangle rectangle, dont la base se divise en quatre, le côté en trois et l'hypothénuse en cinq parties égales entre elles ; si bien que cette figure dût servir aux architectes pour construire les palais et les temples.

Le triangle équilatéral et le rectangle furent également considérés comme des figures parfaites, et c'est pourquoi l'assemblée dont il a été fait mention plus haut ne crut pas devoir tenir compte des observations d'Épergos. Quant aux idées religieuses attachées à ces figures, on doit s'abstenir d'en parler. Ce sont des mystères connus seulement des prêtres ; qu'il suffise de dire que le côté du triangle droit divisé en trois représente Osiris, la base divisée en quatre, Isis, et l'hypothénuse, Orus, composé des deux ; le carré de trois donnant 9, le carré de quatre 16 et le carré de cinq 25, c'est-à-dire égal à 9 + 16. Ce triangle étant donc ainsi la figure parfaite, ne pouvait produire, si on l'employait dans le tracé des édifices, que des résultats excellents ; c'est pourquoi il fut prescrit, ainsi que le triangle équilatéral.

Quant à la méthode à adopter pour utiliser le triangle parfait dans les constructions, voici comment, après de longues recherches, les prêtres procédèrent :

Soit ABC (fig. 35) ce triangle parfait dont la base a quatre parties, le côté trois et l'hypoténuse cinq. Sur le milieu de la base AB, ils élevèrent la perpendiculaire DE, en lui donnant comme longueur la moitié de l'hypoténuse (2 1/2);

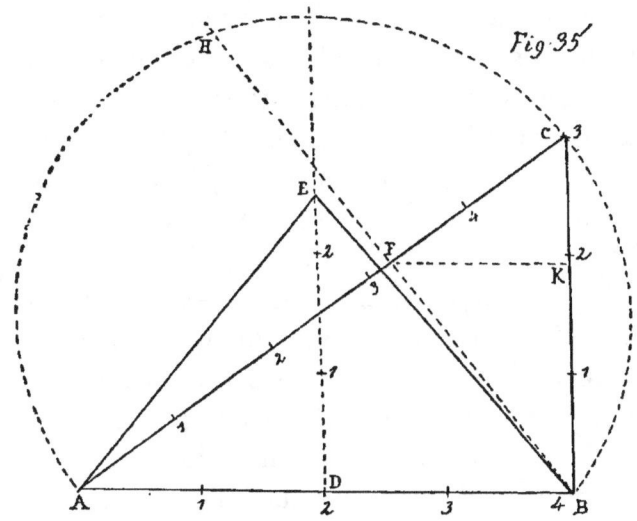

ils réunirent alors les points AE, BE, et obtinrent ainsi un triangle qu'ils considérèrent comme la figure stable par excellence. Inscrivant le triangle ABC dans un cercle, ils menèrent du point B une perpendiculaire BF sur l'hypoténuse qu'ils prolongèrent en H jusqu'à la périphérie du cercle. Puis du point de rencontre F, ils abaissèrent une perpendiculaire sur le côté CB. Ensuite, ils divisèrent chacune des parties de la base en 12, ce qui donna sur la longueur de cette base 48. Chaque partie de la perpendiculaire

BC, de même divisée en 12, donna 36. Les deux parties de la perpendiculaire DE, divisées également, donnèrent 30. L'hypothénuse donna 60. Or $60 = 5 \times 12$; $30 = 2 \times 12 + 6$ (moitié de 12); $36 = 3 \times 12$; $48 = 4 \times 12$. Ils obtinrent ainsi des divisions proportionnelles par 4, par 3, par 5 et par 2 1/2. Non contents de ce premier résultat, ils divisèrent chacune des parties de la base en 100 et obtinrent 400 divisions. Opérant de même pour la ligne DE, 250. La corde BH leur donna 480 divisions égales à celles-ci. La longueur partielle de l'hypothénuse AF, 320; celle FC, 180. La perpendiculaire FK, 144 ou 12×12. Ainsi la figure fournissait-elle des divisions décimales et duodécimales. Or, quand il s'agit de proportions à donner à des constructions, le système duodécimal a l'avantage de se diviser par moitiés, par quarts, par tiers et par sixièmes, et le système décimal par dixièmes. Le mélange des deux systèmes donnait des rapports utiles. Ainsi la base AB, divisée par le système duodécimal en 48 parties, est en rapport proportionnel avec la corde BH divisée par le système décimal en 480.

Les constructeurs se servirent donc de cette sorte d'étalon de proportions dans leurs bâtisses, avec faculté d'employer le triangle équilatéral ainsi qu'on va le voir.

Il convient d'examiner le palais d'un nomarque, c'est-à-dire d'un gouverneur de province, sous le roi Cerphérès, qui monta sur le trône sept cent quarante-quatre ans après Ménès; palais contemporain de la petite maison dont nous venons de parler.

Le programme posé par ce nomarque à son architecte était celui-ci : deux entrées dans le palais, l'une publique, l'autre pour les habitants. Du côté de l'entrée publique, une cour avec portiques donnant accès dans une salle vaste, à ciel ouvert dans la partie médiane. Du côté de l'entrée privée, une première cour vaste, avec logements pour les serviteurs des deux côtés; cuisine et citerne. Puis une seconde cour avec portiques et salles ouvertes à chaque extrémité. Entrées pour les chambres, rangées des deux côtés de la grande salle, mais sans communication directe avec celle-ci.

Deux cours latérales avec magasins pour toutes sortes de

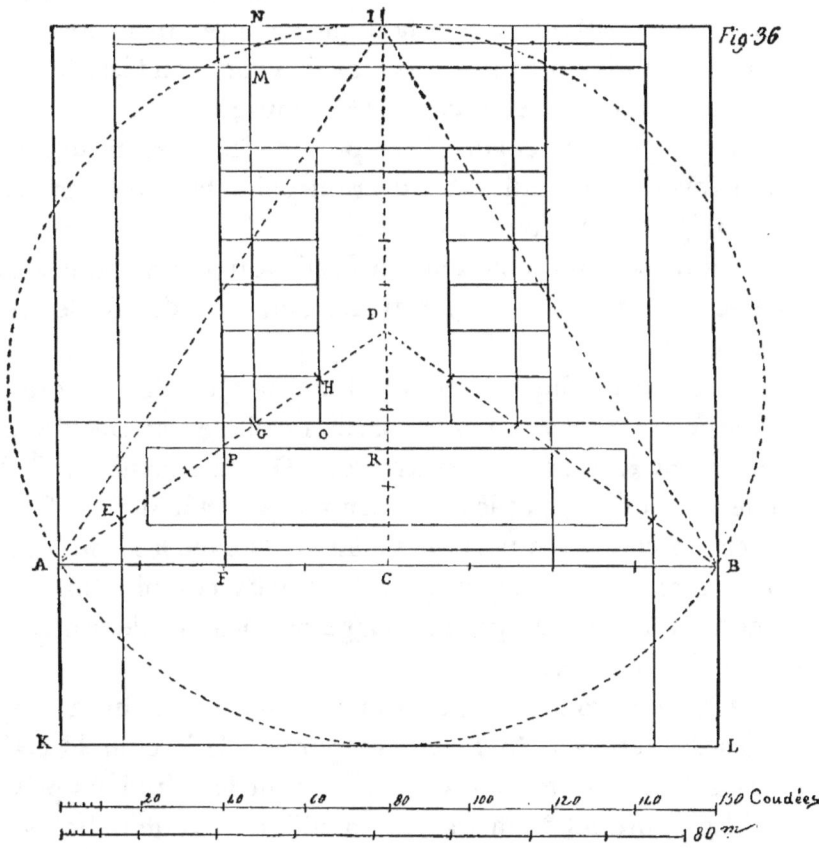

provisions. Ces constructions devaient occuper une surface quadrangulaire de cent soixante coudées de face, sur cent quatre-vingt-quatre environ de profondeur. Cet architecte commença (fig. 36) par établir la base AB de cent soixante coudées. Il la divisa en huit parties de vingt coudées chacune. Puis il éleva la perpendiculaire CD, à laquelle il donna soixante coudées et tira les deux lignes AD, BD, lesquelles eurent alors cent coudées de longueur chacune.

Des points diviseurs EFGH, il éleva des perpendiculaires sur la base AB, et du point diviseur G une parallèle à AB. Prenant AB comme base, il traça le triangle équilatéral ABI. Il inscrivit ce triangle équilatéral dans un cercle. La tangente KL lui donna la limite de la première cour.

Puisque l'hypothénuse GH avait vingt coudées, la base GO en avait seize et le côté OH, douze.

Sur la perpendiculaire OH prolongée, l'architecte porta cinq fois douze coudées au delà du point H. De M en N, il porta également douze coudées.

Ces lignes lui donnèrent, sauf celles du périmètre, les axes de ses murs. Alors il put tracer dans ses détails le plan figure 37.

L'entrée publique avec sa cour était en A. La grande salle à ciel ouvert dans sa partie médiane, en B. L'entrée privée en C avec sa première cour D. La cuisine en E. La citerne en regard et les logements des serviteurs en G. La seconde cour avec portiques était en H avec les entrées aux chambres du rez-de-chaussée par deux couloirs en I. On montait à celles du premier étage par des escaliers ménagés dans les pylônes.

Les deux cours des provisions en K. En L furent disposées des latrines. Aux deux extrémités de la cour H étaient les salles ouvertes sur cette cour pour les réunions privées.

La figure 38 donne la vue cavalière de cette riche habitation. De beaux jardins, soigneusement entretenus, bordaient la demeure bâtie sur les rives du Nil, et dont les terrains étaient traversés par un canal d'irrigation.

Mais il convient de pénétrer plus avant dans les procédés de tracés adoptés par l'architecte.

Nous prenons la salle principale avec ses portiques et ses

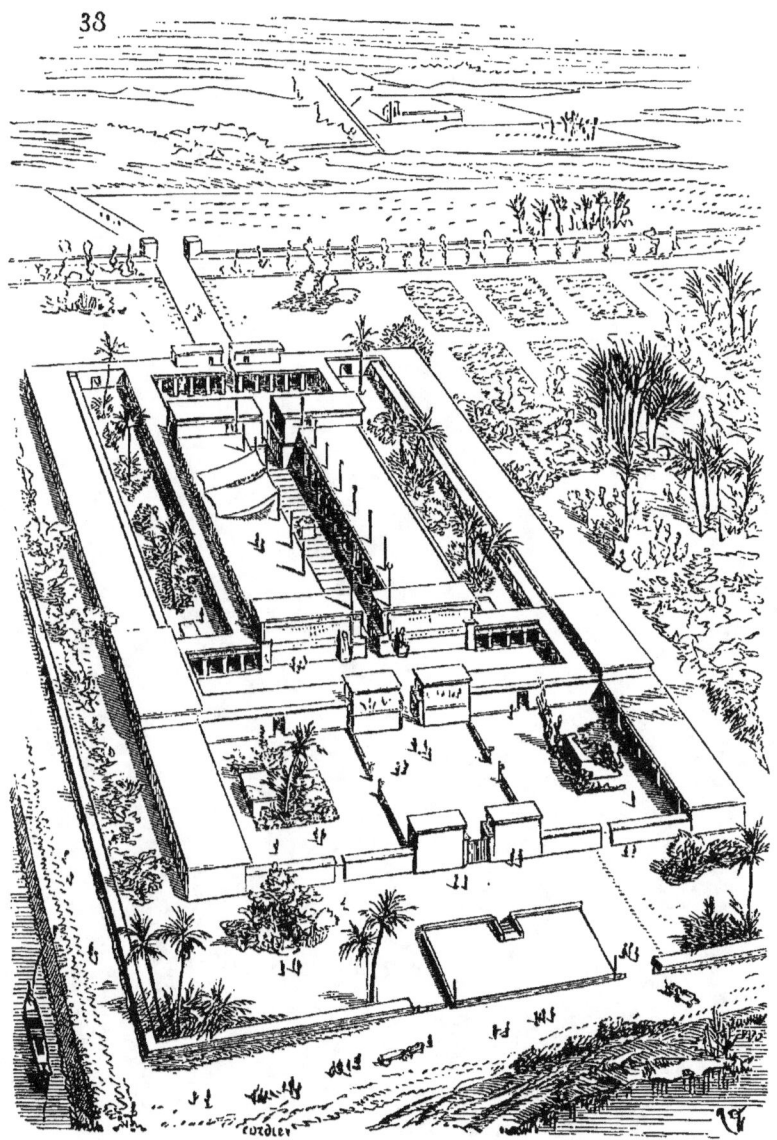

VUE DU PALAIS DU NOMARQUE ÉGYPTIEN (P. 96).

chambres. Le constructeur avait soumis les axes du bâtiment aux divisions données par la base et l'hypoténuse du

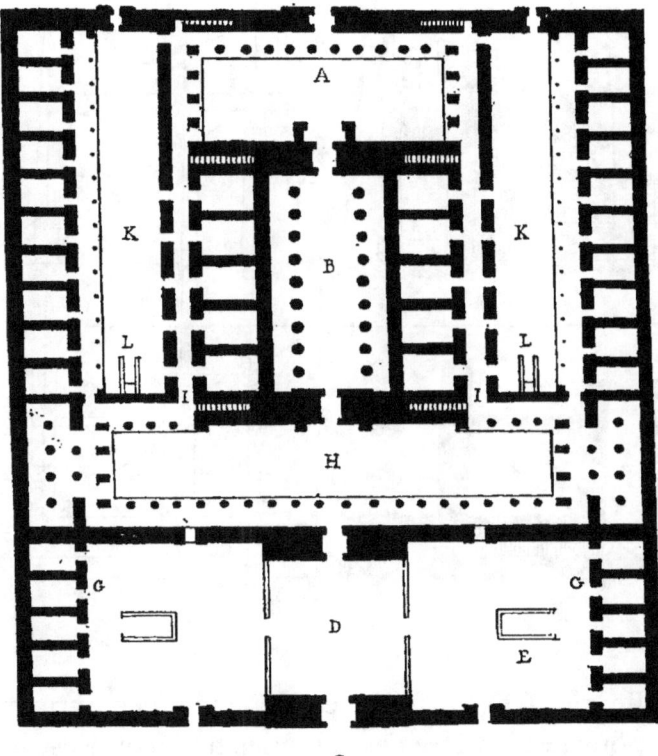

triangle parfait (fig. 36). Si, sur cette figure, nous considérons seulement le triangle PRD, dont la base occupe la moitié de la largeur entre axes du corps principal, nous pouvons diviser ce triangle PRD ainsi que nous avons divisé le grand triangle ACD.

7

Alors la base PR aura quarante coudées, le côté RD trente coudées et l'hypoténuse cinquante coudées.

On voit, par la figure 39, comment en plan ces divisions de la base et de l'hypoténuse ont donné tous les axes soit parallèles, soit perpendiculaires à cette base. L'hypoténuse

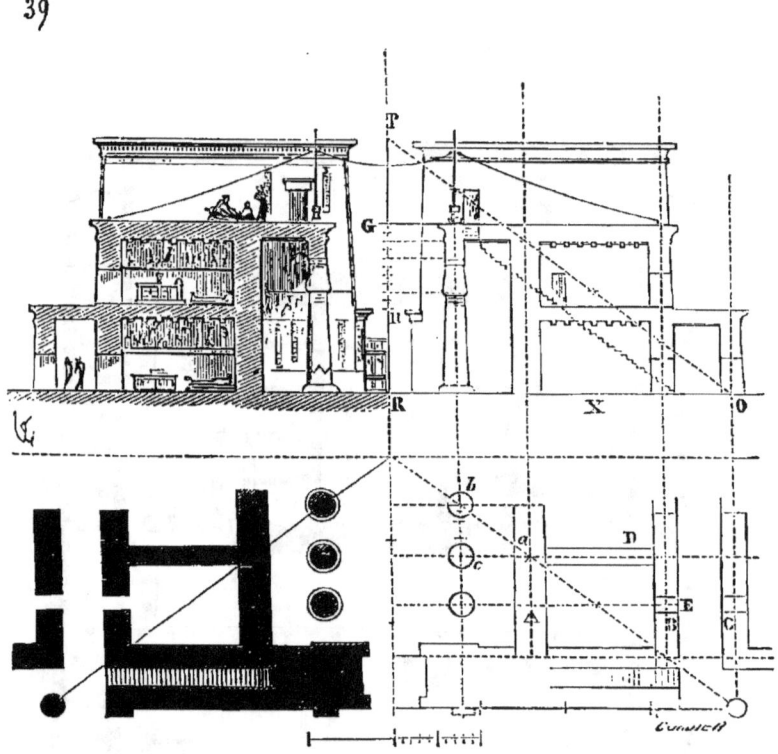

partielle ab, ayant dix coudées, le côté cb en aura six. Prenant pour le diamètre des colonnes trois coudées, il restera entre elles trois coudées au-dessus de la base. Les murs seront aussi tracés à l'aide de ces fractions, si bien que le mur A aura une épaisseur de quatre coudées à la base; ceux B et C, trois coudées chacun; les murs D, deux coudées, et l'ouverture des portes E, deux coudées.

En coupe (voir en X), ayant de même tracé le triangle

O R P parfait, le sommet de ce triangle donnera la hauteur des pylônes ; le point diviseur G, la hauteur de la corniche des ailes ; le point diviseur H, la hauteur de la porte. La corniche du grand portique intérieur aura deux coudées ; l'architrave, deux coudées, et le chapiteau avec son tailloir, quatre coudées. Ainsi donc ce triangle parfait et ses divisions donneront le tracé de toutes les parties de l'édifice.

Il avait été pratiqué un étage de chambres au-dessus de celles du rez-de-chaussée et les escaliers réservés dans les pylônes montaient à ces chambres et à la terrasse couverte de voiles au besoin.

Épergos et Doxi eurent l'occasion de visiter la demeure du riche nomarque, et furent admis par l'intendant de ses domaines avec l'urbanité habituelle aux classes supérieures de la vallée du Nil. Ce fonctionnaire les reçut à l'entrée de l'est réservée au public et leur fit voir d'abord la première cour[1] pourvue de portiques sur trois côtés.

A chaque extrémité, des piles quadrangulaires soutenaient les terrasses de ce portique, tandis que des colonnes cylindro-coniques s'alignaient le long du pylône extérieur qui faisait le milieu de la clôture.

Devant la grande salle, s'élevait une clôture sur laquelle était tendu un voile d'azur et qui formait une sorte de porche. Deux autres pylônes laissant entre eux un intervalle fermé par des vantaux, formaient l'entrée de la grande salle.

Épergos ne se lassait pas d'admirer ce vaisseau, bordé par deux portiques soutenus par de hautes colonnes. Toute la partie centrale, à ciel ouvert, pouvait être couverte par des voiles tendues à l'extrémité des mâts plantés sur la terrasse. A ces mêmes mâts on attachait d'autres voiles qui formaient deux tentes continues sur ces deux terrasses disposées pour jouir de la fraîcheur du soir.

1. Voir la figure 37 en A.

Les colonnes de pierre, avec chapiteaux, rappelant par leur forme le bouton du lotus, étaient couvertes de peintures; elles portaient des architraves de bois également peintes de vives couleurs et une corniche façonnée avec des roseaux, ainsi que nous l'avons vu précédemment.

Les plafonds des deux portiques étaient également faits de bois peint portant l'aire de la terrasse. A travers l'intervalle laissé entre les deux pylônes, à chaque bout de la salle, brillait l'azur du ciel, tandis que l'intérieur n'était éclairé que par la lumière douce et colorée que tamisaient les voiles tissées de diverses nuances (fig. 40).

Au milieu de la nef centrale s'élevait une crédence sur laquelle étaient déposées des offrandes. Le silence qui régnait dans ce lieu n'était interrompu que par le bruissement de la brise qui s'engouffrait dans les voiles et caressait les angles des pylônes.

Peu rêveur de sa nature, Épergos s'assit un instant sur le degré qui servait de soubassement à la crédence et paraissait plongé dans ses réflexions, pendant que Doxi entretenait l'intendant du nomarque :

« Quel singulier peuple! se disait Épergos. Est-ce grandeur, est-ce faiblesse? Est-ce là le séjour des vivants? Il y a dans ce palais quelque chose d'immuable, de serein comme le ciel sans nuages qui s'étend sur ses terrasses. Les hommes seraient-ils changeants ou invariables comme le climat sous lequel ils vivent? »

Tiré de sa rêverie, Épergos demanda à l'intendant pourquoi les entrées étaient ainsi ouvertes jusqu'au faîte des pylônes, et pourquoi les linteaux des portes étaient coupés.

« Parce que, répondit l'intendant, il est d'usage, à l'occasion de certaines solennités, de laisser entrer ici des processions composées de personnes qui apportent les redevances dues au nomarque. Or, chaque corps d'état fait porter devant lui des enseignes très-hautes. C'est à qui aura les plus

INTÉRIEUR DU PALAIS DU NOMARQUE ÉGYPTIEN (P. 100).

hautes et les plus riches. Ainsi, les porteurs d'enseignes peuvent-ils entrer ici sans les abaisser. Chacun dépose les objets sur la crédence ou même aux pieds du nomarque et la procession sort dans le plus grand ordre par l'autre issue. Quant aux animaux vivants, offerts au nomarque, il n'est pas d'usage de les faire entrer dans le palais ; mais vous verrez que du côté de l'ouest, en face du fleuve, est élevée une large plate-forme. C'est là que le nomarque se rend sous une tente et qu'il reçoit les impôts payés sous forme d'animaux vivants, de fruits et de grains. »

En dehors de la porte donnant sur la longue cour privée, à l'ouest de la salle, Épergos examina curieusement, aux côtés de cette porte, deux statues colossales de pierre, assises, qui lui parurent fort belles.

L'intendant lui dit qu'elles représentaient, l'une le roi régnant Cerphérès, et l'autre sa femme, que ces statues avaient été élevées par le nomarque en leur honneur et pour leur marquer sa reconnaissance.

Et, en effet, de longues inscriptions hiéroglyphiques gravées sur le socle donnaient les noms et qualités innombrables des deux personnages et relataient les sentiments de gratitude du nomarque envers ses souverains.

Cette seconde cour parut encore plus belle que la première aux visiteurs, et l'attention d'Épergos fut surtout attirée par les deux belles salles situées aux deux extrémités, avec leurs piliers d'entrée et les colonnes qui portaient les plafonds richement peints.

Pénétrant à la suite de leur guide dans l'un des couloirs latéraux, les deux compagnons purent visiter quelques chambres alors inhabitées.

Elles contenaient chacune un lit de repos de bois peint garni de coussins et couvert de tissus de lin de couleurs variées; une sorte de grand coffre également de bois peint, destiné à serrer les vêtements, un siége, une petite table et une lampe. Ces chambres n'étaient éclairées le jour que par les portes qu'on laissait ouvertes sur le couloir. Mais la lumière du soleil est si vive dans ces contrées, que ces pièces recevaient un jour de reflet très-doux et agréable, en même temps qu'elles conservaient une température fraîche. Leurs parois étaient décorées de peintures représentant des personnages entremêlés d'inscriptions explicatives.

Les chambres du premier étage, donnant sur les terrasses recouvrant les couloirs[1], étaient décorées de la même manière et, devant les portes, étaient tendus des voiles qui empêchaient les rayons du soleil de pénétrer à l'intérieur.

De ces petites terrasses, on avait vue sur les deux jardins longitudinaux dans lesquels étaient plantés des sycomores, des palmiers, des mimosas, des orangers et quelques arbres rares ; deux petits canaux les arrosaient. De chaque côté, en face des chambres, on voyait un petit portique de bois bordant des cellules dans lesquelles étaient rangées, avec un ordre parfait, les denrées de toutes natures, fruits, grains, miel, légumes, boissons, vin et bière.

Mais ces parties de l'habitation n'étaient pas accessibles aux personnes étrangères au palais, et les serviteurs qui avaient la garde de ces magasins étaient responsables de leur contenu ; ils logeaient dans les deux bâtiments d'extrémité de la grande cour de l'ouest. Autour de cette belle habitation étaient plantés de vastes jardins, régulièrement tracés, avec canaux, viviers, magasins et tout ce qui était nécessaire à la culture.

Ce qui plaisait dans cette résidence, c'était surtout l'ordre, la régularité, la propreté.

Des esclaves, continuellement occupés à maintenir les choses en bon état, étaient surveillés par des préposés à

---

1. Voir la coupe, figure 39.

chaque service, et le fouet rappelait les négligents ou les paresseux à leurs devoirs.

L'intendant réglait chacun de ces services et se faisait rendre compte de tout ce qui entrait ou sortait, de la consommation, des provisions, des redevances et achats.

Des animaux en grand nombre, bœufs, chevaux, ânes, occupaient des étables à l'extrémité des jardins, et on voyait, dans une vaste basse-cour, des poules, des oies, des canards nourris avec soin pour la table du maître.

« Eh bien! dit Épergos à son compagnon quand ils eurent pris congé de l'intendant, il me paraît que les choses se sont quelque peu modifiées sur ce riche territoire depuis que nous l'avons visité pour la première fois, il y a quelques siècles. Voilà les grands qui commencent à élever des demeures autrement riches et solides que n'étaient celles du temps passé; qu'en dis-tu, Doxi? — Je dis qu'en effet, ces demeures sont merveilleuses, si on les compare à celles que nous vîmes jadis; mais, du moins, ces Égyptiens ont-ils le bon esprit de conserver les formes anciennes. Ils n'ont rien changé à leur religion; leurs lois n'ont fait que se développer dans le sens primitif; et, si des palais pour les grands remplacent les maisons de limon ou les cavernes de leurs ancêtres, je constate que ces constructions se conforment à des traditions conservées intactes. — D'accord; mais voilà nos habitants des bords du Nil qui emploient déjà de grandes pierres dans ces constructions, et s'ils font encore des murs de brique crue, des terrasses de limon sur des solives de bois, m'est avis que les riches personnages de ce pays-ci se dégoûteront un jour de ces procédés trop grossiers, pour se bâtir des demeures faites entièrement de matériaux durables. Qui sait même s'ils ne trouveront pas trop fragiles ces pierres calcaires que déjà ils savent si bien tailler, et s'ils n'iront pas chercher des matériaux plus durs encore? — C'est là un désir que j'approuve, car ils perpétueront ainsi dans les siècles à venir les formes premières qu'ils ont adoptées. — Soit, reprit Épergos ; mais il semble que s'ils prennent des matériaux différents de ceux employés primitivement, ils feraient aussi sagement de modifier les formes données à leurs bâtisses. Puisqu'ils ne se servent plus seulement de terre détrempée, de roseaux pour bâtir, il est assez étrange de conserver les formes propres à ces premières constructions. — Pourquoi changeraient-ils ces apparences? — Parce qu'ils emploient d'autres procédés. — Toujours la manie de raisonner ! » dit Doxi à demi-voix.

Épergos, sans prendre garde à l'observation de son compagnon, continua : « Ces Égyptiens faisaient jadis des supports composés de bois et de faisceaux de roseaux ; les voilà qui élèvent des colonnes de pierre, et ils cherchent à reproduire, sur ces matériaux durs élevés les uns sur les autres par assises, l'apparence qu'affectaient ces objets composés de végétaux. Je gage que s'il leur prend fantaisie de couronner leurs édifices de même, par des assises de pierre, ils donneront à ces couronnements la forme qu'affectaient ces saillies de roseaux et de limon qui nous semblent si ingénieuses, et qui le sont en effet. — Eh bien ! où serait le mal? On saura ainsi, dans les temps futurs, que les premiers Égyptiens ne construisaient leurs demeures qu'à l'aide de limon et de roseaux ; on saura qu'ils ont voulu conserver le souvenir de leurs premiers efforts, qu'ils ont adopté une forme d'architecture considérée comme bonne par eux, et qu'ils ont été assez sages pour ne la plus modifier. Trouves-tu quelque chose à reprendre dans le palais que nous venons de visiter? — Non point ; je le trouve parfait ; tout cela est sage, bien conçu, bien ordonné ; mais ma raison ne me dit pas moins qu'il est étrange de simuler avec de la pierre une bâtisse de boue et de cannes. Il me paraîtrait tout aussi étrange de voir nos Aryas reproduire en pierre les maisons composées de troncs d'arbres que nous vîmes autrefois sur le haut Indus. — Si ces Aryas sont des gens sensés, ce que je ne crois guère, puisqu'ils t'écoutaient si bien, en agissant de cette façon ils prouveront leur sagesse. — Ou plutôt, qu'ils ne raisonnent guère! répliqua Épergos. — Prétendras-tu, continua Doxi, que les Égyptiens ne raisonnent point, eux qui nous montrent cette entente parfaite dans leurs bâtisses, qui possèdent et appliquent ces règles des nombres que toi-même trouves admirables? — Je ne sais; mais il y a là quelque chose qui m'embarrasse ou plutôt qui ne me satisfait pas absolument. — Parce que tu es un esprit inquiet et que tu cherches au delà de ce qui est et doit être. — Écoute, continua Épergos, et fais-moi grâce de tes sentences. Ces habitants de la vallée du Nil vivent sous un climat exceptionnel : ils n'ont à lutter ni contre les frimas ni contre la tempête. Ils sont entourés de déserts, et possèdent toutes choses nécessaires à la vie sans prendre beaucoup de peine. L'activité, le travail, auxquels d'autres moins bien partagés sont obligés de se livrer pour combattre les éléments ou des voisins nombreux et cupides, ils les appliquent à augmenter leur bien-être. Déjà ils construisent des demeures comme on n'en trouve nulle part ailleurs sur la terre. Ils iront plus loin encore; ils pourront étonner les générations futures par la grandeur et la force de leurs constructions; car toute leur activité, toute leur puissance de production s'appliquent à la satisfaction d'une pensée égoïste. Ils veulent bien vivre, et prétendent perpétuer leur existence heureuse au delà des limites imposées par le Créateur, puisqu'ils conservent soigneusement les dépouilles de leurs morts et qu'ils les placent dans des demeures somptueuses, comme si les morts pouvaient être sensibles aux honneurs et aux biens terrestres. Cela est très-beau, si tu veux; mais si jamais ces populations se trouvent en contact avec des hommes rudes et habitués aux privations, comme quelques-uns de ceux que nous avons vus, je crains fort qu'ils ne puissent leur opposer une résistance sérieuse, et leur admirable industrie ne pourra les préserver de la ruine, car ils ne sauront se conformer aux nécessités des temps ou des circonstances, puisqu'ils entendent ne rien modifier de ce qui fut. — Esprit dangereux, répliqua Doxi, prétendrais-tu excuser les impies qui oseraient imposer leurs volontés mobiles à ces sages populations? — Je n'excuse rien; je cherche et je raisonne. — Les Égyptiens doivent, au contraire, servir d'exemples aux peuples, et les barbares qui s'approcheront de leurs frontières, pour peu qu'ils aient la moindre lueur de bon sens, ne pourront manquer de les imiter. Le Créateur les a institués comme les régulateurs des nations; s'ils doivent périr, c'est que la terre est livrée aux insensés, à l'esprit de vertige et de malheur. — Eh bien! reprit Épergos, veux-tu que je te dise toute ma pensée?... Ce pays m'accable; ces gens-là, avec leurs règles, leurs lois établies sur tout, leur sagesse et leur respect pour les traditions; ce ciel toujours pur, ce fleuve fertilisant à jour fixe, ces demeures et ces jardins où tout est méthodique et calculé, cette hiérarchie sociale immuable, tout cela me plonge dans un ennui profond. Il me semble que mon sang se fige et que mon cerveau se vide. Je m'en vais. — Moi je reste. — Adieu donc. »

XI

LES GRANDES ÉTAPES.

Au sud d'une chaîne de montagnes pelées s'étend une immense plaine caillouteuse. De temps à autre, des prairies dans le voisinage de cours d'eau et des arbres rabougris. En été, ces cours d'eau, encaissés entre des berges coupées à pic, sont presque à sec. En hiver, au contraire, ils débordent et inondent partie des terrains, entraînant avec eux du limon et des cailloux. Des vents venant de l'est balayent incessamment ces plaines, et tous les végétaux sont inclinés vers l'ouest.

Dans ces déserts, l'homme n'apparaît que rarement, se dirigeant vers le sud en hiver, du côté des montagnes en été. Nomades, ces hommes poussent devant eux des troupeaux, mais ne séjournent pas dans la plaine aride.

Cependant voici une longue file de chariots qui se dirigent vers l'ouest. Ils sont remplis de femmes, d'enfants, d'ustensiles, de perches et de planches; traînés par des bœufs et des ânes, ils sont conduits par des hommes montés, la plupart, sur des chevaux. Un nuage de poussière les accompagne et les devance. Le soleil est ardent, et la caravane marche péniblement. Derrière elle, à distance, suivent des troupes de carnassiers, le cou tendu, flairant, s'arrêtant, tournoyant. Si quelque bête de somme épuisée a été abandonnée sur le trajet, aussitôt ces carnassiers se précipitent sur son cadavre, se livrent des combats furieux, et en arrachent des lambeaux qu'ils vont dévorer à l'écart. Des nuées d'oiseaux de proie accompagnent la colonne sur ses flancs en jetant des cris sinistres.

Les cavaliers qui dirigent la caravane sont grands, secs, brunis par le soleil; leurs traits sont beaux, et leurs yeux clairs inspirent le respect. Ils sont vêtus de tuniques blanches à courtes manches, et leurs jambes nues sont chaussées de sandales retenues par des lanières. Leur coiffure consiste en une sorte de sphère recouverte d'une étoffe blanche et parfois terminée par un voile étroit qui tombe jusqu'au milieu du dos et préserve la nuque.

Les femmes, assises et couchées dans les chariots, sont entièrement enveloppées de voiles d'étoffe claire bordée de riches broderies de couleurs variées. Leur peau, préservée des rayons du soleil, est blanche, et leurs membres sont délicats. Elles sont de taille moyenne, et une abondante chevelure châtain clair tombe sur leurs épaules en nattes épaisses.

Parmi les jeunes, on en distingue qui sont d'une beauté surprenante. Elles devisent et rient entre elles.

Entre les chariots sont dirigés des troupeaux de moutons et de chèvres à longues cornes, de génisses que de grands chiens noirs aux oreilles pointues, au museau fin, surveillent haletants.

Le soir, la caravane s'arrête sur le bord d'un ruisseau en partie desséché; le tourbillon de poussière suit sa course vers l'ouest, et on remarque bientôt une grande animation dans la longue troupe. Les moutons bêlent, les chiens aboient, les génisses et les bœufs jettent leurs graves notes au milieu des appels des hommes et des hennissements des chevaux. Les femmes et les enfants descendent des chariots d'où on retire les perches et de longues bandes d'étoffe de laine, car la caravane compte séjourner en ce lieu quelque temps. Les perches sont plantées en terre, assemblées

41

avec des lanières; puis des planchers sont placés en travers, puis les étoffes couvrent le tout. Ainsi se dressent un grand nombre de cabanes, présentant toutes le même aspect (figure 41), et composées d'une salle basse dans laquelle, la nuit, sont établies les bêtes à cornes. La famille monte dans la partie supérieure par une petite échelle. En avant est une sorte de portique ; c'est le lieu de repos du jour. Quand le soleil est couché, on voit de toutes parts les feux s'allumer ; les femmes préparent les repas, et chacun prend sa nourriture à la lueur de la flamme. Mais bientôt les troupeaux de moutons sont parqués près des cabanes, les chevaux attachés aux piquets des portiques, et les bêtes à cornes rentrées. Les familles montent peu à peu dans leurs demeures pour dormir et font tomber les voiles, car les nuits sont froides. A tour de rôle, chaque homme veille sous le portique en entretenant le feu. Le lion, qui le jour dédaigne de suivre la caravane, se présente parfois au milieu de la nuit, seul, la tête haute, le pas grave. Il tourne autour du camp, cherche son lieu, et, bondissant, étrangle un cheval ou un veilleur négligent. Des cris s'élèvent alors de tous côtés, et les hommes, armés d'arcs, de lourdes masses ou de lances, se précipitent sur le terrible animal. Ces épisodes se répètent assez fréquemment ; aussi fait-on bonne garde dans le camp ; et, en certains lieux, des fosses sont creusées, cachées par des branches d'arbres et des herbes sur lesquelles on dépose quelque animal mort. Mais rarement le lion se laisse-t-il prendre à ces piéges, tandis que les hyènes y tombent fréquemment.

Le lion n'attaque jamais deux fois de suite, et s'il a manqué sa proie, il se retire. Mais s'il est blessé par quelque veilleur, il devient furieux, et alors c'est un terrible combat qui parfois se prolonge dans la nuit.

Les hommes sortent de tous côtés, et personne ne dort dans le camp.

Ces tentes ne sont dressées que quand on compte faire un séjour sur un point, pour reposer bêtes et gens. Alors les hommes se livrent à la chasse, car le gibier ne manque pas dans ces déserts, et les femmes réparent les harnais et vêtements.

Épergos arriva un soir devant un de ces campements.

Sans armes, il n'inspirait aucune défiance; sans bagages, nulle convoitise.

Il savait d'ailleurs beaucoup de choses utiles, comme de soulager bêtes et gens affectés de quelque mal. Aussi, après vingt-quatre heures écoulées, était-il le bienvenu au milieu de la colonie voyageuse.

Quelquefois, les hommes chargés de veiller à la sûreté du campement se réunissaient deux ou trois, et, pour chasser le sommeil, s'entretenaient des choses du passé ou de leurs espérances dans l'avenir. Épergos aimait à les interroger et à entendre leurs récits. Une nuit donc, il s'assit près d'un des veilleurs à barbe grisonnante, et voici ce que celui-ci lui raconta :

« Il y a vingt hivers que nous avons quitté les bords du grand fleuve qui descend des montagnes Saintes; j'étais alors jeune et nous avions dû abandonner nos demeures à la suite d'un combat où la moitié des hommes valides avaient péri. — Les hommes qui vous ont défaits étaient-ils d'une autre race? — Non, ils étaient du même sang. - Alors, pourquoi ces combats? — Nous possédions des terres fertiles et de belles demeures au bas des monts sacrés, non loin du lieu où le grand fleuve les franchit pour descendre vers le sud.

« Nos pères étaient établis là depuis un grand nombre d'années. Mais, des monts et du grand plateau situé en deçà vers le septentrion, descendirent des tribus qui venaient pour jouir des biens de la terre. Nos pères les accueillirent d'abord avec joie, car ils voyaient en eux des frères qui parlaient le même langage et qui leur ressemblaient. La terre ne manquait pas d'abord, et chacun eu pouvait trouver une part. Cependant arrivaient toujours de nouvelles tribus des montagnes; car vous savez que le mont Mérou est la grande matrice de l'homme noble. On fut forcé un jour de dire aux nouveaux venus que la terre était remplie et qu'ils ne pourraient trouver une place. Beaucoup se dirigèrent vers le sud dans l'espoir de trouver de nouvelles terres, d'autres inclinèrent vers le soleil levant.

« Un grand nombre périt, paraît-il, car il fallut combattre des populations nombreuses comme les cailloux des torrents. Peut-être en est-il qui passèrent outre. Nous n'en étions pas moins soumis à des difficultés continuelles par suite du nombre des tribus qui ne cessaient de passer sur nos terres. Cela fut cause de nos désastres. Nous prétendions forcer les montagnards à prendre une autre voie et à nous laisser jouir paisiblement de nos biens. On s'arma, et pendant plusieurs saisons nous fîmes respecter notre territoire. Mais ces montagnards finirent, à cause de leur nombre toujours croissant, par nous entourer de toutes parts. La lutte fut terrible. Là, je vis tuer mon père, mon frère et grand nombre de mes proches.

« Les vainqueurs voulurent alors nous imposer des conditions; plutôt que de les subir, nos troupeaux ayant été rassemblés, les femmes et les enfants furent placés, avec ce que nous possédions de plus précieux, sur les chariots, et, le feu étant mis à nos maisons, nous abandonnâmes la terre de nos aïeux; puis, afin de ne pas retrouver sur nos pas tous ceux qui étaient allés vers le soleil levant ou vers le sud, et de ne pas rougir de notre défaite au milieu d'eux, nous nous dirigeâmes vers le soleil couchant, longeant les montagnes. — Il y a de cela, dites-vous, vingt hivers? — Oui, vingt hivers, et beaucoup d'entre nous sont morts.... des enfants sont nés. Pour vivre dans le trajet, nous nous sommes divisés en douze troupes et nous marchons à une année d'intervalle. — Comment cela ? — Quand nous eûmes tous abandonné nos biens, au nombre d'environ vingt mille, tant hommes que femmes et enfants, nous atteignîmes, après cinq ou six lunes, une chaîne de hautes montagnes qui se prolonge des monts Sacrés vers le sud. Nous avions perdu beaucoup des nôtres par les privations et le manque d'une nourriture suffisante, car nous ne pouvions vivre que de nos troupeaux et de ce que nous trouvions pendant le trajet.

« Là, nous résolûmes de nous arrêter et de nous établir si cela était possible; le pays nous paraissait bon, rempli de gibier et arrosé par de nombreux ruisseaux.

« Dans cette contrée pullulait, nombreuse, la race maudite des Dasyus. Craintive et faible, nous l'avions facilement soumise. Elle travaillait la terre, soignait les troupeaux et devait nous nourrir. Déjà nous élevions des maisons, les terres étaient partagées, quand ces maudits osèrent nous attaquer, car ils étaient très-nombreux. Cette nuit funeste est encore présente à mon souvenir.... Le vent soufflait avec violence. — C'était au moment où les neiges commencent à quitter les rampes des montagnes. — Des cris confus nous avertirent du danger, puis bientôt des incendies éclatèrent dans la plaine. Le plus grand nombre d'entre nous habitait des lieux élevés qui permettaient de voir au loin. On se réunissait par groupes, à la hâte, mais la tempête ne nous permettait pas de nous entendre et de nous concerter. Arrivaient en courant des femmes affolées; les Dasyus, armés de massues, tuaient tout ce qu'ils rencontraient, mettaient le feu aux habitations, s'avançaient en masse compacte, poussant des hurlements. Pris ainsi au dépourvu, nous étions tous perdus si les maudits gagnaient les hauteurs. Chaque groupe comprit le danger et, sans perdre de temps à essayer de se joindre au groupe voisin, ne pensa qu'à se défendre bravement.

« Des chariots, des maisons inachevées, des roches, des arbres, on se fit un rempart, et quand les maudits arrivèrent comme une troupe de loups, de tous côtés ils furent couverts de traits, de pierres, de flèches aiguës.

« Sans direction, voyant tomber beaucoup des leurs, ils reculèrent. Cela permit à ceux d'entre nous qui étaient les plus éloignés de l'attaque, de se réunir par troupes assez nombreuses pour prendre l'offensive. Nous fîmes de ces misérables un grand massacre. Mais le jour naissant nous laissa voir combien ils étaient nombreux, car des populations voisines s'étaient réunies à celles au milieu desquelles nous vivions.

« A faucher ces maudits comme les joncs des marais nos bras se seraient inutilement fatigués ; leur masse était si compacte que nous en eussions toujours trouvé devant nous. Nous nous retirâmes donc sur les hauteurs, emportant avec nous ce que nous avions de meilleur dans nos chariots. Après avoir tenu conseil la nuit suivante, nous résolûmes de passer les montagnes et de chercher, vers le soleil couchant, un territoire moins peuplé.

« Ayant abattu des arbres pour faire un rempart, nous laissâmes derrière nous un millier de nos braves, qui devaient arrêter les Dasyus pendant que s'opérait la retraite.

« Dans ce passage à travers les montagnes, nous perdîmes des chevaux, des chariots en grand nombre. Des femmes, des enfants mouraient de froid pendant les nuits. Mais les Dasyus ne cherchèrent pas à nous poursuivre. Après huit journées, nous descendîmes dans une plaine déserte, mais où le gibier ne manquait pas. Là, nous demeurâmes plusieurs lunes, vivant de la pêche, de la chasse et de ce que nous avions pu sauver de nos troupeaux. C'est alors que nous résolûmes de poursuivre notre recherche vers l'Occident, en ayant soin de marcher par troupes séparées afin de ne pas affamer le pays et de trouver toujours du gibier.

« Que vous dirai-je de plus ? Toujours longeant les montagnes afin de ne rencontrer que des ruisseaux ou des torrents faciles à traverser à cause de leur peu de largeur, nous trouvions aussi du bois, du gibier et parfois des abris dans les forêts. Nous arrêtant là où la vie était le moins dure, nous sommes arrivés ici.

— Et beaucoup d'autres troupes sont-elles passées avant vous? — Nous faisons partie de la dernière. — Savez-vous si ceux qui vous ont devancés se sont définitivement fixés quelque part? — Ils se sont arrêtés, car nous avons toujours conservé entre nos diverses troupes des communications par messagers qui voyagent plusieurs ensemble. — Et qu'avez-vous appris ainsi? — Que nos devanciers se sont établis dans un pays fertile, arrosé de nombreuses rivières, bordé de deux chaînes de montagnes, espacées l'une de l'autre de sept journées de marche, toutes deux se dirigeant vers le soleil couchant. Du côté du septentrion, au delà d'une de ces chaînes de montagnes, est une grande étendue d'eau salée qui est la fin de la terre. Il y a aussi de grands lacs d'eau douce. Près des monts, du côté du sud, nos frères se sont établis et ont bâti des maisons. — Et vos frères ont-ils trouvé des hommes dans ces contrées? — Ils ont trouvé des hommes à la peau sombre, mais ils les ont chassés. — Et que faisaient ces hommes? — Ils paissaient des troupeaux et vivaient sous des tentes faites de peaux de bêtes. C'est ce que nous ont rapporté les messagers voyageurs.

« Nous avons hâte d'arriver sur cette terre où nos frères sont heureux, entourés de leurs familles nombreuses et prospères, possesseurs de vastes territoires. Nous combattrons avec eux les hommes du septentrion et ceux qui viennent du midi pour leur ravir leurs biens; car l'homme est fait pour combattre afin d'établir sa puissance sur les races maudites et d'être le maître de la terre. »

XII

COMMENT ÉTAIENT FAITES LES PREMIÈRES HABITATIONS DES ARYAS ÉTABLIS DANS LA MÉDIE SUPÉRIEURE.

Ces émigrants sortis de la vallée de Kachemir, établis d'abord sur le cours supérieur de l'Indus, voyageaient ainsi lentement le long des rampes méridionales de la longue chaîne de montagnes qui, du mont Mérou, s'étend jusqu'à la mer Caspienne. Là, ils s'étaient établis dans une riche contrée abritée des vents du nord par les monts Caspiens et des vents du sud par le mont Zagrus dont la chaîne est parallèle à ces monts Caspiens. Divisés, suivant leur habitude, en tribus, ils avaient bâti des bourgades dont les maisons laissaient entre elles des espaces réservés à la culture et aux pâturages. Ce pays qui présente un sol élevé, coupé de montagnes, assez froid pendant la saison d'hiver, est très-chaud en été. Les émigrants avaient trouvé des hommes déjà établis dans cette contrée : les uns habitaient des grottes naturelles ou péniblement creusées, ceux-là occupaient les rampes des montagnes et étaient noirs; les autres, qui se tenaient dans les plaines, vivaient sous des tentes, étaient nomades et possédaient de nombreux troupeaux qui suffisaient à leur existence. Ces hommes avaient la peau jaune, les cheveux et les yeux noirs; ils étaient hardis, pillards et ne se livraient à aucune industrie.

Devant les émigrants âryens, n'ayant pas l'habitude de se réunir en grand nombre pour combattre, ils se retirèrent peu à peu vers le nord et vers le couchant, non sans avoir causé aux nouveaux colons tous les dommages possibles.

Les Aryas se trouvèrent donc bientôt isolés et obligés de suffire à leurs besoins. Ils n'avaient plus autour d'eux, dans ces contrés comme sur le haut Indus, des populations indigènes, nombreuses, soumises et qu'ils pouvaient faire travailler. Les pasteurs qui, avant eux, occupaient ce territoire, ne possédaient ni villes ni villages, ne se livraient à aucune industrie et méprisaient tout travail manuel. Fiers et sauvages, changeant sans cesse de place, il n'était possible ni de les soumettre ni de les dépouiller, puisqu'ils ne possédaient rien que des troupeaux errants.

Quant aux noirs habitants des montagnes, c'était une race abjecte, vivant de chasse et de plantes sauvages, mais qui ne pouvait en aucune façon venir en aide aux colons, en admettant qu'elle en eût la volonté. Puis ces colons, trop peu nombreux encore et connaissant mal le pays, n'osaient se risquer dans les défilés des montagnes occupés par ces noirs. Ceux d'entre les Aryas qui avaient tenté de pénétrer dans les gorges de la chaîne du mont Zagrus n'étaient pas revenus.

Pendant un certain temps, les Aryas se contentèrent d'habiter les baraques qui avaient fait leurs demeures dans le désert; mais ces habitations ne les préservaient ni de la chaleur ni du froid, et étaient détruites par les tempêtes assez fréquentes entre les deux chaînes de montagnes. Ils voulurent donc élever des maisons semblables à celles de leurs pères, le bois étant abondant. Toutefois, ces demeures, dans une contrée où règnent des températures extrêmes, ne préservaient guère mieux leurs habitants contre les frimas ou les ardeurs du soleil. Ils avaient observé que les noirs les plus voisins des vallées et les seuls avec lesquels on pût faire des échanges, à défaut de grottes naturelles, s'étaient construit de véritables terriers, en creusant le sol, en élevant autour de la fosse un mur de cailloux et de boue, et en posant sur ces murs très-bas des troncs d'arbres en travers, recouverts d'une épaisse couche de terre battue.

Ces demeures, fraîches en été, chaudes en hiver, toujours humides, basses et infectes, ne pouvaient convenir aux Aryas ; mais, ayant considéré que la température à peu près égale en toutes saisons dans ces sordides demeures, tenait en grande partie à l'épaisse couche de terre qui servait de toiture, ils résolurent d'employer le même procédé, tout en tenant les intérieurs au-dessus du sol extérieur.

Des coups de bâton et la perspective d'une nourriture régulière persuadèrent à un assez grand nombre de ces noirs de travailler à la construction des nouvelles demeures des Aryas. Mais les premiers essais ne furent pas heureux. Les murs de cailloux et de boue qui, lorsqu'ils avaient à peine la hauteur d'un homme, portaient les troncs d'arbres transversaux du plafond, s'écroulèrent sous la charge quand on voulut leur donner plus de hauteur. Puis, les colons prétendaient avoir des salles spacieuses, et la masse de terre superposée faisait fléchir les poutres, qu'il fallait étançonner. Au total, ces nouvelles demeures présentaient, malgré les efforts des colons, les plus singuliers tâtonnements quand arriva la dernière caravane des émigrants dans la Haute-Médie.

On s'occupa d'abord de distribuer des terres à ces derniers venus et auxquels Épergos s'était joint. Il avait acquis parmi eux une certaine autorité, car à plusieurs reprises, les émigrants avaient eu à se louer de ses avis. Il fut donc consulté sur ce qu'il conviendrait de faire pour élever des maisons avec les matériaux qu'on avait sous la main et en se conformant aux conditions climatériques. Épergos, qui se souvenait de ce qu'il avait vu faire sur le bas Nil, considérant que le pays possédait du bois en abondance, et que les Aryas avaient acquis depuis longtemps l'habitude d'employer ces matériaux, parla ainsi à ceux qui le consultaient : « Puisque vous reconnaissez qu'il est bon d'employer la terre, tant pour élever les murs que pour couvrir les plafonds de vos demeures, afin de vous préserver du froid et du

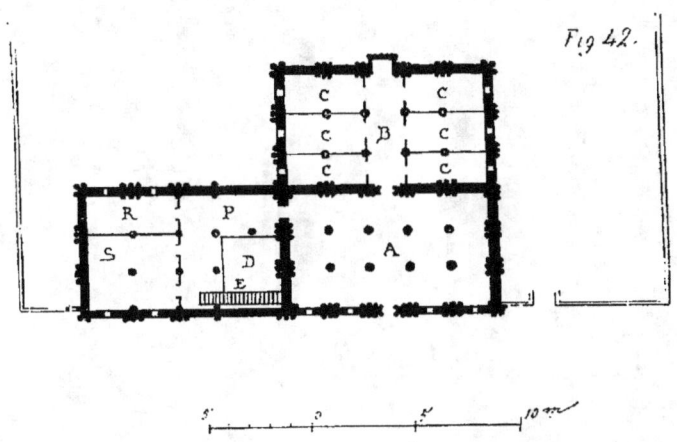

chaud, mais qu'il faut à cette structure de terre un soutien, parce qu'elle n'a pas assez de consistance pour se tenir d'elle-même, que ne faites-vous une carcasse en charpente, non-seulement assez solide pour résister aux tempêtes, mais aussi pour maintenir les murs et plafonds de terre? Si vous voulez des salles vastes, eh bien! soutenez les plafonds avec des troncs d'arbres; ainsi ne pourront-ils fléchir sous la charge. En un mot, faites une maison de bois que vous revêtirez de terre. »

On se mit donc à l'œuvre, et bientôt l'on obtint des constructions satisfaisantes. Voici la description d'une de ces maisons, figure 42. Conformément à l'usage des Aryas, l'habitation, placée sur un lieu élevé ou sur une plate-forme, dominait les alentours.

Une grande salle A fut tracée, et pour soutenir son lourd plafond, huit troncs d'arbres fourchus la divisèrent en trois

travées. A la suite, une galerie B donnant dans six chambres et à l'extrémité un petit sanctuaire, car, les Aryas ayant alors leurs temples et leurs prêtres, les cérémonies du culte ne se pratiquaient plus dans chaque famille. En D une petite cour avec portique P, donnant sur une cuisine R, et la salle S destinée aux serviteurs ou familiers. Un escalier de bois E permettait de monter sur la terrasse du logis principal.

Comme l'indique le plan, la construction se composait de troncs d'arbres posés verticalement trois par trois, laissant entre eux l'épaisseur d'un mur de terre et de poteaux fourchus. Ces poteaux, sur leur fourche (voir la figure 43 qui représente l'intérieur de la grande salle), recevaient un chapeau, composé d'un bout de gros tronc fendu en deux. Sur chacun de ces chapeaux étaient posés trois troncs d'arbres horizontaux qui s'appuyaient à leur extrémité sur les trois arbres verticaux intérieurs et les trois extérieurs. Puis, sur ces filières, d'autres troncs d'arbres en long, formant plafond à l'intérieur et saillie à l'extérieur, pour garantir les murs contre la pluie. Ainsi la bâtisse tout entière étant montée en bois, on remplissait les intervalles avec du caillou et de la terre, et sur le plafond on posait une épaisse couche de terre et de chaume bien battue, ensuite d'argile détrempée avec du sable fin. A l'intérieur, des nattes couvraient le sol battu.

La figure 44 donne la vue perspective de cette habitation. Sur les terrasses, on élevait en été des tentes pour respirer l'air frais du soir et aussi pour dormir, d'autant que les colons avaient pris l'habitude, pendant leur long séjour dans le désert, de passer toutes les nuits sous la tente, et qu'il leur en coûtait de s'enfermer pour se livrer au repos pendant la saison chaude.

Un demi-siècle après leur établissement dans la Haute-Médie, les Aryas prospéraient, étaient devenus très-nombreux, et donnaient quelque élégance à ces demeures en façonnant le bois à la hache et en ornant les murs de peintures. Ils savaient fabriquer des étoffes de laine teintes de nuances variées, et s'adonnaient à la culture, car ils étaient parvenus à asservir beaucoup des habitants noirs de la montagne, dont les défilés leur étaient désormais connus, et où ils se livraient à la chasse.

Plusieurs d'entre eux, pendant les grandes expéditions

entreprises pour chasser les bêtes sauvages et les chevaux (car le pays en nourrissait beaucoup qui vivaient en liberté), avaient traversé parfois la chaîne du mont Zagrus, et avaient reconnu au delà une immense et riche plaine dans laquelle ne vivaient que des pasteurs, possesseurs de grands trou-

peaux. Il était arrivé même à ces chasseurs mèdes qui se trouvaient en force, d'enlever quelques-uns de ces troupeaux, si bien que de jour en jour les Mèdes les plus voisins de la montagne se rassemblaient par troupes nombreuses, traversaient les défilés, tombaient à l'improviste sur les pasteurs et emmenaient le bétail qu'ils vendaient une fois rentrés en Médie.

Ces expéditions répétées irritèrent les pasteurs, et ceux-ci s'étant concertés, tendirent une embuscade à une nombreuse troupe de chasseurs et les massacrèrent. Grande fut l'émotion dans toute la Médie, et il fut résolu qu'on tirerait vengeance des pasteurs.

Au nombre de quatre mille hommes environ, les Mèdes débouchèrent des montagnes du sud et se répandirent dans le plat pays, enlevèrent un nombre considérable de troupeaux et tuèrent tous les hommes qui voulurent leur résister.

A leur tour, les pasteurs s'étant réunis passèrent les monts et se ruèrent à l'improviste sur les propriétés des Mèdes les plus voisins des défilés, tuèrent tous les habitants, brûlèrent les maisons et saccagèrent les champs. Ils n'épargnèrent que les femmes qu'ils emmenèrent avec eux.

XIII

LES SÉMITES PASTEURS ET LES SÉMITES SÉDENTAIRES.

Grands, maigres, la peau bistrée, les membres déliés, la chevelure noire, les Sémites forment la nombreuse population des pasteurs qui occupent tout le territoire qu'arrosent le Tigre et l'Euphrate. Ils vivent sous la tente et cultivent quelques champs tantôt sur un point, tantôt sur l'autre; car ils n'ont pas pour habitude de demeurer au même lieu longtemps. Chez eux, on ne trouve ni villes ni villages. Sobres, les troupeaux et quelques maigres cultures suffisent à leur nourriture, à leurs vêtements et à leurs logis qui ne sont que des tentes faites d'étoffes de poil de chameau et de laine. Le cheval est leur fidèle compagnon; car jamais ils ne voyagent à pied. Ils prennent autant de femmes qu'ils peuvent en nourrir. Quelquefois la sécheresse les force d'aller chercher des pâturages éloignés, ou fait périr leurs troupeaux. Alors ils se réunissent en grandes troupes et se jettent sur la contrée voisine où ils espèrent trouver du butin. Ainsi ont-ils déjà inquiété plusieurs fois les populations du bas Nil; car ils n'hésitent pas à traverser le désert pour chercher une proie. On peut les vaincre, non les soumettre, puisqu'ils ne tiennent pas au sol et se dérobent. Le désert est à eux, et s'ils s'emparent d'un territoire habité, ils en chassent ou tuent les habitants et en font un désert. Ils ne se livrent à aucune industrie, à aucun art, mais au besoin, trafiquent avec plus d'adresse et d'intelligence que de probité. Ils pratiquent cependant l'hospitalité, et l'étranger qui est admis parmi eux n'a rien à craindre, surtout s'il ne possède rien.

Quant aux Sémites sédentaires, ils occupent la partie occidentale entre les bords de la mer intérieure et la rive droite du haut Euphrate. Ils se livrent au commerce et à certaines industries, possèdent des ports et naviguent au loin. Les contrées qu'ils habitent sont montagneuses, sèches et arides, car il n'y pleut que pendant soixante jours dans l'année, et les torrents qui descendent des montagnes sont promptement taris. Cependant le pays est cultivé, car les habitants établissent de vastes citernes qui reçoivent l'eau pendant la saison pluvieuse et permettent d'arroser les terres. Contrairement aux habitudes des Aryas, leurs maisons sont groupées et forment des villes ou bourgades entourées de murailles afin de se garantir contre les incursions des Sémites pasteurs et des hommes jaunes qui descendent parfois du nord. Ils construisent aussi de grandes barques sur lesquelles ils traversent la mer et font le commerce le long des rives du Delta. Au sud, leur pays est borné par le désert et touche presque à la Basse-Égypte.

Voici comment ils construisent habituellement leurs habitations, figure 45. Autour d'une aire de vingt-cinq à trente coudées, ils bâtissent une muraille épaisse de pisé ou de pierres sèches, en laissant un intervalle vide sur la face et en ménageant à l'opposite un espace quadrangulaire de huit coudées environ. Le long de cette muraille, à l'intérieur, ils élèvent une plate-forme de quatre coudées de largeur environ, dont le relief est de deux coudées au plus. La plate-forme du fond est un peu plus élevée. De petits escaliers permettent de monter facilement sur ces plates-formes. Le réduit du fond est seul couvert d'une manière permanente au moyen de troncs de palmiers ou de cyprès juxtaposés, sur lesquels est battue une aire de terre. C'est là que dort la famille la nuit et qu'elle se tient le jour à l'abri des rayons du soleil.

Sur les plates-formes on élève, pendant la saison pluvieuse, des armatures légères de cannes sur lesquelles on pose des nattes.

C'est sur ces plates-formes que sont disposées en A des au-

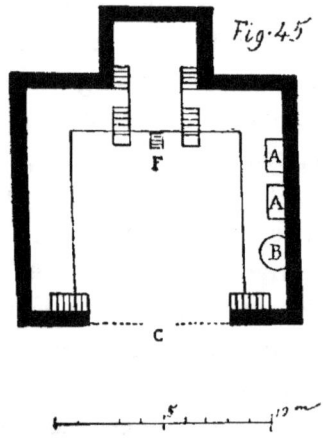

ges de pisé dans lesquelles on conserve des provisions, et un petit poulailler circulaire également de pisé en B. Pour cuire les aliments, on fait du feu au milieu de l'aire. Une haie d'épines protége la coupure, et l'entrée C est fermée par un tronc épineux placé en travers. Sous la plate-forme du fond est creusée une citerne à laquelle on descend par le petit escalier F.

La figure 46 donne l'aspect de ces habitations quelquefois précédées de très-petits jardins. Les familles riches possèdent des habitations plus vastes, mais toujours construites d'après les mêmes principes. Quelquefois alors, les nattes sont remplacées par de riches étoffes et des tapis de laine couvrent le sol du réduit.

Des peintures faites sur des enduits de terre tapissent les murailles, et, à la place d'une haie, sont disposées de fortes

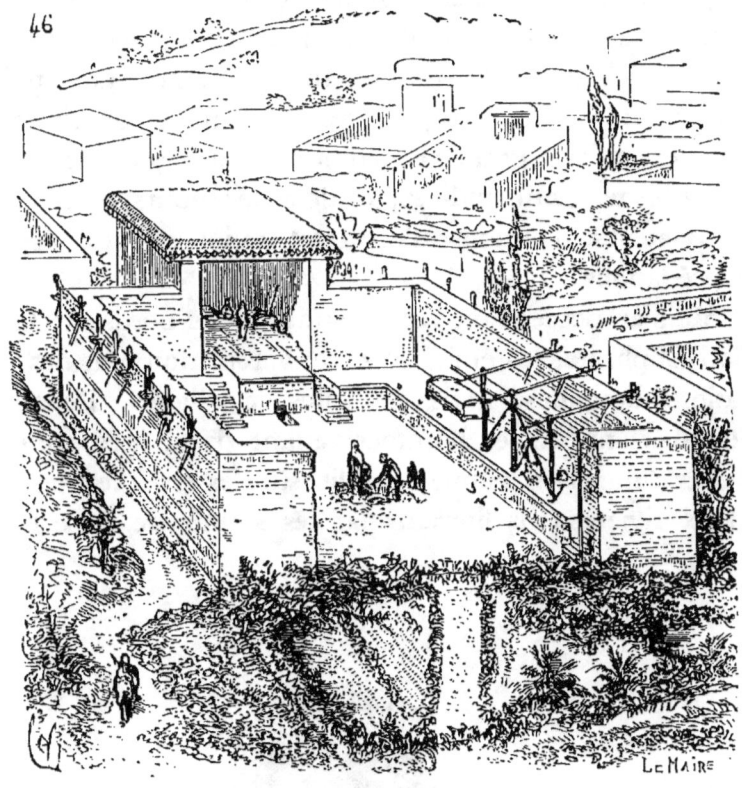

barrières de bois peint artistement travaillées. Des voiles ferment le réduit.

Il ne s'était pas écoulé un très-long temps depuis les premières expéditions des Mèdes sur le territoire des Sémites pasteurs, qu'affluèrent de nouvelles troupes d'émigrants âryens le long des monts Caspiens. Les terres commençaient à manquer, et les nouveaux arrivants n'étaient plus accueillis en frères, mais comme des étrangers importuns. Ces derniers venus cependant n'étaient pas disposés à rétrograder et voyaient avec envie les établissements prospères de leurs prédécesseurs. Cela fut la cause de combats fréquents; comme la fortune favorisait tantôt les uns, tantôt les autres, et que la paix était incessamment troublée sans qu'il en résultât aucun profit pour l'un ou pour l'autre parti, les chefs des tribus s'assemblèrent, et il fut résolu entre eux, puisque le territoire de Médie supérieure ne pouvait nourrir tant de familles, qu'une grande expédition serait organisée pour occuper les terres du sud-est, au delà des monts, et en chasser les pasteurs, d'autant qu'on avait toujours à craindre leurs déprédations.

Mais en descendant vers le sud, sur les bords du Tigre et de l'Euphrate, les émigrants trouvèrent non plus des populations nomades, mais des villes et villages. Pendant de longues années, les hommes venant de la Médie eurent à lutter contre les peuples établis sur les rives fertiles de ces deux rivières; ils finirent par les soumettre et se mêler à eux.

XIV

LES ASSYRIENS.

Longtemps après, la contrée qu'arrosent le Tigre et l'Euphrate formait les royaumes d'Assyrie et de Babylone, puissants et riches. Ils furent conquis par Thoutmès III, roi de la dix-huitième dynastie d'Égypte; mais cette conquête ne fit qu'apporter dans la contrée des éléments de civilisation et d'art qui manquaient encore pour en faire la reine de l'Asie occidentale.

Les Assyriens n'acceptèrent pas toutefois la loi des vainqueurs sans luttes, et, s'étant ligués avec les autres peuples de l'Asie, ils finirent par s'affranchir de la domination égyptienne sous Ramsès II et Ramsès III. Puis bientôt ils subjuguèrent la Médie, leur berceau.

Jusqu'à la domination égyptienne, les Assyriens comme les Mèdes, leurs voisins, n'élevaient que des constructions très-simples, dépourvues d'ornements. Ils s'interdisaient la représentation sculptée des divinités; mais la contrée qu'ils occupèrent avait nécessité certaines modifications dans la structure de leurs habitations.

Les bords du Tigre et de l'Euphrate ne présentent que

des plaines de limon ; les bois propres à la construction y sont rares. Le ciel, d'une pureté incomparable, ne laisse apparaître aucun nuage pendant dix mois de l'année. La chaleur y est accablante et incessante.

Avec leur goût pour les arts, les Égyptiens avaient apporté dans ces contrées leurs connaissances en astronomie et en géométrie, une civilisation déjà raffinée, leur organisation administrative, correcte et sévère. Si les populations des bords du Tigre et de l'Euphrate surent profiter de ces avantages, elles perdirent en même temps les habitudes de simplicité et de rudesse qu'elles possédaient. Les familles d'origine âryenne tenaient toutefois à conserver la pureté de leur sang et ne s'alliaient pas volontiers aux indigènes soumis. Convaincus de la supériorité de la race des Aryas, ces familles formaient une caste aristocratique et, considérant leur petit nombre relativement à la population subjuguée, prétendirent dominer non-seulement par l'intelligence et le courage, mais encore par le nombre. A cette fin, la caste supérieure admit la polygamie, et il n'était pas rare en effet de trouver en Assyrie des personnages de race noble entourés de cent enfants et plus. Mais ce moyen de reproduction altéra plutôt qu'il n'affermit le prestige de la race supérieure dominante. En effet, les filles des Sémites étaient belles et beaucoup entrèrent dans les harems des nobles Assyriens, de sorte qu'après plusieurs générations, le sang âryen était fort mélangé de sang sémitique. Les Aryas possèdent un génie élevé ; enclins à la poésie, passionnés pour l'étude des phénomènes naturels, ils sont braves et portés à la domination ; mais ils n'ont qu'une médiocre aptitude pour la pratique des arts plastiques. Les Sémites, de leur côté, disposés aux idées simples, contemplatifs, aventureux, indépendants, possèdent des aptitudes particulières pour tout ce qui tient au calcul ; ils sont commerçants, industrieux individuellement ; car ils se réunissent difficilement en vue d'une œuvre collective ; d'ailleurs ils ne sont point artistes et ont une sorte de mépris pour tous ceux qui se livrent à un art manuel. Et cependant l'alliance des deux races produit toujours les éléments les plus favorables au développement des arts plastiques.

Épergos faisait part de ses observations à ce sujet à son compagnon Doxi, venu avec les Égyptiens en Assyrie et fixé dans ce pays. Épergos, qui avait vu les constructions élevées par les Aryas depuis leur berceau jusqu'en Médie, constatait que ces œuvres étaient loin d'avoir atteint la valeur, comme art, de celles dues aux Égyptiens et même aux Jaunes de l'extrême Orient, pendant le même laps de temps. Il avait vu aussi les constructions des Sémites en arrivant sur les rives du Tigre, et dans un voyage qu'il avait fait sur les bords de la mer intérieure. Il reconnaissait donc que les demeures des hommes de cette race ne variaient pas dans l'espace de plusieurs siècles et étaient dépourvues d'art. Mais depuis qu'en Assyrie, l'influence des Égyptiens s'était fait sentir et que le mélange des deux races âryenne et sémitique s'opérait par la force des choses, les constructions atteignaient une rare perfection, s'enrichissaient de sculptures et de peintures ; le luxe des demeures allait chaque jour croissant.

Doxi écoutait les propos de son compagnon, le laissait parler, paraissant songer à tout autre chose.

Épergos continua ainsi : « D'où je conclurais que si les Égyptiens sont particulièrement portés pour les arts, c'est qu'ils sont le produit d'un mélange de sang âryen et sémitique. » Doxi lui jeta un regard de travers. « Et, poursuivit Épergos sans s'émouvoir, n'avons-nous pas vu en Égypte des hommes et des femmes à la peau blanche, aux joues roses, aux cheveux châtains, se distinguant ainsi de la plupart de leurs compatriotes à la peau d'un ton mat et légèrement cuivré, aux cheveux noirs comme l'ébène? Observe que ces exceptions faisaient partie de la caste la plus élevée. » Doxi leva les épaules. « Chose étrange, reprit encore Épergos, souriant au geste de son compagnon ; ces Aryas changent d'opinion volontiers ; ils sont mobiles comme l'onde, sans cesse en quête de choses nouvelles et tenaces dans leurs désirs; cependant, livrés à eux-mêmes, ils construisent aujourd'hui comme hier, fidèles aux traditions léguées par leurs ancêtres pour ce qui touche à la vie de famille. Les Sémites, eux, sont insensibles aux progrès; ils ne l'attendent ni de leurs efforts ni du temps; les choses extérieures les touchent peu et ils ne recherchent, dans les constructions qu'ils élèvent pour leur usage, ni le mieux ni le changement ; mais quand ces races se mêlent, les hommes issus de ce mélange sont pris de la passion du luxe, leurs habitations se décorent et contribuent à tous les agréments et les raffinements mêmes de la vie. A quoi cela tient-il ? Qui donc opère ces prodiges ? — Fol tu as été, fol tu es, fol tu seras toujours, répliqua Doxi. Tu parles de races d'hommes, comme s'il y avait des races différentes parmi les hommes. Les uns sont noirs, d'autres sont blancs, d'autres ont la peau cuivrée : qui a fait ces différences ? le climat, le soleil, la corruption peut-être. Je ne distingue entre les hommes que les sages et les insensés. Les sages sont ceux qui, comme mes amis les Égyptiens, s'en tiennent pendant des siècles à ce qu'ils ont trouvé de bon et de bien et interdisent aux fous d'y rien changer. Les insensés sont ceux qui variant sans cesse, inquiets, agités, abandonnent ce qui est bien pour chercher le mieux et tomber dans le pire. Et tu crois qu'en mélangeant ce que tu considères comme des éléments différents, on obtient fatalement tel ou tel résultat ? Quelle extravagance et quel blasphème ! Les peuples gouvernés par les hommes sages se maintiennent purs et tranquilles quelle que soit la couleur de leur peau. Ceux qui se laissent diriger par des têtes légères, qui, regardant toujours l'horizon brumeux, ne voient pas ce qui est à leurs pieds, sont misérables et marchent de ruine en ruine. Il est donc à souhaiter que tu n'aies jamais à gouverner tes semblables ! — Ne saurais-tu jamais discuter sans employer ces gros mots ? Réponds plutôt à mes questions ou plutôt viens voir cette villa royale que terminent ici près des milliers d'ouvriers, et si tu ne vois pas là-dedans un effort prodigieux en même temps qu'un mélange d'éléments disparates, assemblés cependant avec art, quelque chose qui ne rappelle ni les palais égyptiens ni les modestes habitations médiques tout en tenant des uns et des autres.... — Je verrai que les habitants de ce pays ont profité des enseignements laissés par les Égyptiens. — Non, c'est autre chose ; viens. »

Les deux compagnons atteignirent bientôt un large plateau de forme carrée, sur lequel s'élevaient des bâtiments qui n'offraient pas une apparence symétrique, mais dont les hautes murailles étaient percées de quelques portes cintrées. Épergos connaissait l'architecte de la villa royale à laquelle les ouvriers mettaient la dernière main. Cet architecte, désireux sans doute de recueillir les suffrages des deux étrangers, voulut leur faire visiter cette demeure splendide, jusque dans ses détails.

« Cette plate-forme, qui sert d'assiette à la villa royale, dit l'architecte en gravissant les degrés du sud, et qui s'élève de plus de vingt coudées au-dessus des rives du fleuve, est entièrement bâtie de briques crues ; son revêtement seul est fait de pierres provenant des montagnes qui séparent l'Assyrie de la Médie. Chacune de ses faces est de trois cent quarante coudées. Vous voyez ici, en A A', les plans inclinés qui permettent aux chars d'arriver jusqu'aux portes. — Mais, observa Épergos, pourquoi cette plate-forme ? — Parce qu'il est d'usage chez les hommes de race noble, de bâtir leurs demeures sur des lieux élevés ; à plus forte raison, le roi entend-il que ses palais soient placés dans une

situation dominante. Le pays étant plat, les grands élèvent des montagnes d'argile pour demeurer sur leurs sommets.
— Comment cette masse énorme de limon ne s'est-elle pas

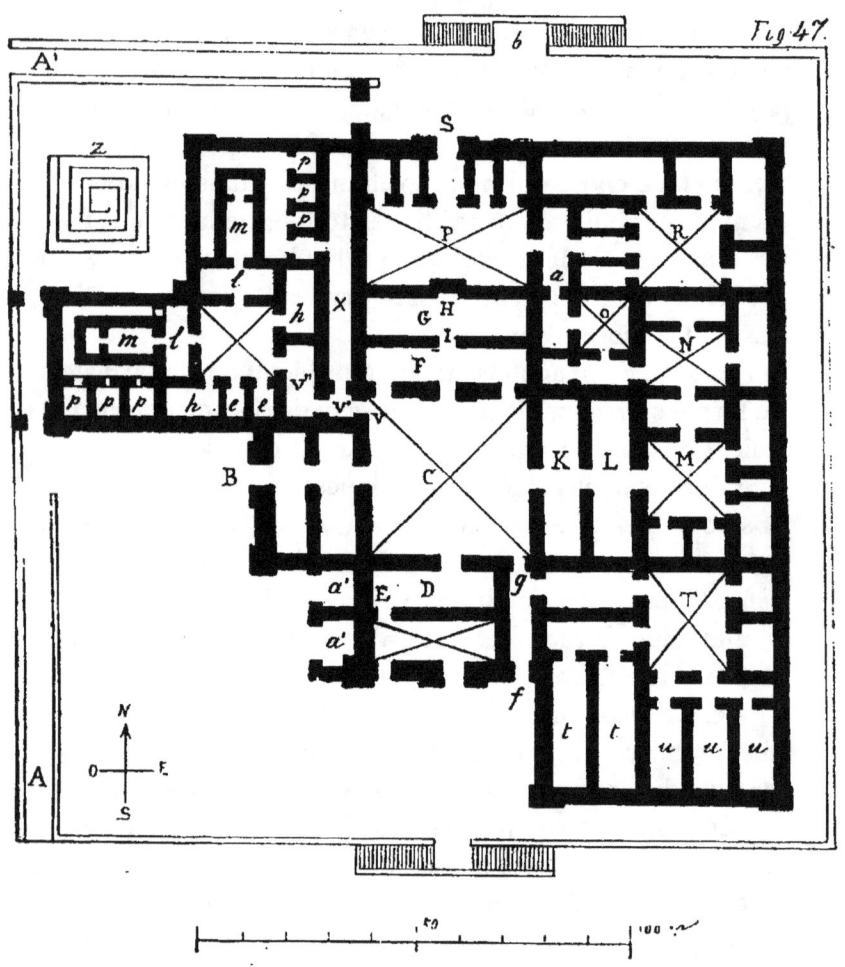

affaissée sous la charge des constructions qu'elle supporte?
— Voici comme nous procédons : L'argile, vous le savez, ne manque pas dans la plaine, et on la trouve jusqu'au-dessous du lit des fleuves. Pour arroser les campagnes et

assurer ainsi leur fertilité, nous creusons quantité de canaux qui mettent en communication les deux fleuves. C'est l'argile extraite de ces canaux qui sert aux bâtisses, de telle sorte que la construction d'un vaste palais est un bienfait pour la contrée, car elle ne s'est élevée que par le creusement d'un canal. Pendant que certains ouvriers sortent du limon des tranchées, aussitôt il est corroyé avec soin dans de grands bassins ; puis, étant jugée bonne par les experts royaux, cette matière est jetée dans des moules carrés et plats, battue et comprimée dans ces cases; on obtient ainsi des briques que l'on fait sécher au soleil.

« Quelques heures suffisent pour que la dessiccation soit suffisante ; car il ne faut pas que les briques aient laissé évaporer toute leur humidité, autrement elles se briseraient en les employant. Quand elles sont à l'état convenable, les maçons les assemblent en croisant soigneusement les joints et en mouillant quelque peu le lit sous-jacent, pour bien faire adhérer le lit nouveau. Ainsi, obtient-on une construction qui n'éprouve ni tassement ni déchirures, car cette argile étant battue et les briques jointives, la masse est homogène. Toutefois vous voyez que les parois et les plates-formes sont revêtues de grandes pierres qui forment comme un coffre contenant les briques. D'ailleurs on fait cuire partie de ces briques pour construire des aqueducs qui circulent sous la plate-forme et des têtes d'arcs ou piles qui demandent une grande résistance, et même on les couvre d'émaux. Vous voyez de ces briques émaillées autour et au-dessus des portes du sud. Mais ne nous attardons pas à ces détails, nous aurons le loisir de les examiner plus tard. Les personnages qui arrivent en char laissent leurs véhicules dans les salles que vous voyez en a' a', car le roi seul pénètre dans les cours intérieures, monté sur un char. Allons chercher la porte principale en B, car celle du sud n'est qu'une entrée secondaire, comme je vous l'expliquerai. — Laisse-moi, dit Épergos, admirer l'extérieur de cette porte terminée par un arc, chose que je n'ai vue nulle part ailleurs. Voilà qui me surprend étrangement. Qui donc vous a enseigné ce mode de bâtir ?

— La nécessité.... Les forêts ne sont pas abondantes ici comme en Médie, on ne peut faire venir des bois qu'avec les plus grandes difficultés ; puis la chaleur les fait promptement pourrir lorsqu'ils sont en contact avec l'argile ; puis encore les couvertures en charpente, fussent-elles revêtues de terre, ainsi que cela se pratique dans quelques contrées situées au nord, ne donnent pas dans les intérieurs une

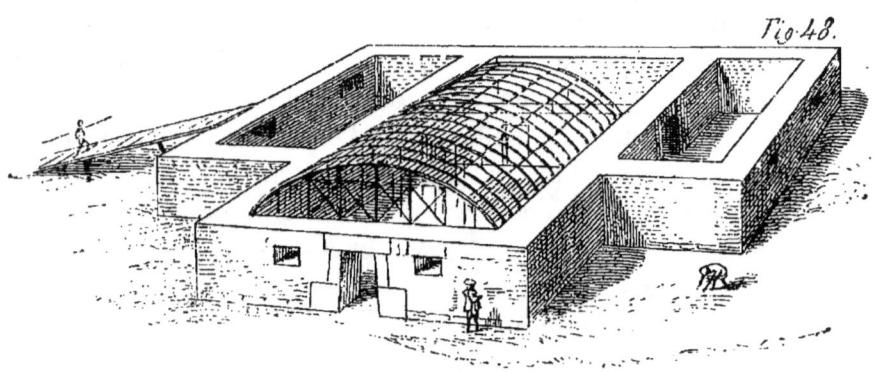

Fig. 48.

température assez fraîche. Il nous fallait donc nous passer de bois et bâtir entièrement avec l'argile. Nos prédécesseurs n'arrivèrent que successivement à former ces berceaux. Voyant que les bois posés horizontalement sur les têtes des murs fléchissaient sous le poids des terres formant les couvertures, et se décomposaient en attirant de nombreux insectes, les anciens constructeurs eurent d'abord l'idée de façonner, avec des cannes qui viennent en abondance sur les rives des fleuves, des arcs dont la courbure était rendue immuable par d'autres tiges de roseaux posées en dessous, verticalement, horizontalement et diagonalement (fig. 48). Ainsi composaient-ils comme un grand clayonnage solide.

Sur ce clayonnage ils firent placer longitudinalement des roseaux plus légers, puis une première couche d'argile molle qui suivait la forme du cintre fut battue. On la laissait sécher une journée. Lorsqu'elle était durcie, une seconde couche d'argile était superposée, toujours en épousant la forme du clayonnage; et ainsi procédant par couches horizontales auxquelles, une fois posées, on donnait le temps de sécher, le clayonnage cintré se trouvait entièrement couvert d'argile. Comme chacune de ces couches avait été posée horizontalement, leur ensemble donnait donc la section (fig. 49);

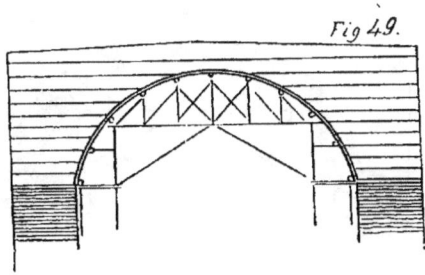
Fig 49.

et les constructeurs enlevaient tous les roseaux verticaux, horizontaux et diagonaux, en ne laissant que ceux qui avaient servi de formes. Il restait alors une série de baguettes apparentes que l'on n'osait enlever sous la voûte, croyant à leur efficacité. Mais bientôt ces roseaux en se desséchant n'eurent plus d'adhérence avec l'argile, et on reconnut que leur fonction était inutile; aussi les enleva-t-on.

« Ces voûtes, par suite de la nécessité de laisser sécher chaque couche d'argile avant de poser la suivante, étaient fort longues à construire. Il fallait en outre avoir de deux jours l'un la quantité d'argile convenablement corroyée pour battre la couche nouvelle. Parfois cette terre était trop détrempée, parfois trop peu. Il en résultait des lenteurs et même des dangers, parce que les couches posées trop molles se gerçaient et risquaient de causer la chute de l'ouvrage. Puis encore, quand on arrivait près du sommet de la voûte, les parties d'argile, très-minces le long des courbes, séchaient beaucoup plus rapidement que celles posées sur les reins des voûtes. Il fallait entretenir l'humidité dans ces parties minces. Tout cela demandait des soins infinis et la réussite n'était jamais certaine. Déjà cependant on moulait des briques comme nous les moulons aujourd'hui.

« Ce fut alors qu'un homme puissant par le savoir, et que

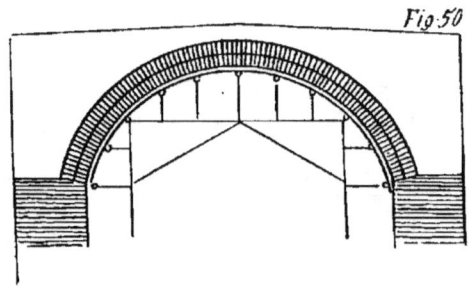

Fig. 50

nous appelons Kabu, proposa de continuer de construire sur les roseaux courbés comme on construit les murs, c'est-à-dire en posant les briques comme vous le voyez ici (fig. 50), et par conséquent de passer du plan du mur vertical au plan courbe de la voûte, sans laisser un angle entre les deux plans; en un mot, de tracer les voûtes au moyen d'un demi-cercle complet. Ainsi la construction du mur continuait, pour ainsi dire, en se courbant de plus en plus.

« Il paraît que Kabu eut beaucoup de peine à faire adopter son idée; les anciens le déclaraient insensé, prétendant qu'un mur ne pouvait se tenir debout du moment qu'il sortait de la verticale.... Mais Kabu fit en petit une voûte d'après son système.... Vous souriez, dit l'architecte à Épergos; peut-être cette histoire vous semble-t-elle oiseuse? — Non point, répliqua Épergos, elle m'intéresse et j'aime à te l'entendre raconter; je vais t'en dire la fin, continua-t-il en regardant de côté son compagnon Doxi, qui était visiblement mal à l'aise. Kabu n'eut pas de succès auprès des anciens avec son modèle de voûte, on lui déclara que si cela pouvait tenir dans une dimension réduite, la construction exécutée en grand croulerait infailliblement. Alors Kabu fit mouler des briques en forme de coins de la grandeur des briques ordinaires et les posant les unes contre les autres, à sec, sans l'interposition d'argile mouillée, il démontra par le fait que ces briques se tenaient ainsi d'elles-mêmes.

« Zulul, le plus entêté parmi les anciens, ne demandait rien moins que l'exil de Kabu, qui procédait par sortiléges contre les lois naturelles.... Tu vois que je sais cette histoire dans ses moindres détails.... Kabu fut en effet obligé de quitter les bords du Tigre; mais il paraît que ses idées n'en ont pas moins fait leur chemin.... malgré Zulul; et je vous en félicite.

« Maintenant si tu veux continuer de nous expliquer ces merveilles, nous t'écoutons avec attention. — Du moment, reprit l'architecte, qu'on faisait des briques spéciales pour construire des voûtes, suivant l'indication fournie par Kabu, il ne fut point difficile de les cuire et d'émailler leurs faces comme on cuit et émaille des poteries. C'est donc avec ces briques cuites et émaillées que nous formons les têtes des arcs qui resplendissent au soleil de brillantes couleurs, et ces bandeaux, et ces tableaux, et les soubassements des salles, et même des pavages de chambres. Mais entrons. Cette porte principale B[1], dont les pieds-droits sont décorés de taureaux ailés taillés dans de la pierre, donne

1. Voyez la figure 47.

entrée dans un premier et un deuxième vestibules, où se tiennent les serviteurs qui accompagnent les personnages appelés près du roi. Voici la cour majeure C, consacrée au logement spécialement réservé au roi, au sérail. Sur le côté sud donne une salle précédée d'une seconde cour longue et d'une épaisse muraille percée d'une grande porte et d'une seconde plus petite. C'est dans cette salle et cette cour que sont réunies les personnes appelées par des différends soumis au jugement du roi. Les plaideurs de haute lignée entrent par la grande porte, les autres par la petite; mais les uns et les autres ne peuvent être introduits dans la salle D que quand ils se sont fait connaître par l'officier posté à la petite porte E. L'heure des plaids venue, tous traversent la cour et se dirigent vers les salles du nord F et G. Le roi est assis sur un trône placé en H, et, successivement passant par la porte I, sont appelés les plaideurs. Vous voyez comme est éclairée cette seconde salle G. Une demi-coupole ouverte sur le ciel pose sur le berceau de voûte, au centre de la salle (fig. 51).

— Mais c'est très-beau cela, dit Épergos; que t'en semble, Doxi?... Avoue que le vieux Zulul avait bien tort de vouloir interdire à ce pauvre Kabu la construction des voûtes, car voilà, ma foi, une nouvelle application heureusement faite de cette première idée.

« En effet, puisqu'on faisait des berceaux, il n'en coûtait guère plus de faire des coupoles et des demi-coupoles. Mais celle-ci est habilement portée. Es-tu le premier qui aies fait emploi de ces sortes de voûtes? — Oh! non, reprit l'architecte. Il y a déjà longtemps qu'on en élève de cette sorte et elles sont plus faciles à construire encore que ne sont les berceaux. Ici ces demi-coupoles s'ouvrant sur les terrasses du palais ont l'avantage de donner à l'intérieur de ces salles une belle lumière, sans y laisser trop pénétrer les rayons du soleil. D'ailleurs on pose habituellement des

INTÉRIEUR D'UNE SALLE DU PALAIS ASSYRIEN (P. 140).

voiles devant ces ouvertures, et ainsi la lumière est douce et l'air circule librement. De ce côté, continua l'architecte, il n'y a pas de passages pour pénétrer dans les bâtiments du nord, et il nous faut passer de nouveau dans la grande cour. — Laisse-moi, dit Épergos, admirer cette porte de la première salle (fig. 52).

« Que signifient ces taureaux ailés à face humaine qui forment les pieds-droits de l'entrée et entre les jambes desquels on a gravé de longues inscriptions ? — Les inscriptions rappellent les travaux du roi ; quant aux taureaux ailés, ces représentations appartiennent aux choses sacrées, et il est interdit d'en parler.

« Regardez au-dessus ces palmiers faits de bois de cèdre revêtu de lames d'or qui accompagnent cette peinture émaillée représentant une chasse royale, et ces mâts terminés par des disques d'or. — Tout cela est merveilleux, mais je vois que les parements sont très-fréquemment décorés de gros cylindres verticaux comme des troncs d'arbres juxtaposés. — Oui, c'est là une tradition des premières constructions de nos aïeux, lesquelles étaient faites de troncs d'arbres juxtaposés, et bien que l'on construise en brique, on a gardé le souvenir de cette structure primitive. — En effet, j'ai vu en Médie des maisons ainsi bâties. — C'est par les deux salles K L[1], disposées comme le sont celles que vous venez de voir et qui servent à contenir les officiers de service au palais, que l'on pénètre dans le sérail qui renferme trois cours M N O, et les chambres du roi. Vous observerez que ce quartier est fermé complétement et ne communique aux bâtiments du nord-est que par une seule porte a. C'est dans ces bâtiments du nord-est, qui possèdent deux cours P et R, que demeurent les officiers attachés au service du prince, qui ont leur entrée spéciale par la porte S, par l'es-

---

1. Voyez la figure 47.

calier *b* et la rampe pour les chars A'. Ce quartier est de même isolé des autres.

« Maintenant, passons à l'angle sud-est.

« Remarquez qu'on n'y peut pénétrer de l'extérieur que par la porte *f* et de la cour du sérail par la porte *g*. C'est ici le quartier des provisions de bouche et des cuisines qui possède aussi sa cour T. Les provisions sont rangées avec le plus grand ordre dans les salles *t t u u u*. Le service apporte les repas du prince en passant par la porte *g* et en entrant dans les grandes salles du sérail, où parfois des repas de jour sont donnés à de hauts personnages ou dans les appartements privés.

« Toutes ces salles sont voûtées en berceau. Mais voici la partie la plus intéressante de la villa et que je puis vous montrer puisqu'elle n'est pas encore occupée. C'est le harem, situé à l'angle nord-ouest. On ne peut pénétrer dans ce quartier que par la seule porte V, par le petit vestibule V' et le deuxième vestibule V'''. Là, en X, est une longue cour dans laquelle se tiennent les gardes eunuques. Le harem proprement dit possède sa cour, sur laquelle donnent deux petites chambres *e e* pour les femmes auxquelles est confiée la garde des enfants, deux grandes salles *h h* réservées aux enfants qui demeurent dans le harem jusqu'à l'âge de cinq ans, deux autres salles *l l* dans lesquelles les femmes passent leurs journées et les pièces sacrées *m m* destinées au prince lorsqu'il demeure dans son harem. Les pièces sont séparées des murs d'enceinte par des cours d'isolement dans lesquelles donnent les logements des eunuques *p p p p p p*.

« Sortons et allons voir l'observatoire établi à l'angle nord-ouest de la plate-forme en Z. Cet observatoire a soixante-dix coudées de hauteur et sa base carrée a quarante coudées sur chaque face. On monte à la plate-forme qui couronne son sommet par des rampes inclinées dont le

ENTRÉE DE LA SALLE DU TRÔNE DU PALAIS ASSYRIEN (P. 141).

développement est de quatre cent quatre-vingt-quatre coudées. Cet observatoire est, comme tout le reste, bâti en briques crues avec revêtement de pierre à la base et quelques parties de briques émaillées. Chacun des murs des rampes formant un étage est peint de couleurs différentes.

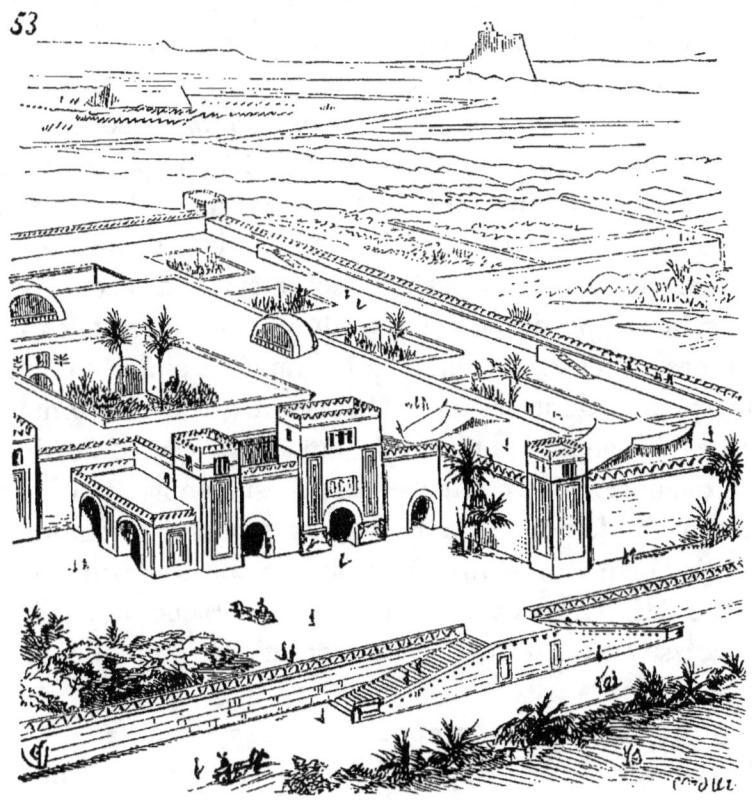

Le premier est noir, le second blanc, le troisième orange, le quatrième bleu, le cinquième écarlate, le sixième argenté et le dernier doré. Voyez comme il brille au soleil! Voulez-vous monter au sommet? — Volontiers, » dit Épergos; et il se mit à gravir lestement les rampes, pendant que Doxi et l'architecte montaient plus doucement. La figure 53 présente la vue cavalière d'une partie du palais prise de l'angle sud-ouest.

De la plate-forme supérieure de l'observatoire la vue était admirable. A l'horizon, vers le sud-est, on voyait se dessiner la ville des Ninivites, déjà grande et dont le centre était occupé par des palais aux murailles élevées. Le Tigre, divisé en plusieurs bras laissant émerger entre eux des îles couvertes d'une riche végétation et de maisons de campagne aux murailles et terrasses blanchies, entraînait, dans son cours rapide, quantité de radeaux circulaires soutenus par des outres remplies d'air et montés chacun par une demi-douzaine d'hommes qui descendaient ainsi des provisions de toutes sortes à la ville. Au delà du fleuve, une chaîne de collines suivait ses rives, les sommets arides contrastaient avec la nappe de sombre verdure qui couvrait les basses rampes. A l'est, s'étendait une immense plaine toute rayée de canaux dont les eaux brillaient au soleil comme des lames d'argent et du sein de laquelle s'élevait, de distance en distance, un monticule factice surmonté d'un édifice : autant de demeures de personnages puissants entourées de jardins bien entretenus. Au nord, le cours sinueux du Tigre se perdait dans des bandes de collines bleues qui s'élevaient successivement jusqu'à l'horizon d'une limpidité merveilleuse.

Épergos, le menton appuyé dans sa main, accoudé à la balustrade supérieure, semblait perdu dans sa contemplation. « Eh bien! dit l'architecte en lui touchant le bras, n'est-ce point là un beau site pour observer le ciel? — Et aussi la terre, répondit Épergos. Mais, dis-moi, quelle est cette grande enceinte carrée que je vois disposée là, dans la plaine, qui me paraît avoir un stade de côté ou environ et dont l'aire est complétement dépourvue de végétation? — C'est l'enceinte destinée aux chasses royales. — Comment cela? — Aujourd'hui, si l'on veut chasser le lion, très-commun autrefois dans ces plaines, il faut aller loin vers le nord ou vers l'ouest. Le roi n'a pas le loisir d'entreprendre ces longues chasses. Des serviteurs, dressés à cet effet, font porter avec eux de grandes cages et, par artifice, arrivent à prendre, dans la montagne, des lions et lionnes sans leur faire de mal. On les transporte dans les résidences royales et, quand le souverain veut se donner le plaisir de la chasse, il fait entourer cette enceinte de soldats, couverts de grands boucliers et armés de forts épieux, puis on roule les cages dans l'enclos. Le roi monte alors sur un char, son cocher près de lui, et deux chasseurs qu'il désigne, armés de lances. Puis on ouvre les cages; les soldats poussent de grands cris; les bêtes sauvages, affolées, courent de tous côtés; le roi les poursuit et, du haut de son char, les couvre de flèches. Parfois les bêtes blessées, furieuses, se jettent sur les chevaux ou sur les roues; alors les deux aides, armés de lances, les abattent. — Mais ce jeu me paraît quelque peu dangereux. — Tout dépend du cocher; si celui-ci est habile, il sait éviter les bêtes et présenter à son maître l'occasion favorable de tirer; le roi actuel prend grand plaisir à ces chasses et y est fort adroit. Il lui est arrivé de tuer ainsi, dans une soirée, une douzaine de lions et de lionnes. Aussi le roi accorde-t-il de grandes faveurs à un cocher expérimenté et prompt. Mais, s'il arrive quelque accident, si le char est arrêté dans sa course par quelque lion furieux s'attachant aux flancs du cheval, si le roi est en péril, oh! alors, malheur au cocher! — Et que lui arrive t-il? — On le cloue à une croix ou on lui enfonce un pal dans la poitrine et on le laisse mourir ainsi. — Ces supplices sont réservés aux cochers maladroits ou malheureux? — Non point.... Tenez, regardez de ce côté, un peu à droite du champ de la chasse.... Voyez-vous ces pieux, ces croix en grand nombre? — Oui, en effet.... Mais il me semble même que des corps sont attachés à ces bois? — Oui, ce sont huit cents révoltés des provinces du Nord, amenés ici devant le roi, car lui seul pouvait ordonner leur supplice. — Et il l'a fait? — Certes! Distinguez-vous aussi ces nuées d'oiseaux de proie qui planent au-dessus de ces gibets? » Épergos se détourna. « Oh! ce ne sont que les plus coupables, continua l'architecte, dix mille ont été retenus comme esclaves et travaillent aux canaux, aux murs, font des briques et apportent des matériaux. Comment pourrions-nous avoir des ouvriers pour faire ces immenses édifices, si l'on ne mettait à notre disposition des esclaves en nombre considérable? D'autant que ces travaux en font mourir beaucoup, car il n'est pas sain de remuer les limons pendant la saison chaude. Depuis que ce palais est commencé, nous avons perdu plus de deux mille ouvriers. — Mais, si une paix longue enlevait à votre souverain l'occasion de fournir ses domaines d'esclaves ouvriers en quantité suffisante, que feriez-vous? — Cela est arrivé quelquefois; alors on envoie des émissaires dans les provinces du Nord, du côté de la Médie et au delà, lesquels ont pour mission de faire soulever ces populations toujours mal soumises. Provoquées par ces agents, elles refusent de payer les tributs, ou interceptent les messages, ou massacrent des agents royaux. Le roi envoie une armée, le pays est pillé et on emmène la population en esclavage tout entière; ainsi, nos chantiers sont de nouveau garnis, et en mettant en croix quelques-uns d'entre eux, considérés comme les plus coupables, cela en présence des esclaves assemblés, ceux qui sont épargnés deviennent soumis et dociles comme des jeunes filles et travaillent sans murmurer. — Voilà des palais qui coûtent cher », dit tout bas Épergos à Doxi, et à l'architecte: « Mais la crainte des supplices ne fait pas des sculpteurs et des peintres. — Oh! pour ces travaux délicats, c'est autre chose. Nous possédons des corporations de sculpteurs, de peintres, soumis à des règles sévères; ces artisans sont instruits dans des écoles dirigées par des maîtres sous une direction sacerdotale, car rien ne doit être fait contrairement à la religion. Ces hommes sont libres et vivent en commun dans des quartiers qui leur sont assignés, et ce qu'ils gagnent est au profit de la corporation, chargée de l'entretien de chacun de ses membres. » Un homme apparut en ce moment sur la plate-forme et dit quelques mots à l'architecte. « Il me faut descendre, dit celui-ci aux deux compagnons, un message me vient de la cour; mais ne vous pressez pas. Tenez, leur dit-il en leur présentant une petite plaque de plomb sur laquelle étaient imprimés des signes, avec ceci, vous pouvez parcourir le palais sans moi; nous nous retrouverons après le coucher du soleil. »

Épergos et Doxi demeurèrent encore quelques instants sur la plate-forme.

Les ombres s'allongeaient dans la plaine et semblaient des nappes de lapis déroulées peu à peu sur un tapis d'or. Le fleuve prenait des reflets plombés, tandis que les habitations scintillaient comme des topazes au milieu de la verdure empourprée par les rayons obliques du soleil. Du côté du couchant, tout paraissait flamme et on voyait se dessiner à l'horizon, à travers l'atmosphère embrasée, de longues bandes rougeâtres. On entendait au loin des chants d'ouvriers et de cultivateurs. Les terrasses du palais commençaient à prendre des tons lilas sous l'influence des derniers rayons du soleil et des reflets du ciel, et ses cours semblaient autant de larges bassins noyés d'ombres, d'où émergeaient des têtes de dattiers ruisselantes d'or.

Épergos ne semblait pas disposé à rompre le silence, contrairement à son habitude, et Doxi lui jetait de temps à autre un regard voilé accompagné d'un mauvais sourire. « Eh bien! fit celui-ci, lorsqu'ils commencèrent à descendre les rampes de l'observatoire, que dis-tu de cette merveille des civilisations? N'es-tu pas fier des progrès que font en toutes choses les humains, aidés de ta précieuse influence, et notamment la race qui a le bonheur de posséder tes sympathies? N'élève-t-elle pas des palais splendides, ne détourne-t-elle pas les fleuves pour arroser ses belles terres, ne met-elle pas le plus grand ordre dans toutes ses affaires; n'est-elle pas économe autant que prodigue : pourquoi sembles-tu donc soucieux? Ce succès ne suffit-il pas encore à tes désirs? — Doxi! je le sais depuis longtemps, tu es mauvais; tais-toi aujourd'hui. — Pourquoi me taire, ne suis-je pas émerveillé comme toi des splendeurs de cette demeure que tu m'as fortement pressé de visiter. Il est vrai que cela coûte un peu, comme tu dis, qu'il faut piller des provinces et réduire leurs habitants à la servitude, en bloc, après en avoir pendu ou empalé quelques centaines pour obtenir ce progrès dans les choses de l'industrie humaine ; qu'il faut que des milliers d'hommes travaillent pour la satisfaction d'un seul et que, si ces masses viennent à manquer, il est naturel de pousser des brutes à se révolter contre cette civilisation pour avoir un prétexte de les faire concourir à son développement. Je trouve même cela ingénieux, car.... — Tais-toi, Doxi! tu railles à froid, tais-toi. — Non, en vérité, je ne te comprends pas. N'as-tu pas prêté ton concours à ces hommes qui font de si belles choses, n'as-tu pas été les chercher; ne les as-tu pas suivis partout où il leur a plu de se répandre, ne me faisais-tu pas tout à l'heure les plus beaux discours sur leurs aptitudes, sur les avantages de je ne sais quels mélanges de races destinés à favoriser certains développements. Ces hommes se croient supérieurs aux autres, et ils le sont en effet par leur courage, leur industrie, leur amour de l'ordre; ils usent de leur supériorité et considèrent les autres hommes comme un bétail. Est-ce vrai? — Oui, c'est vrai. — Approuves-tu leur manière de traiter les autres peuples? — Non. — Eh bien! alors, à quoi bon, dans l'ordre général, ce développement prodigieux de civilisation, ce perfectionnement des choses de la vie, si quelques-uns seulement en profitent et si la masse en souffre ? — Écoute, Doxi, je ne veux ni ne puis te répondre aujourd'hui. Je ne sais.... J'avoue qu'il y a en tout ceci quelque chose de monstrueux, que cette effroyable consommation de matière et d'hommes a de quoi épouvanter.... Quelle race, cependant !... quelle puissance et quelle énergie !... Réfléchis donc.... quels progrès !... ces constructions immenses.... ces voûtes.... — Ah ! très-bien ! En effet, c'est une belle chose que la voûte ! mais reconnais que j'étais prévoyant quand je m'opposais à l'application de cette fantaisie si chaudement appuyée par toi jadis. Tu vois ce qu'elles coûtent, tes voûtes ! Il leur faut des monceaux de cadavres humains pour assiette. »

Ainsi discutant, les deux compagnons étaient rentrés dans la grande cour du palais. A peine si quelques teintes chaudes doraient encore les parties les plus élevées des constructions, tout le reste était plongé dans une ombre bleue et déjà le ciel étincelait d'étoiles. L'étrange statuaire qui décorait les portes de la salle du trône, ces taureaux ailés qui semblaient sortir de dessous la voûte sombre et dont les têtes humaines étaient encore éclairées par le crépuscule, attiraient invinciblement l'attention des deux compagnons. Ils éprouvaient, devant ces figures mystérieuses, comme un vague sentiment d'effroi. Épergos, plongé dans ses réflexions, semblait, lui aussi, une statue posée devant ces colosses.

« Attends-tu, lui dit Doxi en lui frappant sur l'épaule, que les taureaux ailés du palais te parlent ? — Ils me parlent en effet, répliqua Épergos. — Et que te disent-ils ? — Tu le sauras plus tard ; mais sortons d'ici. »

Pendant plusieurs jours, Épergos et Doxi parcoururent les bords du Tigre. Partout ils virent des campagnes bien cultivées, soigneusement arrosées par conséquent. Le plus grand ordre régnait sur les routes, où l'on voyait courir sans cesse quantité de chars et où circulaient paisiblement des troupeaux. Des canaux nombreux servaient à l'arrosage des terres, mais aussi à une navigation très-active ; ce moyen de transport était le moins pénible dans cette contrée, où la chaleur est accablante pendant une grande partie de l'année. Les maisons semées dans la campagne étaient toutes à

peu près bâties sur le même modèle. Les plus riches étaient voûtées, les plus simples couvertes au moyen de troncs de palmiers et de cannes, sur lesquels de la terre battue, enduite, formait des terrasses où l'on tendait des bannes pour dormir la nuit et trouver de l'ombre pendant le jour. On montait sur ces terrasses par des rampes de brique crue.

La figure 54 montre une de ces habitations. Les soubassements sont généralement faits de pierres posées irrégulièrement pour résister aux inondations qui parfois envahissent la plaine. Au-dessus s'élèvent des murs de brique crue avec linteaux de bois sur les portes et fenêtres. Puis sont posés en travers, sur les têtes des murs, quelques gros troncs d'arbres, d'autres, plus minces, en sens contraire, puis des cannes et de l'argile bien battue et couverte d'un enduit de chaux ; car les Ninivites savent réduire certains calcaires en chaux par le moyen de la cuisson, et, mêlant cette chaux à du sable fin du fleuve, ils en font des enduits très-fins et très-bons. Ils extraient aussi des montagnes du côté de l'ouest du bitume dont ils se servent comme ciment entre les briques cuites, sous les pavages et aussi sur les terrasses. Ce bitume leur est d'une grande utilité et ils en font grand usage.

Quand la chaleur est tellement forte que les intérieurs des maisons mêmes deviennent étouffants, alors les gens aisés font placer sur les terrasses des tentes d'étoffes de laine blanche, épaisses, et des serviteurs sont occupés à arroser continuellement ces tentes à l'extérieur. Ainsi le soleil, en faisant évaporer rapidement cette eau, procure une agréable fraîcheur sous les tentes.

« Il est évident, disait Doxi, que pour habiter ces contrées il est bon d'être né parmi les maîtres et les riches. Jamais je n'ai vu de peuple chez lequel le sort de la plèbe fût plus triste. — Et l'Égypte ? répliqua Épergos. — Non, certes, les choses en Égypte sont ordonnées, les classes ont leurs priviléges, leurs droits et leurs charges, elles sont séparées par des règles sévères, mais la plus infime entre ces classes est traitée paternellement, si on compare ce traitement à celui que subissent ici tous ceux qui ne sont pas de noble race ou qui ne sont pas favorisés par les grands ou le roi. — Oui, je conviens avec toi que l'état de ce peuple est misérable, que la classe dominante est tyrannique, dure, impitoyable, qu'elle abuse de sa puissance d'une manière scandaleuse. Mais vois-tu, Doxi, il se fait ici un grand travail. C'est une immense officine où se brassent les civilisations futures ; tes amis les Égyptiens valent mieux que ces Assyriens aux grands yeux, aux sourcils épais, à la barbe touffue, aux membres robustes et aux larges épaules, mais ils ne comptent que parce qu'ils n'ont jamais été en contact avec le monde qu'accidentellement ; ils sont immobiles et resteront immobiles sur les bords du Nil. Il en est tout autrement des habitants de ces contrées, ils dévorent et seront peut-être dévorés ; mais ils auront enseigné bien des choses aux hommes. Tu me demandais ce que me disaient l'autre soir les colosses du palais du roi. Ils me disaient : « Nous sommes le travail patient, continu, la force et la puissance matérielle que nous portons partout, car nous avons des ailes ; notre labeur est intelligent et ne sera pas sans profit ni sans gloire, car nous avons la tête humaine. » Pour toi, qui redoutes chaque pas en avant, qui admets que toute tentative, tout essai, tout effort même conduisent à l'abîme, les Égyptiens te paraissent être l'apogée de l'humanité.—Certes oui, interrompit Doxi. — Eh bien, tes amis les Égyptiens demeureront toujours un peuple fermé, une exception ; ce n'est pas d'eux que naîtra la grande gloire humaine, celle que j'attends et espère, tandis que de ce peuple-ci, malgré l'abus de la puissance, malgré sa corruption, malgré son dédain pour tout ce qui est en dehors de la caste supérieure, il peut découler une source de vie féconde. — Allons, te voilà parti. Des voûtes, des brimborions, ce que tu appelles des découvertes : puis l'humanité entre dans la voie des destinées glorieuses ! Eh bien ! si tu me prédis l'immutabilité éternelle sur les bords du Nil, moi, je te prédis l'activité inféconde, les ruines et misères sans fin ni trêve sur ces plaines assyriennes. — Peut-être dis-tu vrai ; mais le reste du monde vivra, car vivre, c'est agir, et ton Égypte se desséchera comme un lac qui cesse d'être alimenté. — L'Égypte est faite pour durer éternellement, car elle a la sagesse des choses éternelles, qui sont immuables. — Rien n'est immuable, tout se transforme. — Ce qui se transforme meurt. — C'est le contraire qui est vrai, car la vie n'est qu'une suite de transformations. »

XV

LES PÉLASGES.

Le flot venu de l'Est n'avait pas cessé de répandre des émigrants à travers la Médie, mais endigué, pour ainsi dire, par les populations nombreuses établies dans cette contrée, il ne pouvait plus s'étendre vers le sud, et tout en laissant des appoints de la race âryenne pure sur les rives de l'Araxes et jusque sur les rampes méridionales du Caucase, il s'étendait de plus en plus sur les bords du Pont-Euxin, occupait les riches contrées qui, plus tard, prirent les noms d'Arménie, de Paphlagonie, de Bithynie, traversait le Bosphore, établissait des colonies dans la Thrace, la Macédoine et la Thessalie. Les îles de la mer Égée se peuplaient ainsi que le Péloponèse.

Ces établissements existaient depuis longtemps déjà à l'époque où Épergos et Doxi visitaient le palais du roi Ninivite.

D'autre part, les peuples âryens mélangés aux sémites s'étaient étendus parallèlement au nord de la chaîne du Taurus, occupaient la Phrygie, la Carie, la Lycie, Rhodes et l'île de Crète, ou du moins les territoires qui furent ainsi désignés plus tard. Nomades ou plutôt voyageurs, les premiers vécurent longtemps sans établissements fixes ; ils ne demeuraient pas sur des chariots comme les Scythes, mais habitaient temporairement dans des huttes construites au milieu des forêts qui couvraient toutes ces contrées, possédaient des troupeaux de bœufs, de chèvres, de brebis, de porcs et d'oies. Ils cultivaient déjà la terre dans les plaines, mais d'une façon primitive, et ce ne fut que plus tard qu'ils confièrent la semence au sol préparé à l'aide de la charrue. Les habitations de ces Pélasges[1] consistaient en un mur circulaire bas, formé de grosses pierres, sur lequel était élevé un cône de branches d'arbres recouvertes de joncs ou de ramées (fig. 55). Le feu était fait au centre et la fumée s'échappait par le sommet du cône. Une enceinte circulaire faite également de grosses pierres entourait chacune des huttes.

Ayant toujours vécu dans les montagnes depuis leur sortie des plateaux de l'Indus, ayant à peine entrevu les peuples déjà très-civilisés établis dans le sud de la Médie, ces Pélasges avaient conservé leur rudesse et leur simplicité primitives. Ils savaient, comme leurs ancêtres, atteler des bœufs et des chevaux à des chars, vivaient réunis en tribus et conservaient les croyances des Aryas, quelque peu modifiées pendant leurs longues étapes.

Quand ils s'établirent à l'ouest de la mer Égée, ces Pélasges trouvèrent dans ces contrées des indigènes barbares qui se nourrissaient de glands et de laitage. Toujours à cheval, ces premiers habitants dirigeaient leurs grands troupeaux de bœufs au moyen de longs bâtons aiguisés.

Pillards, difficiles à saisir, n'habitant que des grottes ou les fourrés des bois, ils forcèrent longtemps les nouveaux venus à se défendre contre leurs agressions, et ces luttes laissèrent un souvenir ineffaçable dans l'esprit des Pélasges, si bien qu'ils retracèrent pendant plusieurs siècles, dans leurs

---

1. Pélasge signifie vieux, ancien.

monuments, ces premiers combats, contre ces êtres moitié cheval, moitié homme, qui leur disputaient le sol.

Les tribus pélasgiques prospéraient toutefois; elles cultivaient le blé, la vigne, savaient extraire l'huile de l'olive et

Fig. 55.

s'adonnaient aux soins agricoles. Celles qui habitaient le littoral et les îles avaient construit des barques, trafiquaient et se livraient à la piraterie. Des rapports s'étaient ainsi établis entre les populations des deux côtes opposées de la mer Égée; rapports qui n'étaient pas toujours pacifiques, mais qui n'en amenaient pas moins, en bien des cas, le mélange des deux peuples.

La plupart des habitants de la côte asiatique se rapprochaient beaucoup plus des Sémites que des Aryas ; ils possédaient déjà des arts relativement avancés, travaillaient les métaux et étaient habiles dans l'art de construire de grands bateaux et des villes. Les Pélasges de la Thessalie et des bords du Péloponèse durent se mettre en mesure de résister aux incursions de ces peuples établis sur le littoral asiatique. Les tribus formèrent des fédérations, et les plus puissantes parmi elles, ou qui étaient dirigées par les chefs les plus intelligents, acquirent bientôt une prépondérance marquée.

A l'imitation des peuplades de pirates qui ravageaient leurs côtes, ils bâtirent des villes et des citadelles.

Les contrées habitées par les Pélasges du nord, coupées de hautes collines escarpées et de ravins, étaient singulièrement riches en pierres propres à élever des constructions durables. Aussi ces Pélasges ne se firent-ils pas faute d'employer ces matériaux à profusion, en évitant toutefois les lenteurs de la main-d'œuvre ; car ils ne se servaient encore que d'outils de cuivre qui ne leur permettaient pas de donner à ces matériaux une façon délicate. Quand aux traditions d'art, ils n'en possédaint aucune, et le peu qu'ils avaient pu recueillir se bornait à des souvenirs fugitifs empruntés aux Mèdes du nord pendant leurs séjours au sud du Caucase et aux objets qu'ils échangeaient avec les Cariens et les Lyciens contre des produits de leurs terres.

Toutefois ces villes pélasgiques conservaient, malgré l'extrême simplicité des constructions, un caractère de force et de grandeur en concordance parfaite avec la rudesse des mœurs et l'état primitif des habitudes.

Profitant des localités déjà défendues par la nature, des promontoires, des lieux escarpés, ils entouraient les crêtes de murailles épaisses faites de gros blocs de pierre non équarris, mais posés irrégulièrement suivant la méthode des Thyrréniens.

C'était la citadelle renfermant les trésors, un ou plusieurs temples et l'habitation des chefs de tribus.

Autour de cette citadelle, se groupaient les habitations qui elles-mêmes étaient entourées d'une enceinte. Les principaux d'entre les Pélasges, qui n'avaient pas leurs logis

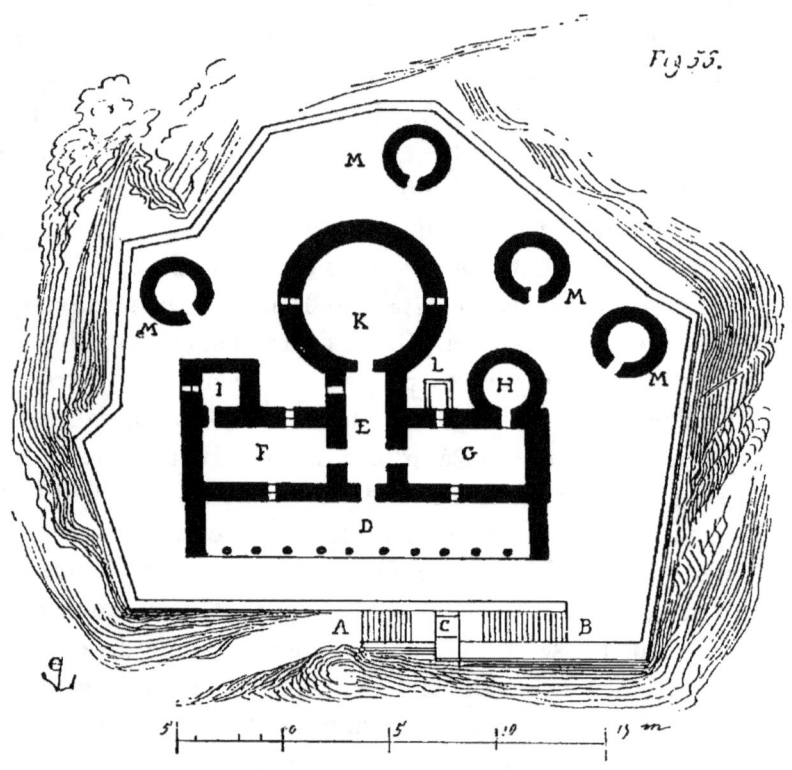

dans la citadelle, bâtissaient leurs maisons sur quelque point peu abordable, dominant.

Si la hutte du pâtre et du cultivateur était circulaire, la demeure du riche conservait cette forme consacrée par l'usage au moins dans une de ses parties; car alors les temples mêmes étaient bâtis sur plans circulaires. Mais les demeures des riches étaient presque entièrement faites de pierre, parfois avec un portique en bois.

La figure 56 donne le plan d'une de ces maisons parmi les plus spacieuses et les plus riches. Bâtie sur le sommet d'un monticule rocheux, elle est entourée d'une muraille qui couronne ce sommet nivelé, en profitant de toutes les sinuosités naturelles. Un escalier AB permet d'atteindre la plate-forme; mais, en C, une porte clôt le degré vers le milieu de la montée. En D, est un portique composé de troncs d'arbres grossièrement travaillés portant une poutre longitudinale sur laquelle reposent les solives et le comble. On pénètre par une seule porte dans le vestibule E, lequel donne à droite dans une salle G, où se tiennent les serviteurs et les étrangers, avec une cuisine circulaire en H; à gauche, dans une salle pareille F, qui sert de logis au chef, et une petite chambre en I, qui est le trésor de sa famille. Du vestibule, on entre directement dans la salle circulaire K. C'est là que se tiennent les réunions et que l'on procède aux repas en commun. En L, est une citerne recueillant et conservant les eaux pluviales. En M, sont des huttes pour les serviteurs.

Voici comment les Pélasges construisent leurs demeures.

La figure 57 donne en A la coupe transversale de la salle G et du portique. En B, la coupe de la salle circulaire K.

Toute la structure étant faite de grandes pierres, c'est à force de bras que l'œuvre s'élève, en établissant des plans inclinés de pierres et de terre que l'on enlève quand tout est achevé.

Mais il faut dire que c'est surtout pour élever les soubassements que les matériaux d'un fort volume sont apportés; quand les ouvriers en viennent aux parois inclinées formant encorbellement, ils emploient des pierres plus légères et les choisissent plates. Lorsque toute la structure est élevée, en ayant le soin de faire que chaque pierre recouvre exactement les joints des pierres placées au-dessous, on enduit la partie supérieure de terre grasse mêlée à de la paille, de manière à couvrir toutes les pierres présentant des pentes à l'extérieur.

Les Pélasges prétendent que ces constructions ont été ainsi ordonnées par leurs ancêtres; mais il est certain qu'ils se sont inspirés pour les élever de ce qu'ils ont vu sur les côtes de l'Asie, en Carie et en Lycie, bien que, dans ces contrées, il y ait deux manières de bâtir, l'une toute de pierres, qui semble appartenir aux Thyrréniens et qui se rapproche beaucoup de celle que l'on voit ici; l'autre de bois, qui ap-

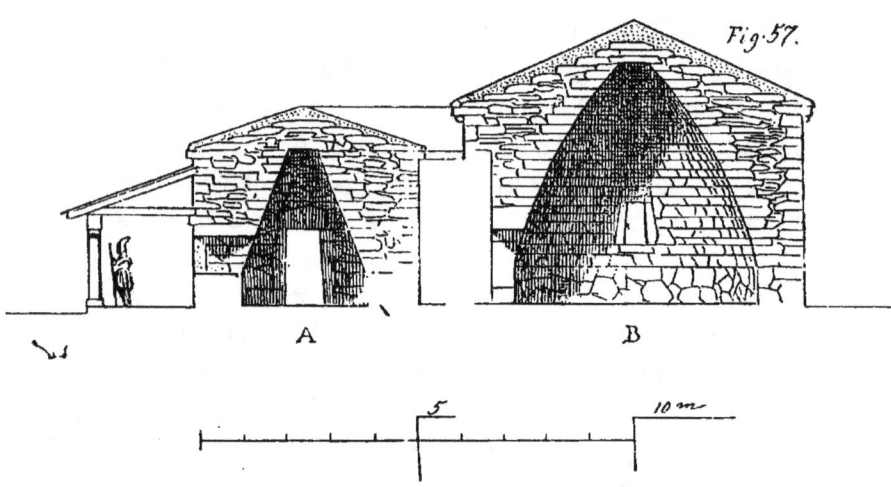

partient plus particulièrement aux traditions âryennes que possèdent les Ioniens.

Il y a d'ailleurs différentes versions sur l'histoire des migrations des peuples auxquels on donne le nom de Ioniens, mais dont l'origine âryenne ne saurait être douteuse, bien qu'ils se soient mélangés avec les peuplades sémitiques de l'Asie occidentale à une époque fort reculée. Ces Ioniens auraient passé de l'Asie en Europe, dans le Péloponèse, d'où ils auraient été chassés par les Achéens; les uns seraient retournés en Asie où ils fondèrent des colonies, d'autres se seraient réfugiés sur la côte de l'Élide et dans l'archipel qui conserve leur nom.

VUE DE LA MAISON DU NOBLE PÉLASGE (P. 161).

Mais revenons à l'habitation pélasgique dont le plan vient d'être donné. La figure 58 en présente la vue perspective, avec son enceinte escarpée, couronnée de grosses pierres brutes qui forment autant de merlons, entre lesquels s'ouvrent des créneaux utilisés pour la défense. Quelques oliviers et figuiers occupent la plate-forme autour des huttes réservées aux serviteurs. Le portique construit en bois, recouvert de joncs ou de chaume, est le lieu où la famille se tient habituellement tout le jour. Les entre-colonnements sont en partie fermés par des claies. Ces Pélasges vivent comme il vient d'être dit, en tribus plus ou moins puissantes, mais qui, de jour en jour, tendent à s'unir pour former des fédérations. Leurs occupations se partagent entre la culture de la terre, l'élevage des bestiaux et la piraterie.

Ils demeuraient toutefois dans un état de simplicité qui contrastait avec les développements des populations ioniennes de l'Asie. Celles-ci, en contact permanent avec des nations déjà très-avancées dans la pratique des arts, bâtissaient des édifices somptueux et dans lesquels se reflétaient, pour ainsi dire, les traditions originelles et les influences de leurs voisinages, ainsi qu'on va le voir.

XVI

LES IONIENS DE L'ASIE, CARIENS, LYCIENS.

Les contrées qu'habitaient les peuplades auxquelles on donne le nom de Ioniens sur les rives occidentales de l'Asie, en face du Péloponèse, étaient riches, fertiles et alors couvertes de forêts sur les rampes des montagnes. Les bois, la pierre propre à bâtir abondaient. Là, on ne trouvait plus ces grandes plaines limoneuses comme celles de l'Assyrie, mais, au contraire, un pays accidenté, montagneux, sillonné de cours d'eau, dont les côtes découpées profondément présentaient des baies et des golfes, singulièrement propres à cacher des barques de pirates. L'île de Rhodes formait, au sud, la tête d'une série d'îlots qui opposaient comme une digue coupée par des passes aux expéditions venant de l'ouest.

La plupart de ces îles, à commencer par la plus grande, Rhodes, étaient occupées par les colonies ioniennes. Une situation géographique aussi favorable à la culture, au commerce, à la piraterie même, un beau climat, avaient promptement fourni aux Ioniens l'occasion de développer leurs aptitudes; aussi devenaient-ils riches et puissants.

Ainsi que l'avait judicieusement observé Épergos, le mélange des deux races âryenne et sémitique produisait rapidement une sorte d'éclosion d'art exceptionnelle, et si la branche âryenne était relativement vigoureuse, les arts, au lieu de demeurer stationnaires comme en Égypte, et même sur les terres assyriennes, progressaient et se transformaient chaque jour. Or ces Ioniens conservaient, de tradition âryenne, la construction de bois de charpente et avaient pris aux Tyrrhéniens sémites la structure de blocs de pierre. En utilisant ces deux procédés simultanément dans leurs bâtisses, ils ne les mêlaient pas toutefois et ne faisaient, pour ainsi dire, que les juxtaposer. Il résultait de ce mode un art très-étrange, disparate, mais dont les conséquences eurent une valeur dont on appréciera bientôt l'importance.

Dans les plans de leurs habitations, les Ioniens laissaient voir aussi les traditions âryennes et les influences sémitiques.

C'est ce que montre la figure 59. Ici, l'habitation est séparée en deux parties distinctes ; l'une consacrée aux rapports extérieurs, l'autre à la vie intérieure qui est pour ainsi dire cachée. En A, est une sorte de vestibule, relativement vaste, donnant directement sur le dehors et destiné à recevoir les clients, les étrangers.

Cette salle communique à droite et à gauche à deux salles B C ; l'une destinée au commerce du propriétaire, — car tous les Ioniens se livrent à quelque trafic, — l'autre au logement des employés, serviteurs ou esclaves qui sont en rapport avec les gens du dehors. La salle A ne communique avec la cour de l'habitation intérieure que par une seule porte D, que ne franchissent les étrangers à la famille que s'ils sont introduits par le maître.

De cette porte D, on entre dans une cour entourée de portiques soutenus par quatre colonnes. En E est la salle destinée aux provisions de toute nature, salle dans laquelle on ne pénètre que du portique ; en F, la salle où sont disposées les archives, et où s'élève l'autel des dieux. En G est le lieu où la famille se réunit, comme dans l'habitation sémitique[1]. C'est dans cette salle, largement ouverte sur le

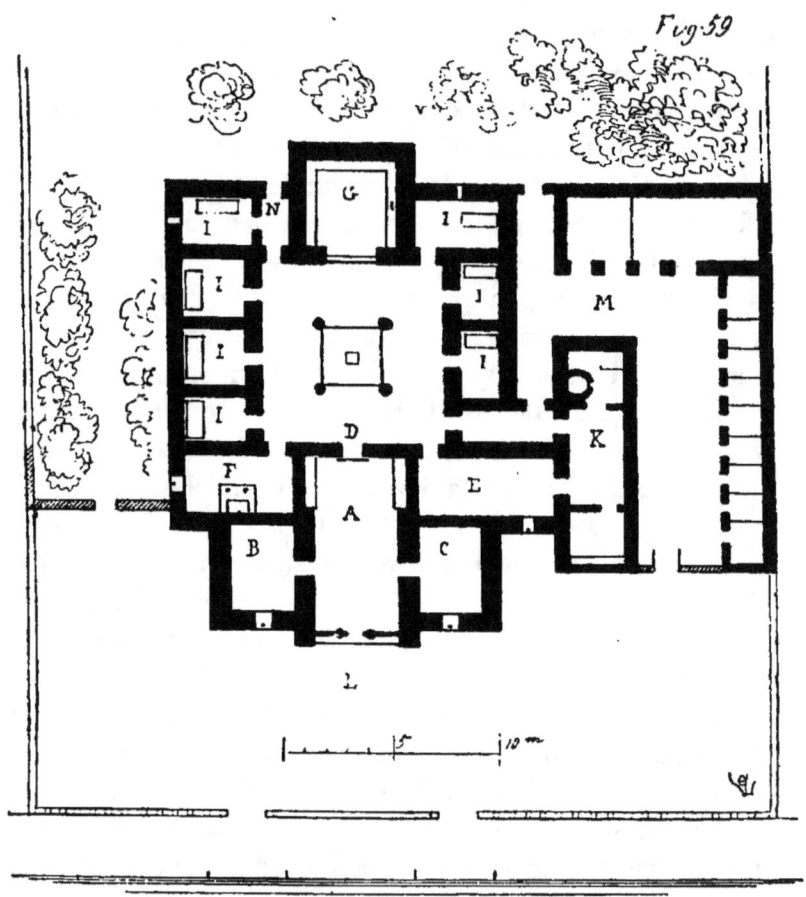

portique, que l'on prend les repas, que les femmes et les enfants se tiennent pendant le jour.

Des deux côtés du portique, en I, s'ouvrent les chambres.

[1]. Voy. figures 45, 46.

Puis en K est la cuisine avec ses dépendances, mises en communication directe avec le portique et avec la cour M.

Cette habitation est placée à mi-côte, et en avant est une plate-forme L, avec clôture basse. En M sont les logements des serviteurs et les étables, possédant une cour spéciale

60

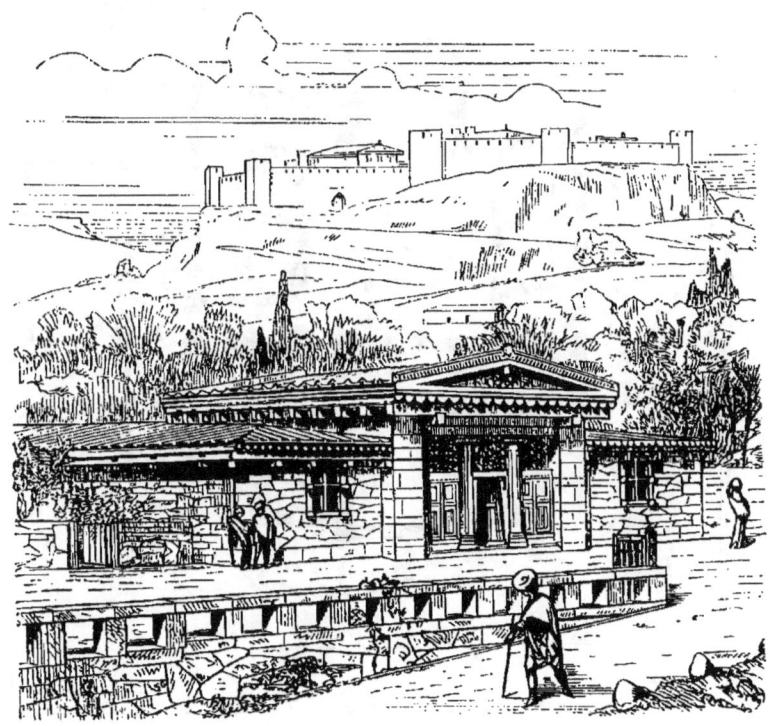

donnant sur la plate-forme et sur les jardins J, où les habitants de la maison se rendent directement par le passage N.

La figure 60 présente l'aspect extérieur de la façade de cette habitation dont les murs sont faits de pierres taillées ou posées irrégulièrement, mais à joints vifs, et dont les baies, les combles, les portiques, les plafonds sont faits de charpente avec couvertures de tuiles.

posées les archives, et où s'élève l'autel des dieux. En G est le lieu où la famille se réunit, comme dans l'habitation sémitique[1]. C'est dans cette salle, largement ouverte sur le

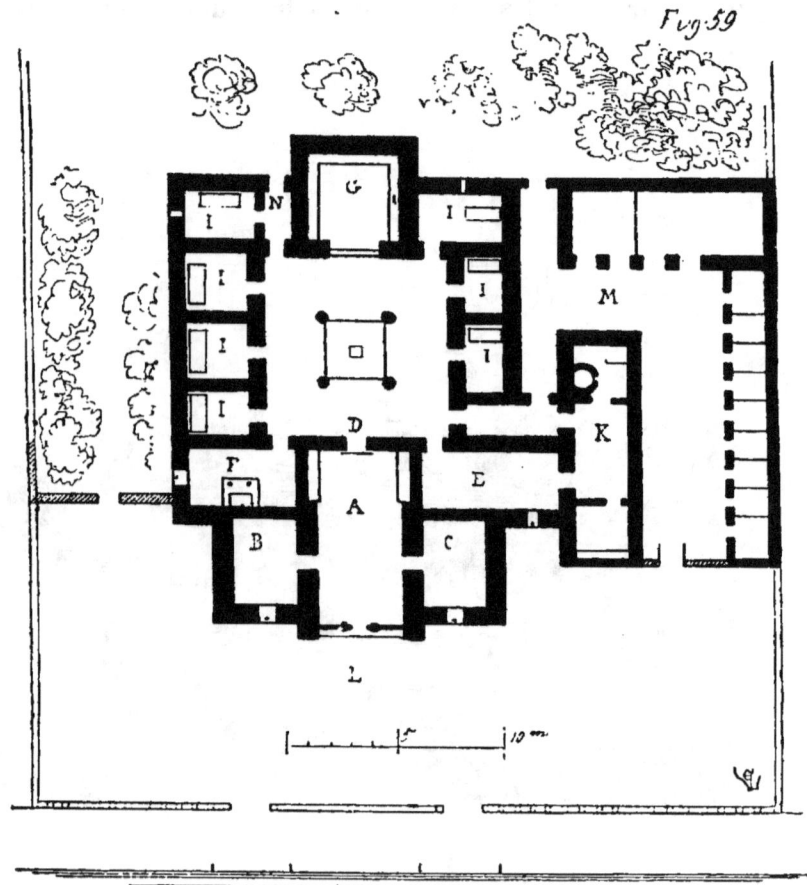

portique, que l'on prend les repas, que les femmes et les enfants se tiennent pendant le jour.

Des deux côtés du portique, en I, s'ouvrent les chambres.

. Voy. figures 45, 46.

Puis en K est la cuisine avec ses dépendances, mises en communication directe avec le portique et avec la cour M.

Cette habitation est placée à mi-côte, et en avant est une plate-forme L, avec clôture basse. En M sont les logements des serviteurs et les étables, possédant une cour spéciale

60

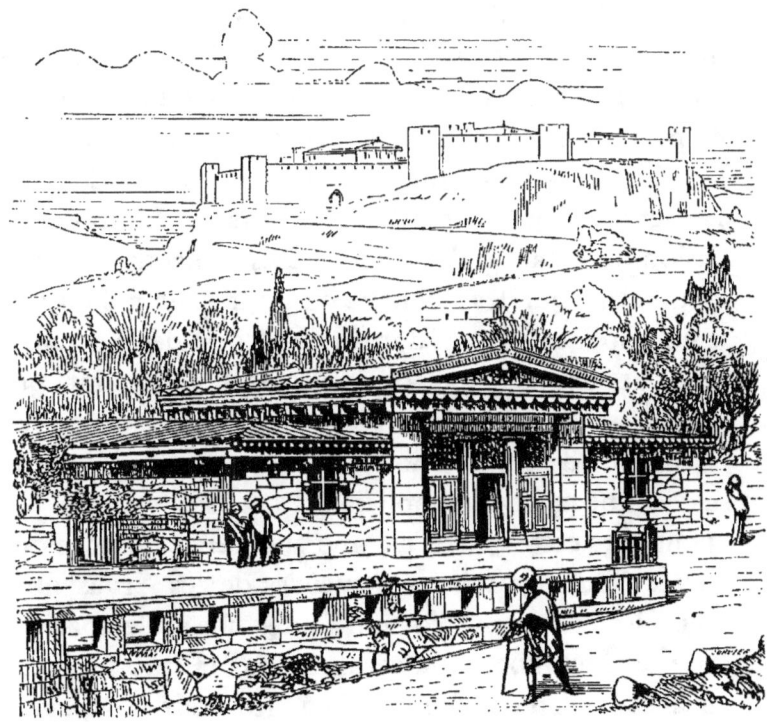

donnant sur la plate-forme et sur les jardins J, où les habitants de la maison se rendent directement par le passage N.

La figure 60 présente l'aspect extérieur de la façade de cette habitation dont les murs sont faits de pierres taillées ou posées irrégulièrement, mais à joints vifs, et dont les baies, les combles, les portiques, les plafonds sont faits de charpente avec couvertures de tuiles.

Toutes les parties de la construction faites de bois sont peintes de couleurs vives dans lesquelles le jaune, le rouge, le blanc dominent. Au soleil, ces couleurs perdent leur dureté et s'harmonisent de la façon la plus agréable.

« Voici, dit Épergos à son compagnon en passant devant cette demeure d'un riche négociant, une belle habitation qui ne ressemble en rien à ce que nous avons vu jadis chez les Jaunes, sur le haut Indus, en Médie, en Assyrie et en Égypte. Cela mérite que nous examinions en détail cette structure; que t'en semble? — A vrai dire, cette bâtisse me semble passablement désordonnée. — Ne nous pressons pas de porter un jugement avant d'avoir examiné la chose dans ses détails. — Les maisons de mes amis d'Égypte me paraissent, de tous points, les plus sensées. Pourquoi cette profusion de détails à l'extérieur? Les maisons sont-elles faites pour ceux qui les habitent ou pour ceux qui passent sur la voie publique? Il y a dans tout ceci un désir de paraître qui me fait supposer chez ces gens-là plus de vanité que de sagesse. — Nous verrons bien; mais tu observeras que l'entrée seule de l'habitation est relativement décorée; le reste est d'une grande simplicité. Peut-être y a-t-il une raison pour que cette entrée ait une apparence de richesse particulière. Souviens-toi des demeures de ces Aryas du haut Indus, lesquelles possédaient toutes une salle spacieuse destinée aux réunions. Ne serait-ce pas là une tradition de ces usages? » En discourant ainsi, les deux compagnons s'approchaient du point central de la façade (figure 61). « Vois donc, continua Épergos, comme cette structure de bois s'enclave entre ces têtes de murs bâtis en pierre; comme ce toit fait une saillie très-prononcée à l'extérieur, pour bien abriter l'entrée, et comme cette avancée est ingénieusement supportée par des poutres qui portent sur ces têtes de murs. Et ces deux poteaux, avec leurs chapeaux sculptés et peints, leurs clôtures de bois latérales et les treillis supérieurs, ne

ENTRÉE DE LA MAISON IONIENNE (P. 166).

semblent-ils pas bien combinés ? Je retrouve ici ces solives de rondins que nous avons vues dans les constructions des Aryas de l'Indus autrefois et chez les Mèdes. Mais partout ailleurs, les bois sont soigneusement équarris et couverts d'un léger enduit merveilleusement coloré. Et vois donc encore comme ces têtes de murs sont bien construites, avec des pierres larges et basses intercalées entre des morceaux posés debout. Ces hommes me paraissent bien entendus et ne rien faire qu'à bon escient. — En effet, nous avons pu voir, en parcourant les côtes, qu'ils ne négligent pas leurs intérêts, savent écumer la mer et bien vendre leurs produits, quand ils ne pillent pas leurs voisins. Oh ! ce sont d'habiles gens ; il n'est pas surprenant qu'avec les gains qu'ils font et le produit de leurs pilleries, ils puissent élever des demeures somptueuses. »

A ce moment, le propriétaire de la maison rentrait accompagné de plusieurs serviteurs. C'était un jeune homme. Son visage, encadré d'une barbe noire et courte soigneusement épilée autour de la bouche, avait une expression à la fois souriante et sensuelle. Le nez fin, bien dessiné, suivait la ligne du front, et ses yeux, légèrement relevés aux angles externes, étaient surmontés de sourcils délicats régulièrement arqués, comme s'ils eussent été tracés au pinceau. Ses cheveux, d'un noir d'ébène et soyeux, abondants, séparés en deux sur le front, tombaient derrière ses épaules. Un bonnet blanc pointu, légèrement recourbé en avant, tout brodé de fils d'or, laissait voir les oreilles. Une tunique serrée à la taille, à manches courtes, toute couverte de figures brodées, dégageait son col, et sur ses épaules larges était jetée une sorte d'écharpe. Ses jambes étaient couvertes de braies d'étoffe blanche, fine et plissée à petits plis, et ses pieds enfermés dans des chaussures d'un rouge vif, lacées, dont les pointes étaient légèrement relevées. En passant, il jeta un regard oblique sur les deux compagnons, et dit quelques mots à l'oreille d'un de ses serviteurs. Celui-ci s'avança vers Épergos et Doxi, et leur demanda s'ils étaient étrangers et s'ils avaient quelque chose à communiquer au maître du logis. Épergos ayant répondu affirmativement, le serviteur les introduisit dans la salle d'entrée.

Entièrement lambrissée, cette salle était couverte par un plafond à compartiments richement peint. Le jour qui pénétrait par le treillis de l'entrée répandait dans cet intérieur une lumière douce et tranquille. Autour étaient disposées des nattes sur un banc très-bas, large, et le pavé, tout composé de petites pierres polies de diverses nuances, reflétait les colorations heurtées des lambris.

Épergos et Doxi étaient depuis peu d'instants dans la salle d'entrée quand le maître de la maison vint les trouver. « Quelles nouvelles apportez-vous? leur dit-il. — Nous avons vu les contrées situées à l'est et le pays haut habité par des peuplades sauvages qui n'entretiennent pas de relations avec les autres nations. Nous avons parcouru la Médie, qui souffre impatiemment le joug des Assyriens. Au nord de la Médie, le long de la mer Caspienne, passent sans cesse des tribus qui vont s'établir à l'ouest jusqu'au Pont-Euxin. Ces hommes sont robustes et pauvres, hardis et braves, et brûlent du désir de se répandre dans les riches contrées où prospèrent les Ninivites. Ils suivent les montagnes de l'Anti-Taurus et descendent dans les pays plats situés à l'ouest de cette chaîne.... — Eh! que me fait cela, je vous prie? — Cela fait que ce flot, qui toujours se jette de l'est à l'ouest par les mêmes voies, s'étendra jusqu'à ces rivages que vous habitez. — N'avons-nous pas des villes bien situées et défendues pour nous réfugier, et d'où nous pourrons descendre et les écraser? — Vous avez mieux que cela encore, des armes perfectionnées, des chars et la science de la guerre; mais vous êtes riches, prospères, et ces barbares convoitent ces biens qu'ils ne possèdent pas. Tant qu'ils vivent dans leurs montagnes, n'ayant pour se nourrir que les produits de la chasse, et qu'ils n'ont pas été en contact avec des peuples habitués aux douceurs d'une existence raffinée, ils se tiennent en paix; mais dès qu'ils ont entrevu les biens qu'apporte avec elle la civilisation, ils se répandent comme des torrents, renversant tout sur leur passage, ne craignant ni les privations ni la mort. Ne laissant rien derrière eux, n'ayant rien à perdre, on les voit se jeter, en troupes nombreuses et affamées, sur les riches plaines; âpres à défendre les biens qu'ils ont conquis, dès qu'ils ont mis le pied sur un territoire à leur convenance, ils ne le quittent plus. — Sont-ils encore loin d'ici? — Certes! et avant qu'ils ne parviennent jusqu'à vos riches contrées, il se passera nombre d'années, car ils ont devant eux de quoi les occuper longtemps. — S'il en est ainsi, ne prenons pas de souci. » Et ayant fait apporter du vin et des gâteaux, le maître convia les deux compagnons à prendre quelques rafraîchissements, puis il leur dit : « Ne faites-vous point le négoce? Venez-vous dans ce pays pour vendre et acheter? — Non, répondit Épergos, nous voyageons pour connaître les nations, nous enquérir de leur industrie et de leurs arts; c'est pourquoi nous nous sommes arrêtés devant votre demeure, qui nous a semblé belle et bien ordonnée entre toutes. — C'est moi qui l'ai fait bâtir, mon père m'ayant laissé de grands biens. Lui vivait dans une petite maison de bois fort ancienne, mais qu'il ne voulait pas quitter. Aujourd'hui, nous avons des ouvriers tyrrhéniens fort habiles à tailler la pierre, et qui louent leurs bras aux personnes assez riches pour les faire travailler; nous employons donc, comme vous voyez, les pierres pour élever les murs; ainsi enveloppons-nous les constructions de bois auxquelles nous sommes habitués, d'une solide structure de pierre, préservatrice de la chaleur et des intempéries. S'il vous plaît visiter les autres parties de ce logis, puisque vous êtes curieux de connaître nos arts, rien ne s'oppose à ce que vous voyiez les pièces qu'il me plaît de montrer aux personnes discrètes, et je vous ferai accompagner. Mais, dites-moi, n'avez-vous eu quelques nouvelles de la flotte de galères que nous avons envoyée dans les mers de l'Occident? — Aucune, car nous ne venons pas de ce côté. — Des nouvelles fâcheuses ont été transmises dans la contrée par des pêcheurs; mais rien de certain. »

Le maître ayant appelé un esclave pour qu'il eût à prévenir les femmes de la présence des étrangers, Épergos et Doxi furent introduits dans la cour entourée d'un portique (figure 62).

Au milieu de l'aire, laissée à ciel ouvert, s'élevait une petite fontaine dont les eaux se répandaient dans un bassin et dans des rigoles qui les envoyaient au jardin par des conduits. La structure de ce portique, entièrement fait de bois, était peinte, comme la façade, de couleurs vives. Les eaux du ciel, rejetées par les combles, tombaient au milieu de la cour. Au fond, s'ouvrait la salle de réunion de la famille[1], élevée de deux marches au-dessus du pavé du portique. Autour de cette salle étaient disposés des bancs très-bas et larges, recouverts de riches étoffes. C'était sur ces bancs que l'on s'étendait pour prendre les repas, servis sur de petites tables en face de chaque convive. Au-dessus de ces bancs de bois incrustés d'ivoire et d'argent, se dressait un lambris également couvert d'incrustations exécutées avec une grande perfection. Cette salle était éclairée seulement par le ciel-ouvert de la cour, et cette lumière reflétée donnait un éclat harmonieux aux vives couleurs du plafond, des murs et des lambris. Épergos adressait force questions au maître de la maison; mais celui-ci y répondait avec nonchalance, et sans paraître autrement flatté des exclamations admiratives de son hôte. « Je vois, dit-il enfin, que vous prenez un vif in-

---

[1]. Voy. le plan en G.

IONIE

COUR DE LA MAISON IONIENNE (P. 170).

térêt à ces choses d'art; je vais faire venir Eudexion, qui répondra à toutes vos questions mieux que je ne saurais le faire; quand vous serez las de l'interroger, vous viendrez visiter les jardins. » Sur ce propos, il fit signe à un esclave et lui dit d'aller quérir aussitôt l'architecte; puis, ayant adressé un geste amical aux deux compagnons, il se dirigea vers les jardins.

Resté seul avec Doxi, Épergos lui dit : « Te souviens-tu de l'habitation du vieux Vâmadêva[1] que nous visitâmes il y a déjà un grand nombre de siècles? — Pourquoi cette question? — Parce que je trouve ici une certaine relation avec ces maisons des vieux Aryas. — Ressemblance fortuite. — Non pas; il n'y a rien de fortuit dans ce monde : tout dérive de quelque chose. La maison du vieux Vâmadêva avait, comme celle-ci, une grande salle antérieure, sa cour avec abri à l'entour, son lieu réservé pour l'autel des dieux et les choses précieuses, ses chambres autour du portique. — Partout nous avons vu des salles et des portiques, partout des chambres pour dormir. — Certes! mais ce que nous avons vu en Égypte, en Assyrie, ne ressemble en rien à ce que nous voyons ici. Ces charpentes, ces poteaux de bois, la disposition de ces solives, de ces portes diminuées à la partie supérieure, jusqu'à la distribution générale des locaux, rappelle, avec des moyens très-perfectionnés, la maison de Vâmadêva, nullement les palais du nomarque d'Égypte et du roi assyrien. — Eh bien? — Eh bien! je conclurais de cette ressemblance et de ces dissemblances que les peuplades ioniennes appartiennent à un rameau des Aryas ayant conservé à peu près pures les traditions âryennes.

— Si, comme tu le dis, il y a des races humaines possédant chacune des aptitudes particulières, comment ces peuplades si éloignées du haut Indus auraient-elles conservé

---

1. Voy. le plan, figure 18.

ces traditions, mieux que celles plus voisines des plateaux de l'Asie centrale ?

« Les Mèdes, les Assyriens sont certes plus rapprochés de ces plateaux que ne le sont les Ioniens, et tu constates que les demeures des Assyriens diffèrent essentiellement des habitations de ces vieux Aryas. — Les Mèdes et les Assyriens surtout, établis depuis longtemps sur le territoire qu'ils occupent, ont pu subir les influences de peuples habitant avant eux ces climats et auxquels ils se sont mélangés; ceux-ci, au contraire, ont fait beaucoup plus de chemin, mais, ne s'étant pas arrêtés en route, auraient apporté leurs anciennes traditions jusque sur ces rivages où ils se sont fixés.

« Peut-être, en ce moment, parmi les nombreux émigrants qui continuent de se porter de l'est à l'ouest, en longeant les bords de la mer Caspienne et du Pont-Euxin, en est-il qui apporteront encore plus loin de leur point de départ ces traditions premières. — Je ne vois aucune ressemblance entre ces Ioniens au teint légèrement cuivré, aux cheveux et aux yeux noirs, avec les blonds Aryas; ainsi, en suivant ta manie de croire à des races humaines diverses, tu seras ici en contradiction avec ta théorie. — Doucement, j'ai aperçu déjà dans ce pays des femmes à la peau très-blanche et aux cheveux fauves; or la pureté du sang se conserve mieux chez les femmes que chez les hommes.— Bon! voilà encore une de tes idées. — Oui, résultat de mes observations. — Mais où veux-tu en venir? — A ceci.... que je trouve chez ces populations se rapprochant de la souche âryenne, lorsqu'elles n'ont pas été noyées dans un flot trop puissant d'une autre race, des éléments de progrès qui me séduisent et me font tout espérer, tandis que si je visite une demeure égyptienne ou même assyrienne, je puis rester sous une impression d'admiration profonde, mais il me semble qu'il n'y a plus rien à tenter, rien à ajouter, rien à modifier. — Ce qui équivaut à dire que les choses parfaites te séduisent moins que celles qui pourraient le devenir? — Précisément. — Je savais bien le fond de ta pensée; mais je suis heureux de te l'entendre exprimer. Te souviens-tu, à ton tour, de ce jour bien loin de nous, où nous étions assis sur une montagne et où nous vîmes des êtres s'entre-tuer, armés de bâtons? — Certes, il m'en souvient. — Tout était ordonné par le Créateur, tout était parfait et fini, l'œuvre était achevée. La nature tranquille et féconde peuplait les eaux et les terres, chaque chose étant à la place qui lui était assignée; rien ne dérangeait la loi suprême. Il te plut d'apprendre à quelques-uns de ces êtres à faire une cabane, comme si le Créateur ne leur avait pas donné, ainsi qu'à tous les êtres animés, ce qui convenait à leur espèce.

« Depuis lors, ces êtres se sont appelés hommes; poussés par un esprit de vertige, par cet esprit qui domine en toi, ils n'ont su se tenir en place, se précipitant les uns sur les autres; les affamés sur les repus, les pauvres sur ceux qui possédaient; ils se sont dépouillés, se sont chassés sans trêve ni repos. Alors, on a vu les plus forts et les plus nombreux asservir les plus faibles, les faire travailler pour augmenter leur bien-être; ta cabane de branchages est devenue maison pourvue de tout, même d'esclaves. La maison est devenue palais, le palais s'est entouré de murailles défensives, et plus le luxe allait croissant, plus la convoitise, l'envie et la haine s'amoncelaient autour. Ainsi a-t-on vu les habitants des cabanes se liguer pour abattre la maison, les habitants des maisons se liguer pour abattre le palais, les villes et les palais se liguer pour s'emparer des contrées plus riches en palais et en maisons.

« Est-ce là ce que tu entends par progrès? — J'aime te voir exprimer cette indignation, Doxi, mais écoute. Est-ce l'étincelle qui est la cause de l'incendie ou l'amas de matières combustibles? J'admets que j'aie été et que je sois l'étincelle; que deviendrait cette étincelle si elle ne trouvait pas, là où elle tombe, des matériaux inflammables? Je montrerais aux hirondelles à faire des nids d'une structure différente des leurs, qu'elles ne continueraient pas moins à fabriquer les petites demeures que nous voyons suspendues aux corniches des maisons. Il faut bien convenir avec moi que l'intelligence de l'homme le porte à faire mieux et autrement que n'ont fait ses devanciers. Le Créateur, puisque tu le fais intervenir en ceci, a voulu probablement qu'il en fût ainsi; dès lors, tous nos efforts doivent tendre à hâter cette marche vers le mieux auquel l'homme aspire. Si je vois l'œuvre humaine arrêtée dans une voie sans issue, je puis trouver cette œuvre bonne en elle-même, elle excite ma curiosité et mon admiration; mais elle ne m'échauffe pas, elle ne fait pas naître chez moi le désir d'aider à sa transformation, puisqu'elle ne saurait se transformer. Et pour en revenir à ma comparaison, si je considère le travail des abeilles je suis émerveillé, ravi, mais il ne me vient nullement à la pensée de conseiller aux abeilles d'employer leur industrie à faire mieux ou autrement. Eh bien! quand je visite les demeures des Égyptiens, je trouve cela admirable, surprenant; mais je ne vois pas qu'on puisse transformer ou modifier cette chose parfaite, si tu veux, mais finie, qui dit tout ce qu'elle peut dire. Il en est tout autrement quand je me trouve chez des hommes tels que ceux-ci. Ce que nous avons devant les yeux, non-seulement me charme par le résultat obtenu, mais me laisse entrevoir des conceptions plus ingénieuses encore, des proportions plus délicates, des harmonies plus séduisantes. En un mot, ici, j'espère, je me sens pris du désir d'améliorer. Dans ces palais égyptiens et même assyriens, je suis saisi de lassitude et de découragement, car cela ne saurait changer, ces nations dussent-elles durer l'éternité. Cela ne revivra pas, c'est un arbre, une fois coupé, dont la souche ne produira plus de nouveaux jets.

« Vois comme les bois de cette charpente sont ingénieusement disposés; mais vois aussi comme ces combinaisons invitent à en chercher de nouvelles, plus ingénieuses encore.

« Est-ce parfait cependant? Non, cela n'a point la majesté pure de l'art égyptien, ni la mâle énergie et l'aspect indestructible des constructions assyriennes, mais cela parle; on sent qu'ici chaque ouvrier a dû apporter sa part d'intelligence et a laissé l'empreinte de son travail. Ce n'est pas, comme en Assyrie, l'effort d'êtres en nombre prodigieux agissant machinalement sous le bâton du maître et amoncelant des matériaux sans avoir la conscience de ce qu'il en adviendra. Il a fallu ici que chacun travaillât en connaissance de cause, en prévision du résultat final. N'est-ce pas ton avis? — Je ne puis partager une opinion qui me paraît dangereuse, fût-elle séduisante.

« Je considère comme sage, non celui qui cherche sans cesse, mais celui qui ayant trouvé le bien ne songe plus qu'à le conserver. — Mais si, depuis que nous voyons des hommes sur la terre, on avait suivi tes avis, toute la race humaine vivrait à peine abritée sous des arbres et se nourrirait de racines et de reptiles, puisque tout à l'heure tu me reprochais d'avoir enseigné à quelques sauvages l'art de se faire des cabanes, à l'origine des temps. — Le mal était fait, mais le sage doit aussi savoir s'arrêter sur une pente qui conduit à l'abîme de confusion. J'aime les Égyptiens parce qu'ils ont su s'arrêter après avoir atteint un degré de civilisation merveilleux.

« Qu'est-ce que le progrès, si ce n'est pas la recherche d'un bien ? Qu'est-ce que la sagesse, si ce n'est pas de conserver ce bien et de le préserver de toute atteinte ? Ce que tu appelles progrès, c'est une marche incessante; pour moi, le progrès.... (mais ce mot me déplaît et ne rend pas ma pensée), pour moi donc, quand on a monté les degrés qui conduisent au sommet, il convient de s'arrêter à ce sommet, sinon il faut redescendre!... — Oui, mieux vau tredescendre, pour atteindre un sommet plus éloigné et plus élevé encore, que de s'arrêter, car s'arrêter c'est mourir, et s'il est donné à l'homme de se reposer dans la mort, telle n'est pas la destinée de l'humanité. »

L'architecte Eudexion interrompit à ce moment la discussion des deux compagnons. « Nous admirions la demeure que tu as élevée pour le riche personnage que les dieux protégent. Il a voulu te faire appeler pour satisfaire notre curiosité, car nous trouvons ici toutes choses nouvelles, dit Épergos; te plaira-t-il nous instruire? — Cette habitation, répondit Eudixion, ressemble à beaucoup d'autres, et je prétends n'avoir fait rien que de conforme aux usages de l'Ionie. — Peut-être, mais nous n'avons trouvé nulle part cet art d'assembler les bois; d'où vous est venue cette industrie? — Autrefois, au dire des anciens, la contrée étant très-riche en bois de charpente, nos pères construisaient des demeures toutes composées de troncs d'arbres. Mais nos voisins les Tyrrhéniens bâtissaient et bâtissent encore leurs demeures avec de grandes pierres qu'ils savent joindre et tailler avec art. Peu à peu on a prétendu chez nous employer ces matériaux solides et durables; mais cependant l'habitude de vivre dans des maisons de bois était trop générale parmi les Ioniens pour que l'on pût l'abandonner. Nous avons donc concilié les deux systèmes et, ne considérant plus le bois que comme des matériaux qu'il fallait laisser en contact avec les habitants, on a enveloppé cette structure par de la pierre qui compose les murs et les parties les plus solides; c'est pourquoi vous voyez nos murailles revêtues dans les intérieurs de panneaux de bois. Ces colonnes, ces chambranles et ces croisées de bois, tout cela était grossier il y a un siècle environ, mais aujourd'hui nous avons des ouvriers habiles. Les poteaux bruts ont été équarris, puis les angles ont été abattus et on est arrivé à tailler ces colonnes à pans nombreux. Les chapeaux grossiers qui, posés sur la tête de ces poteaux, soulageaient les portées des poutres, ont été sculptés aux extrémités en volutes. Tout cela a été revêtu, comme vous voyez, de peintures brillantes et conservatrices. Quant aux combles et plafonds, nous continuons à les faire en bois, mais en leur donnant chaque jour plus d'élégance, suivant le goût de chacun, et à les enrichir de peintures et même de dorures.

« Pour que ces colonnes de bois ne soient pas altérées à leur extrémité inférieure par l'humidité du sol, nous les posons sur des bases de pierre. Au total, ces demeures nouvelles sont semblables à celles beaucoup plus vieilles que vous pouvez encore voir dans la contrée, et ne font que reproduire les dispositions anciennes avec plus d'élégance et de recherche dans l'exécution des détails. On sait façonner l'étain, le cuivre, l'argent et l'or, et soumettre ces métaux à toutes les formes qu'il plaît aux artisans d'adopter; aussi voyez comme on a incrusté ces boiseries et ces meubles d'ornements délicats de métal. Il n'y a pas longtemps non plus que nous posons des enduits sur les murs bruts. Cette industrie nous est venue des contrées de l'Est qui savent cuire la pierre pour en faire de la chaux, laquelle, mêlée avec du sable, permet d'obtenir ces surfaces unies, si favorables à recevoir la peinture. Nous posons même un très-léger enduit de cette chaux corroyée avec de la poussière de pierre dure, ou avec du sable fin sur nos bois, pour les préserver contre l'action du soleil et pour recevoir la peinture, mais cela exige beaucoup de soin. — Et quels bois employez-vous ainsi? — Le cèdre, le cyprès, le sycomore; ces bois commencent à devenir plus rares et déjà quelques personnages riches ont fait tailler des colonnes dans des blocs de pierre en suivant exactement la forme de celles faites de bois. Un jour viendra où on taillera aussi les chapeaux dans de la pierre; rien n'empêche que cela soit ainsi;

seulement, faudra-t-il leur donner moins de saillie pour éviter qu'ils ne se brisent sous la charge, car la pierre n'a pas la flexibilité du bois. Vous convient-il de visiter une des chambres pendant que la famille est au jardin? — Volontiers. — Vous voyez que ces chambres, petites, ne sont éclairées que par la porte s'ouvrant sous le portique. Celle-ci est fermée avec un vantail de bois et un voile; on peut donc laisser la porte ouverte la nuit pour respirer l'air frais.

« Chacune de ces chambres est couverte par un plafond de bois colorié, les murs sont peints dans la partie supérieure et lambrissés en bas de bois précieux. Un lit également de bois incrusté d'ivoire occupe le fond de la chambre. A côté est une petite table et un escabeau. Le sol est couvert de nattes très-finement travaillées et une lampe est posée sur un pied de bronze. — Il est évident que l'on évite partout le contact de la pierre. — Certainement, et cela comme je le disais, résulte d'une longue habitude de vivre au milieu d'habitations faites de bois. D'ailleurs, en ce pays-ci, le contact de la pierre est malsain et occasionne des douleurs aux membres.

« Pour vous montrer jusqu'à quel point on apporte de soin en ceci, voyez ces fenêtres qui éclairent les deux salles d'entrée sur la façade extérieure. Examinez (figure 63) comme ces baies sont construites.

« La fenêtre forme un coffrage rapporté dans la baie, et se compose de deux montants A, de deux traverses B, et de chaque côté, de trois entretoises C qui font l'épaisseur du mur de pierre et vont s'assembler dans d'autres montants intérieurs.

« Les intervalles D sont remplis par des panneaux de bois ainsi que le plafond et l'appui. Un croisillon coupe la fenêtre en quatre parties, dans chacune desquelles est suspendu, par des gonds, un panneau treillissé E. Ainsi la main n'est jamais en contact avec la pierre. De plus, ces croisées de charpente maintiennent la maçonnerie irrégulière qui les enveloppe. Les pièces F forment poutres du plafond, saillent au dehors et portent le filet G, qui reçoit les chevrons du comble, simples rondins sur lesquels sont cloués les madriers

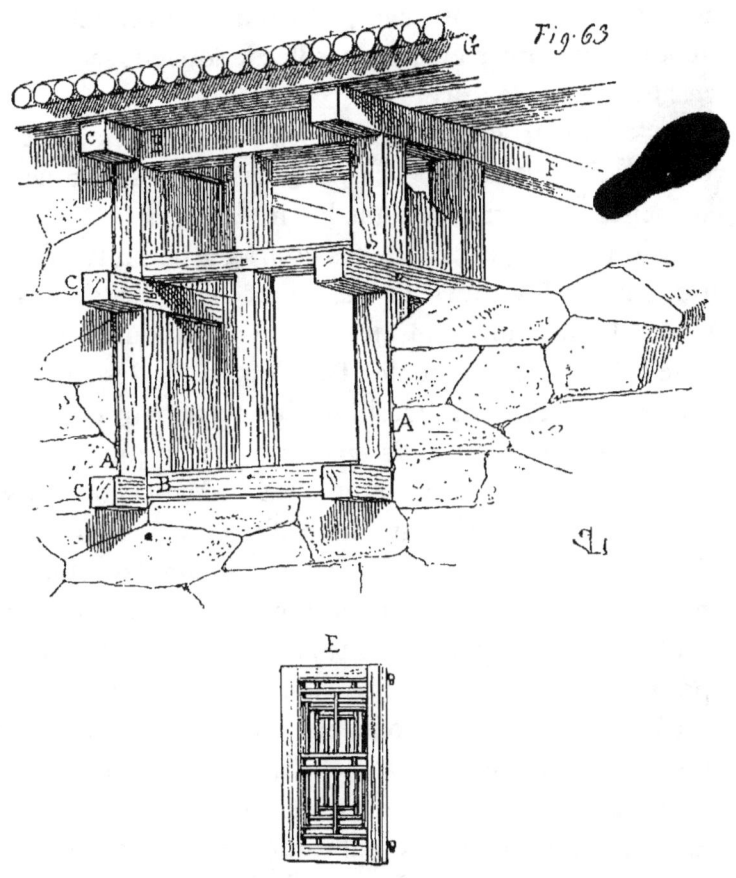

revêtus de la tuile composant la couverture. Ces tuiles sont vernissées au feu afin de faciliter l'écoulement des eaux pluviales et d'empêcher la poussière de s'arrêter sur leur surface. Ces couvertures, aux couleurs brillantes et claires, éclatantes comme de l'or ou de l'argent au soleil, sont plaisantes à voir et ne laissent pas pénétrer la chaleur comme il arriverait si la tuile était brute. — Je vois que tout est prévu ici pour rendre ces habitations agréables et saines. Ne construit-on jamais en ce pays avec de la brique crue ou du limon, comme on le fait en Assyrie et en Égypte? — Non, jamais, parce que nous avons des pluies torrentielles pendant quelques semaines et que le sol est souvent secoué par des tremblements de terre.

Les constructions de charpente avec enveloppe de pierre résistent parfaitement à ces secousses du sol et ne laissent pas pénétrer l'humidité dans les intérieurs.

« Vous comprenez que ces coffrages de bois, ces poutres, soutiennent les murs et les empêchent de se disjoindre. Voyez le portail, comme il est solidement maintenu par cette clôture de charpente. Les deux têtes des murs ne sauraient bouger, ainsi étrésillonnées fortement et retenues en tout sens. On a fait jadis des murs en brique crue dans nos pays comme cela se pratique chez les Mèdes, mais ils étaient promptement altérés par l'humidité et s'écrasaient au moindre mouvement du sol. — Mais si le bois de charpente venait à manquer, ne pourriez-vous employer la pierre, non-seulement pour vos colonnes et points d'appui, mais aussi pour les plates-bandes et corniches? — Probablement; jusqu'à présent nous n'avons pas eu besoin de recourir à ces moyens; puis, je le répète, on n'aime pas, dans les habitations, à être en contact avec la pierre, et il faudra toujours, pour se conformer aux habitudes locales, revêtir, au moins les soubassements intérieurs, de bois. » Sur ce discours, le maître de la maison vint au-devant des trois interlocuteurs en les engageant à se rendre au jardin. A l'ombre de citronniers au feuillage luisant, était étendue, sur un tapis recouvrant une sorte de lit de bronze très-léger, la maîtresse du logis, entourée de trois petits garçons. Une esclave sémite balançait au-dessus de la tête de la maîtresse un large éventail de feuilles de palmier, tandis qu'une autre femme, assise à ses pieds, chantait pour amuser les enfants qui l'écoutaient attentivement.

Un ruisseau d'eau claire glissait, en clapotant, dans une rigole faite d'un tronc d'arbre creusé, et se divisait en petits canaux d'irrigation perdus dans l'herbe et les fleurs. La maîtresse était vêtue d'une longue robe blanche brodée de couleurs éclatantes, fendue des deux côtés et tombant en plis fins et multipliés. Un corsage serré enveloppait sa poitrine et descendait au-dessus des hanches; son col nu était couvert d'un large et riche collier d'or qui descendait en forme de croissant sur la poitrine. Ses cheveux fauve sombre, abondants, tombaient en longues nattes sur ses épaules, et une couronne d'étoffe transparente, parsemée de fils d'or, entourait sa tête. A ses bras nus, des bracelets d'or étaient attachés. En voyant approcher Eudexion et les deux compagnons, elle leur adressa un sourire gracieux, puis se tournant vers l'architecte, elle lui dit d'un ton nonchalant : « N'as-tu point visité la maison du trésorier? — Elle est belle et grande, ornée de colonnes faites de pierre, couverte de sculptures délicates et de beaucoup d'ornements de diverses provenances; on y voit des vases médiques, des bronzes tyrrhéniens et des statues de l'Égypte, des tapis assyriens et des voiles transparents et légers posés au-dessus de l'aire des cours. — N'est-ce point scandaleux de montrer un luxe pareil quand on a la garde des deniers publics? — Ces objets sont des dons faits par des marchands pour obtenir quelques dégrèvements d'impôts.

« Tout cela est accumulé sans discernement, et je préfère à cette demeure remplie d'objets rares et précieux, celle-ci, où toute chose est à la place convenable. — Oui, parce que c'est toi qui l'as bâtie? — Non, mais parce qu'elle est ordonnée par une maîtresse pleine de goût et qui sait la valeur des choses. » La femme sourit à ce compliment, et s'adressant aux deux compagnons : « Que vous semble de l'Ionie, vous qui venez de si loin, et qui avez visité tant de contrées ? — Il nous paraît, se hâta de répondre Épergos, que c'est le plus beau pays de la terre, habité par le peuple le plus aimable et le plus poli. — Tu me flattes, mais peu importe, car la flatterie est douce quand elle s'adresse au pays que l'on aime. — Et qui fait envie à tant d'ennemis, répliqua le maître, car pendant que nous avons à lutter contre les Pélasges, ces étrangers nous annoncent l'invasion des barbares qui descendent des montagnes du nord-est. — Vraiment, reprit la femme ? — Oh ! dit Épergos, vivez sans inquiétude, les Ioniens n'auront à combattre ces barbares que quand vos enfants eux-mêmes auront quitté cette terre. »

La femme devint pensive. On entendait alors comme un murmure de voix au dehors, et un esclave vint dire quelques mots à l'oreille du maître, qui aussitôt se dirigea vers l'entrée de la maison. « Qu'est-ce donc ? » dit la belle Ionienne en s'adressant à ses femmes. « Quelques clients, » répondit la chanteuse. Visiblement inquiète, la maîtresse du logis se leva. Son époux, pâle, chancelant, rentrait au jardin. Aux regards interrogateurs de sa femme il ne répondit que ces mots : « Les prêtres de Poséidon.... la flotte ne rentre pas.... il faut des victimes pour apaiser le dieu. — Ah !... et quelles victimes ? — Dix enfants de haute naissance. — Et... on te demande les tiens ?... — Un ! — Pourquoi pas les trois ! » dit la femme semblable à une lionne, et qui par un mouvement instinctif enveloppait ses enfants de sa longue jupe.

Le maître accablé, les yeux fixés vers la terre, les bras tombants, semblait incapable de donner un avis, de répondre. « Et.... tu as dit à ces prêtres, poursuivit la femme, que ton enfant était là, que tu allais le leur livrer, n'est-ce pas, tu as dit cela ?... Mais réponds donc !... lequel des trois as-tu désigné.... dis ?... Ne faut-il pas que je le pare ?... Lequel, lequel? — Je n'ai su rien dire, rien répondre.... les prêtres attendent. — Eh bien!... choisis donc! » et par un mouvement brusque elle poussa ses enfants qui tombèrent sur les pieds de leur père, en poussant des cris d'effroi et de douleur. Mais aussitôt, se précipitant sur ces trois petits êtres, les enlevant entre ses bras nus et les serrant à les étouffer sur sa poitrine, elle ajouta : « Va dire aux prêtres de Poséidon qu'ils viennent prendre leurs victimes, ils en auront quatre pour une qu'ils demandent. »

Le maître semblait étranger à cette scène; son immobilité, l'expression vague de sa physionomie contrastaient avec les gestes brusques et les regards enflammés par la passion de la femme.... Épergos et Doxi, à quelque distance, se faisaient expliquer par l'esclave la cause du trouble survenu brusquement au milieu de cette famille tranquille quelques instants auparavant. « Si les dieux le veulent ainsi! » disait Doxi. Épergos levait les épaules et serrait les poings. Au dehors le murmure croissait. « Allons, dit le maître, comme s'il se fût réveillé d'un lourd sommeil, il faut en finir. » Et s'avançant les yeux fermés vers sa femme, il prit au hasard le bras d'un de ses enfants. Celle-ci laissa aller le pauvre petit, et, paraissant calmée tout à coup, elle suivit son époux. Arrivée à la porte du jardin, elle se plaça devant lui, et alors, en rugissant, elle ressaisit de nouveau l'enfant. « Non, dit-elle, pas Doricmès, prends un des deux autres!... — Les dieux en ont décidé. — Pas Doricmès, je ne veux pas! — Silence, femme; les dieux en ont décidé. — Eh bien! prends-le donc, et malheur à toi ! »

Et pendant que le père pénétrait dans le couloir qui conduit à la cour, la mère, échevelée, farouche, retournait vers ses deux autres enfants restés entre les mains des femmes, les enlevait brusquement et regagnait la maison.

Le lendemain, cette belle demeure n'était qu'un monceau de cendres. Folle de douleur, accusant les dieux, leurs prêtres et son époux, la malheureuse mère, après avoir étouffé de sa main les deux enfants qu'on lui laissait, les couchait dans leurs petits lits, accumulait autour leurs jouets, leurs vêtements, les objets dont ils se servaient et mettait le feu à ce bûcher tout composé de souvenirs....

Sur ces ruines fumantes le maître était reçu par une sorte de furie qui répétait : « De belles funérailles auront été faites à Doricmès! »

XVII

LES HELLÈNES.

Le flot des émigrations âryennes continuait toujours à se porter de l'est à l'ouest, et des tribus nombreuses appartenant à cette race s'étaient établies sur les plateaux de la Thessalie, de l'Épire et de la Thrace.

Energiques, rudes et braves, elles s'emparèrent des contrées occupées déjà par les Pélasges, se fondirent avec ceux-ci et occupèrent, sous le nom d'Hellènes, les pays situés entre la Thessalie et le Péloponèse, partie des îles de l'Archipel, et même quelques territoires de l'Asie Mineure.

Divisée en quatre grandes branches, les Hellènes comprirent les Achéens, les Éoliens, les Doriens et les Ioniens de l'Europe.

Les arts, le commerce, l'industrie, l'agriculture prirent bientôt un prodigieux développement chez ces populations actives, guerrières, établies sur les territoires favorables à l'accroissement des richesses de toute nature, précédemment occupés par les Pélasges. Parmi les villes qui s'élevèrent sur le sol hellénique, Athènes acquit une prépondérance marquée par l'importance de sa marine, par son commerce et la singulière aptitude de ses habitants pour tous les travaux de l'intelligence.

Détruite par les Perses, elle se releva rapidement de ses ruines plus belle et plus brillante qu'elle n'était auparavant. Autour de son acropole couverte de monuments sacrés, la ville s'étendait au loin avec ses places et ses temples, ses édifices publics et ses maisons entremêlées de verdure.

Nulle cité n'était plus active, et pour qui venait de l'Asie ou de l'Égypte, il semblait, en parcourant Athènes, qu'on entrait dans une fourmilière. Possédant, au moment de sa plus grande puissance, les trois ports de Munychie, de Phalère et du Pirée, elle couvrait un territoire dont le périmètre était de deux cents stades (185 kilomètres). Mais c'était autour de l'acropole que les maisons étaient serrées et la population toujours en activité. Là les chariots se croisaient pleins de marchandises venant des ports ou les y conduisant. Le peuple, vivant sur les places, dans les rues, était affairé, menant grand bruit. Puis des boutiques, des ateliers, entraient et sortaient sans cesse des étrangers qui venaient acheter et vendre; des esclaves portant des messages ou des objets. Les femmes circulaient dans les rues comme les hommes, se rendant aux marchés, aux jeux, aux confréries. Dès l'aube, de grosses troupes de paysans apportaient des légumes, des fruits, des volailles, et criaient leurs denrées par les rues. Les maisons élégantes occupaient la seconde zone; elles possédaient la plupart un jardin et parfois des dépendances importantes. On voyait autour d'elles des clients, des parasites qui attendaient l'heure du maître et qui, pour passer le temps, s'entretenaient des nouvelles du jour, répétant les propos vrais ou faux qui couraient la ville, faisaient causer les esclaves, raillaient entre eux les étrangers qui passaient ou les interpellaient pour se donner le plaisir de critiquer leur accent, leur démarche, leurs habits.

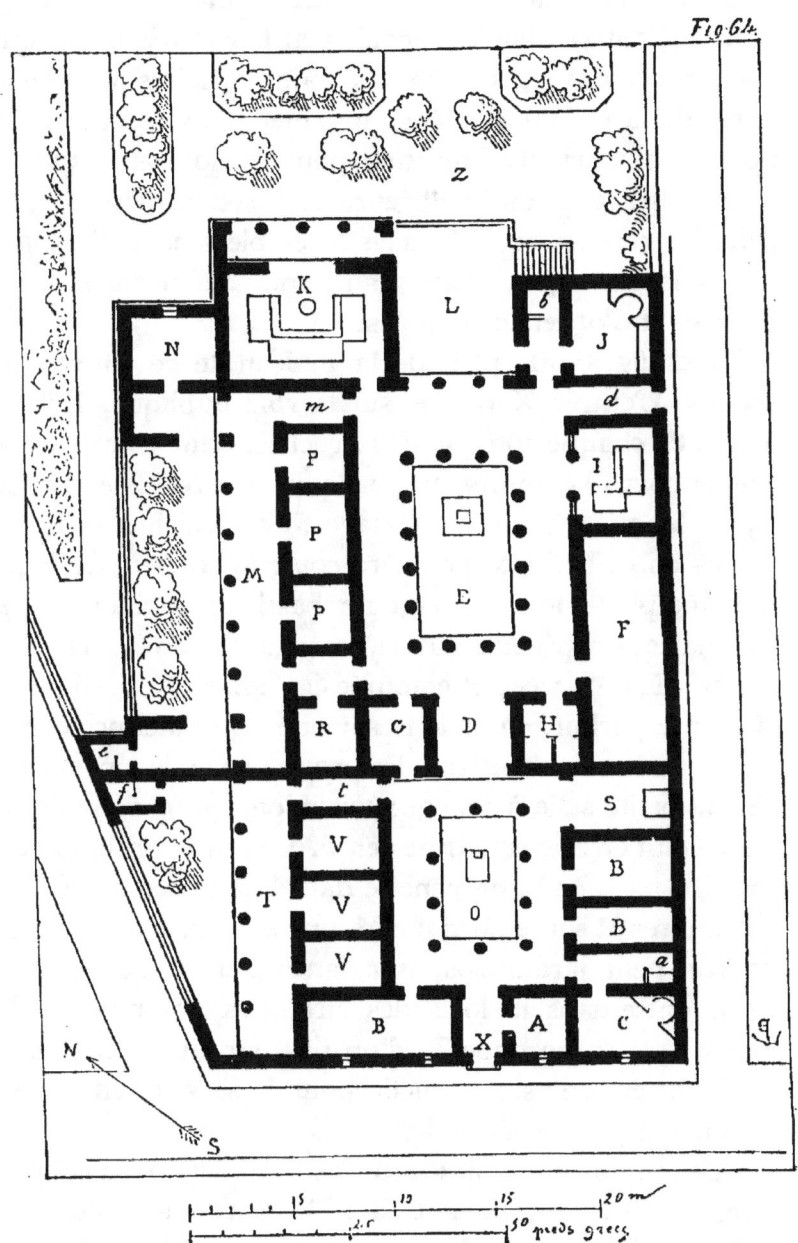

Fig. 64.

La maison de Chrémyle, nouvellement bâtie dans cette seconde zone, était l'objet des commentaires de tous les oisifs. Chrémyle, enrichi depuis peu par le négoce et quelques opérations plus ou moins honnêtes faites dans les colonies de la république, était un sujet d'envie et de critique pour la plupart, d'admiration pour quelques-uns qui rendaient justice à son intelligence et à son activité. Il jouissait d'un certain crédit dans les assemblées populaires, grâce à ses largesses, et avait grand soin de ménager les archontes et d'orner les temples.

Voici (fig. 64) le plan de la maison de ce citoyen d'Athènes. L'entrée X donne sur la voie publique. L'îlot est borné de chaque côté par deux ruelles. Cette entrée X donne sur la cour O entourée de portiques. En A est le portier et en B les salles pour les esclaves, avec cuisine en C et latrines en *a*. De cette première cour, au milieu de laquelle est une petite fontaine avec un bassin qui reçoit les eaux pluviales, on pénètre par le passage D dans la cour intérieure E, plus vaste et entourée également de portiques. En G est le parloir, en H le trésor et en S l'autel privé. En F, un grand cellier renferme les provisions et le vin, puis en I est la petite salle à manger (triclinion); la cuisine des maîtres étant en J avec latrines en *b*. Le grand triclinion est en K. Du passage *m* on pénètre dans le gynécée possédant les chambres P sur le portique M, une salle N pour les femmes et son petit jardin clos, avec latrines en *e*. Par le passage *t* on entre dans le logis des étrangers, composé de chambres V, d'un portique T, d'un petit jardin et latrines *f*. En *d* est une sortie sur la ruelle pour le service, en cas de besoin. Les jardins s'étendent en Z.

Cette maison est située sur les rampants de la colline qui, vers le sud-ouest, fait face à l'acropole; ainsi est-elle abritée des vents violents qui parfois soufflent de ce point de l'horizon.

De la grande salle à manger et de la terrasse L qui l'avoisine, on jouit d'une vue charmante; car, au-dessus des arbres du jardin, on aperçoit la ville dominée par l'acropole, et vers la gauche la colline de l'aréopage. De cette terrasse L on descend au jardin en pente par une douzaine de marches. L'orientation a été choisie de manière à ne pas souffrir de l'ardeur du soleil et à éviter les vents fâcheux. Du portique du gynécée, on aperçoit les collines qui s'étendent vers le nord, couvertes de maisons entourées d'oliviers, et au fond le mont Pentélique dont les flancs déchirés et nus ont les couleurs chatoyantes de l'opale.

Dans l'habitation de Chrémyle, les services ont été distribués suivant la volonté du maître, et l'architecte n'a fait que se conformer à ses instructions. Ainsi la partie antérieure de la maison est destinée à la vie extérieure. Dans cette cour O se réunissent les solliciteurs, les marchands qui viennent rendre compte de leurs missions ou recevoir des ordres. Le maître voulant entretenir l'un d'eux, le fait entrer dans le parloir; sa chambre à coucher étant en R, il se rend facilement soit à ce parloir, soit au gynécée réservé aux femmes et aux petits enfants.

S'il donne l'hospitalité à des amis, ceux-ci ont leur logis séparé, clos, n'étant en communication avec la première cour que par le passage *t*. Toute la partie de l'habitation au delà du large vestibule D est consacrée à la vie domestique, et les intimes seuls sont admis dans la seconde cour; si, par exemple, ils sont invités à quelque banquet, pour lesquels la grande salle K est réservée.

Habituellement le maître mange avec sa femme et une ou deux personnes de sa famille habitant la maison, dans la petite salle I, sur les lits de laquelle on peut tenir six personnes, tandis que quinze convives peuvent prendre place sur les lits de la grande salle K.

Chrémyle n'a rien épargné pour que sa maison fût une

des plus riches de la ville. Les colonnes, de marbre pentélique, supportent des architraves de bois, surmontées de frises et de corniches couverts de stuc enrichis de peintures délicates. Partout les murs sont couverts d'un enduit fin et poli, orné de peintures, et les plafonds sont faits en charpente, artistement travaillés et colorés.

Épergos qui, à plusieurs reprises, avait fait d'assez longs séjours dans l'Hellade, — car il aimait cette population plus qu'aucune de celles qu'il avait visitées, — n'avait pas peu contribué aux progrès des arts et de l'industrie chez les Athéniens, tandis que Doxi n'avait guère cessé de séjourner en Assyrie et en Égypte. Il avait été témoin de la chute de Ninive, puis de la guerre des Perses contre les Assyriens et de la fin de ce vaste empire, tombé entre les mains de Cyrus. Quand par hasard Doxi s'était retrouvé avec son compagnon dans l'Hellade, il n'avait pas manqué de critiquer vivement ce qu'il voyait faire chez ces peuples actifs, remuants, changeant sans cesse de gouvernement et disposés à s'affranchir des traditions. Il avait prédit la ruine des Hellènes qu'il considérait comme des enfants désordonnés, citant toujours l'Égypte et l'Asie comme les sources de toute sagesse, tandis que l'Égypte déclinait visiblement et que l'empire médique s'effondrait. Aussi pendant l'une des dernières visites que Doxi fit à Athènes, après sa destruction par l'armée de Xerxès, prétendait-il déterminer Épergos à quitter pour toujours ces rivages dévastés ; mais Épergos, plein de confiance dans le génie de ses amis les Athéniens, se remit à l'œuvre avec eux pour restaurer la ville incendiée, comme autrefois il avait aidé l'âryen à refaire sa cabane bouleversée par la tempête. D'ailleurs Épergos aimait la discussion et en nul autre pays n'avait-il eu l'occasion de tant disputer qu'à Athènes.

Quand les Hellènes commencèrent à s'établir sur une grande partie du territoire grec, après avoir soumis les Pélasges, ils n'apportaient avec eux que des notions d'art très-grossières, empruntées à l'Asie. De leur côté, les Pélasges n'avaient guère fait de progrès depuis le temps où ils élevaient ces massives constructions dont on a vu un échantillon[1]. Mais les rapports de toute nature qui s'établirent bientôt entre les Hellènes, les Ioniens et les Lyciens des côtes de l'Asie donnèrent aux premiers les notions d'art qui leur manquaient. Ils se mirent donc à faire des habitations à l'instar de celles de leurs voisins d'Asie, tout en conservant quelque chose des usages pélasgiques. Cependant le bois de construction était peu abondant sur le territoire grec, tandis que les matériaux calcaires se trouvaient à profusion et d'une rare beauté. Ils se mirent donc à remplacer les colonnes et chapiteaux de bois par des colonnes et chapiteaux de pierre ou de marbre, et furent entraînés ainsi à donner à ces chapiteaux un beaucoup moins grand développement que ne leur en donnaient les Ioniens, car ils se seraient brisés sous la charge. Cependant ils en conservèrent la forme générale, celle d'un chapiteau de bois terminé par des volutes, et laissèrent à ces chapiteaux le nom de Ionique. Pendant longtemps, ils se contentèrent de cette modification imposée par le changement de matière.

On ne saurait dire si ce fut Épergos qui le premier fit remarquer aux Doriens — qui, comme il a été dit, formaient une branche des Hellènes, — le défaut de relation entre la forme de ce chapiteau ionique et la matière dorénavant employée : le calcaire. Toujours est-il que ces Doriens, tenant compte de ces critiques, abandonnèrent la forme traditionnelle des chapeaux de bois pour en adopter une nouvelle, dérivée de l'emploi de la pierre. Il dut y avoir à ce sujet de longues discussions qui ne sont pas parvenues jusqu'à nous, entre les architectes de l'Hellade ; mais la raison l'emporta,

1. Voy. les figures 56, 57 et 58.

le chapiteau ionique, dérivé du chapeau de bois, fut abandonné et celui qui fut adopté prit le nom de Dorique.

Ce chapiteau robuste et débordant de beaucoup le fût de la colonne d'abord, fut successivement taillé sur un profil plus fin, et, à l'époque où Chrémyle fit bâtir sa maison, le chapiteau dorique affectait déjà le galbe le plus délicat.

Chrémyle estimait Épergos et l'avait souvent consulté pendant qu'on élevait sa demeure. Aussi lorsqu'elle fut achevée et habitée, voulut-il y réunir quelques amis dans un banquet, car les Athéniens prisent fort les plaisirs du triclinion partagés entre personnes instruites et qui savent discourir.

Chrémyle savait animer ses convives ; les choisissant avec soin, lorsqu'il les avait mis sur un sujet propre à exciter leur verve, en homme d'esprit, il se taisait et les laissait discuter à leur gré. Si la conversation mollissait ou si elle tournait aux propos aigres, en quelques mots flatteurs il savait la ranimer ou donner aux discussions acerbes un tour plaisant. On considérait comme une bonne fortune d'être compté parmi les convives de Chrémyle, car on était certain de n'y trouver que la fine fleur d'Athènes. Et cela n'était pas un des moindres griefs que les envieux exploitaient contre le riche parvenu.

Pour cette inauguration, la maison avait été soigneusement parée, les jardins remplis de fleurs. Les convives arrivèrent dans l'après-midi vêtus élégamment et se réunirent sous le premier portique. Ils étaient dix, car Chrémyle admettait que ce nombre ne devait pas être dépassé, si l'on prétendait laisser une agréable impression aux convives. Tous se connaissaient, et parmi eux étaient deux philosophes fort renommés à Athènes, un auteur dramatique, deux archontes, un peintre célèbre, l'architecte, Épergos et Doxi. Alors il n'était pas d'usage que les femmes prissent part aux banquets. Chrémyle, sans faire attendre ses convives, lors-

GRÈCE

COUR DE LA MAISON ATHÉNIENNE (P. 193).

qu'il sut qu'ils étaient réunis, vint les prendre sous le premier portique et les introduisit dans la seconde cour séparée de la première par des courtines tissées de vives couleurs. Cette seconde cour, de même entourée de portiques soutenus par des colonnes doriques de marbre blanc, plus spacieuse que la première, laissait voir, à travers la colonnade du fond, les jardins et la ville au-dessus[1]. Vers l'extrémité de l'aire, laissée à ciel ouvert, était une fontaine de marbre avec son bassin qui entretenait la fraîcheur (fig. 65). Les colonnes finement cannelées, à partir du premier tiers, étaient coloriées en rouge sur la partie inférieure laissée unie, tandis que le marbre de la partie supérieure était légèrement teinté d'un jaune très-doux rehaussé d'ornements noirs et blancs sous l'échine du chapiteau. L'architrave, composée de pièces de cèdre jumelées, était couverte d'un enduit léger comme une coquille d'œuf et coloré aussi de jaune. Quant à la frise, elle se composait de triglyphes au droit de chaque colonne, — triglyphes qui n'étaient que les bouts des poutres soutenant les solives du plafond des portiques, — et entre eux, de remplissages faits de madriers épais de cèdre, couverts d'un enduit délicatement peint. Puis saillait la corniche également de bois et soutenant le chéneau de terre cuite colorée, percé de quantité d'orifices pour laisser passer les eaux pluviales et surmonté de têtes d'animaux. Les triglyphes peints d'un bleu clair faisaient valoir les tons des ornements voisins, rouges, noirs et blancs, sur fond jaune.

L'éclat du soleil et l'azur du ciel harmonisaient merveilleusement cette coloration claire et transparente se détachant sur les fonds rouges et d'un jaune sombre des parois du portique.

Les invités ne manquèrent pas de féliciter Chrémyle et l'architecte; car ils savaient que le maître du logis en faisait

1. Voy. le plan, figure 64.

grand cas. « Oui, disait Chrémyle, adressez vos compliments à ce bon Eicos, car je l'ai bien fait enrager par moments.... mais il me coûte si cher ! c'est mon excuse.... »

Après qu'on eût admiré les peintures du petit triclinion représentant des jeunes filles apportant des offrandes au dieu Pan, et la délicatesse des lits de bronze incrustés d'argent, on se rendit au jardin que Chrémyle avait improvisé. Dans la roche nue, il avait fait creuser des fosses remplies de terre végétale. Là fleurissaient l'oranger et le citronnier, des rosiers et lauriers, quantité de plantes aromatiques. Puis, avec beaucoup de dépense, le maître avait fait transplanter des oliviers déjà grands, des figuiers et des platanes.

De petits canaux, proprement travaillés dans du marbre, distribuaient l'eau de toutes parts, et des esclaves ne cessaient d'entretenir et de nettoyer les allées et les massifs.

Quand le repas fut préparé, on se rendit au grand triclinion, où chacun prit place (fig. 66). Aussitôt les mets et les vins furent apportés par de jeunes esclaves, les mieux dressés qu'il y eût à Athènes, pendant que deux joueurs de flûte, postés dans le jardin, s'éloignant ou se rapprochant de la salle du festin, répandaient dans l'air des mélodies tantôt douces et lentes, tantôt sur un rhytme vif et accentué.

Bientôt, grâce aux flacons d'un lesbique excellent, l'entretien s'anima. « Je tiens, dit Épergos, Athènes pour la reine des cités. Que sont les splendeurs des Perses et leur cérémonial gênant, auprès de cette liberté dont on jouit ici ?

— Licence ! dit Doxi. — Que sont, continua Épergos pour exciter son compagnon, ces repas de l'Égypte, au milieu desquels on promène un cercueil pour engager les convives, prétendent les habitants de Memphis, à se presser de jouir des biens de la terre et pendant lesquels on ne parle que de sacs de blé et de troupeaux d'oies, auprès de ces réunions où l'on ne saurait dire lequel est préférable, de la bonne chère ou des propos des convives. Garçon ! donne-moi

TRICLINION DE LA MAISON ATHÉNIENNE (P. 194).

encore de ce perdreau cuit dans la lie de vieux vin, cela est digne des dieux! — Par Bacchus, dit Doxi, attention à ta tête, Épergos. — Laisse, laisse, Doxi, mes idées sont aussi limpides que cet air qui nous permet de voir d'ici les sentinelles sur les remparts de l'acropole. — Eh! reprit un des philosophes, peut-on jamais affirmer que l'on voit un objet? — Il me semble du moins. — Oui, il te semble, Épergos, mon ami, mais tu conviendras que tout ce que l'on voit n'est qu'une apparence, rien ne prouve que cela existe réellement. As-tu seulement la certitude de ta propre existence? — Par tous les dieux! voilà une coupe pleine, je bois ce qu'elle contient, cela me fait grand bien et grand plaisir, et la coupe est vide, donc.....

— Donc, c'est ton esprit qui éprouve ce plaisir et qui suppose ce bien, rien de plus.... — Bon, dit l'autre philosophe, voilà Distasis parti.... Donnez-lui à boire ou nous allons tomber dans le néant, et, tout à l'heure, il n'y aura plus ici ni maison, ni lits, ni jardin, ni rien que lui tout seul, et encore!... Eh, ami! laisse-moi vivre d'apparences, si tout est apparence, le mot ne fait rien à la chose. — Cela fait beaucoup, au contraire, car si tout est une apparence qui réside seulement dans notre âme, un produit de notre esprit, il n'y a que l'esprit. — Oui, cela est bon à dire quand on a bien dîné ; mais, d'ici à vingt-quatre heures, si tu ne trouvais pas une apparence de tasse de vin et de tranche de jambon pour refaire ton apparence de corps, je voudrais bien savoir ce que deviendrait ton esprit? N'est-il pas plus vrai de dire que l'âme n'est que l'harmonie établie par nos organes fonctionnant régulièrement. Si tu as la fièvre, ton esprit juge-t-il de la même façon les choses que si tu es en santé? Et une apparence de pierre qui tombe sur ton apparence de crâne n'envoie-t-elle pas promener ton esprit? — Promener où? — Qui sait! dans l'apparence du corps d'une grenouille, peut-être!... Tiens! ne te fâches pas, bois avec moi à Chrémyle. — Bon! dit Épergos, si nous laissons nos deux philosophes s'engager sur ce terrain, où irons-nous? L'un veut nous persuader qu'il n'est qu'une âme dans le monde, et l'autre que les âmes passent leur temps à changer de peau. Gardons, s'il vous plaît, notre bon sens, et tenons-nous-en à ce que nous voyons clairement.... Voilà un beau plafond, que cela est doux à l'œil et qu'il est bon d'être ainsi au frais tandis que cette ouverture nous laisse voir l'horizon tout brûlant de lumière et nous envoie les parfums du jardin ; puisses-tu, Chrémyle, jouir longtemps de ces biens et en faire jouir tes amis! » Mais, s'adressant à l'architecte : « Dis-nous donc, Eicos, puisque tu étais en veine de bien faire, pourquoi n'as-tu pas construit en marbre les entablements des portiques sous lesquels nous nous promenions tout à l'heure ? — Eh! reprit Eicos, Chrémyle trouvait déjà qu'en faisant élever des colonnes de marbre, je dépensais trop d'argent et que je le ruinais. — Cependant, pour vos temples, continua Épergos, chez tous les Doriens, vous faites porter des entablements de pierre sur les colonnes de même matière, et ces entablements ne diffèrent pas sensiblement, comme aspect, de ceux que tu as fait faire ici avec du bois. En bonne logique, est-il convenable de donner des formes semblables à des parties d'architecture faites de matières différentes? J'ai vu chez les Mèdes et dans l'Ionie que les matériaux employés imposaient la forme adoptée par l'architecture. Ce n'est pas une critique que je fais ici de tes portiques, qui sont charmants, mais je serais aise de t'entendre sur un pareil sujet. — Tu en sais plus long que moi sur ce chapitre, Épergos, mais tu veux me faire discourir, et la matière étant ardue, je risquerais fort de vous ennuyer. — Non point, dirent les convives, il y a toujours quelque chose de bon à tirer d'une discussion entre gens experts; parle donc. — Fais-moi apporter une tablette, Chrémyle,

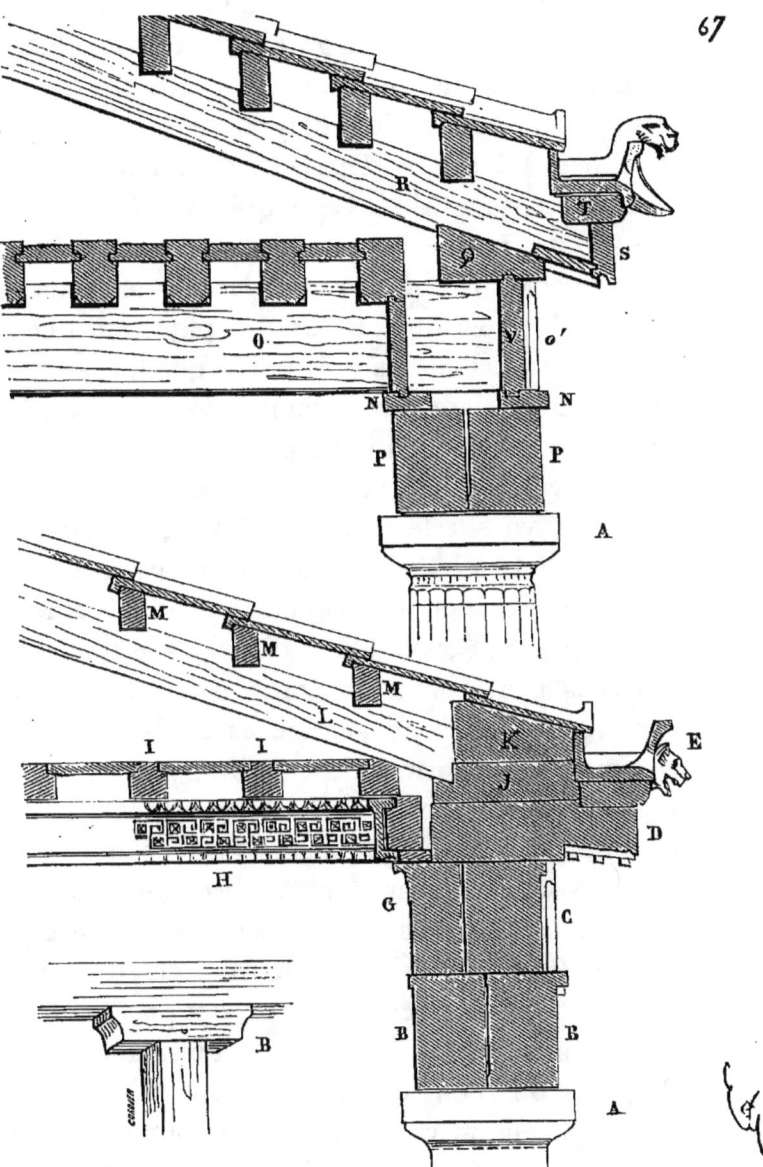

car je ne saurais m'expliquer sans l'aide d'un dessin. »

Un des esclaves ayant apporté un de ces tableaux peints en blanc sur lesquels les négociants établissent leurs comptes et un morceau de pierre noire, Eicos traça dessus, en quelques instants, les deux diagrammes (fig. 67); puis, ayant fait tenir ce tableau par l'esclave, de manière que chacun pût le voir, il parla ainsi : « Ceux qui ont médité sur l'architecture adoptée par les Doriens savent peut-être à quelles origines diverses ils ont été puiser les éléments de leur architecture. Épergos, qui a tant vu de pays, sait mieux que moi ce qu'il en est. Les uns prétendent que les premiers édifices des Doriens étaient primitivement construits en bois et que les formes de l'ordre adopté par eux ne sont qu'un dérivé de ces premières bâtisses. Pour moi, je n'en crois rien, car ce que j'ai vu sur les côtes de l'Asie, où l'on construisait presque tout en bois il y a peu de temps encore, ne ressemble pas à ce que nous faisions ici jadis. J'admets, au contraire, que la nécessité où les Doriens se sont trouvés d'employer la pierre dans les contrées où ils se sont établis, contrées qui ne sont pas riches en bois de charpente, a commandé les formes de certaines parties importantes de l'ordre composé par eux. Ainsi, par exemple, il est évident que l'on ne saurait donner à un chapiteau de bois la forme A du chapiteau dorique. Si on veut poser un chapeau de bois sur un poteau pour porter une poutre et la soulager, on le coupe ainsi que je le trace en B; et, en effet, ceux qui ont visité la Lycie, la Carie, ont pu voir des chapiteaux de bois ayant cette forme, et, par imitation, des chapiteaux de pierre qui l'ont conservée. Pour décorer les extrémités du chapiteau, on y a sculpté des volutes; et c'est là qu'il faut voir l'origine du chapiteau ionique. Mais il est bien évident que le chapiteau dorique, avec son échine courbe et son abaque carré, n'a nul rapport avec la forme qu'on peut tirer d'un morceau de bois.

« Qu'originairement on ait fait souvent des architraves de bois comme nous en faisons encore dans nos constructions privées, il n'y a rien là que de très-naturel. Mais, toutefois, vous remarquerez que les entre-colonnements de l'ordre dorique, dans nos monuments les plus anciens, sont très-étroits et que, s'ils ont si peu de largeur, ça été pour ne pas donner une trop grande portée à des linteaux ou architraves de pierre. Si ces architraves eussent été faites de bois, on n'aurait pas eu besoin de tant rapprocher les colonnes et de donner une si forte saillie aux échines des chapiteaux ; et nous voyons précisément que plus on remonte aux temps éloignés et plus ces chapiteaux doriques prennent de saillie sur le fût de la colonne, afin de soulager d'autant les architraves, qu'alors on ne taillait guère que dans des pierres assez tendres, tandis que dès qu'on a employé des pierres plus dures, comme le marbre, par exemple, on a élargi les entre-colonnements et diminué la saillie de l'échine du chapiteau. Bien plus, si nous n'employons ni la pierre ni le marbre pour faire les architraves, mais le bois, nous faisons les entre-colonnements plus larges, ainsi que vous l'avez vu ici dans les cours.

« Ceci dit, passons à la frise. Quelques-uns ont de même prétendu que les triglyphes qui décorent habituellement la frise de l'ordre dorique représentent les bouts des solives de bois qui, originairement, posaient sur l'architrave. Rien n'est moins démontré. D'abord, dans nos plus anciens monuments doriques, il y a des triglyphes dans la frise sous les frontons, comme il y en a sur les frises latérales. Or, si les solives portaient sur les architraves latérales, elles ne pouvaient en même temps porter sur les architraves de face ; donc leurs extrémités ne s'y seraient pas montrées. On dira que c'est là une imitation, une tradition ; je n'en crois rien. Je reviens toujours à nos plus anciens édifices ; eh bien! dans ceux-ci, nous voyons souvent que les triglyphes sont des dés de pierre qui portent la corniche, à l'aplomb de chaque colonne, au milieu de l'entre-colonnement et sur les angles, tandis que les métopes, c'est-à-dire les espaces laissés entre ces triglyphes, restent vides.

« La corniche, elle, est évidemment la conséquence de la saillie de la charpente, par conséquent, sa forme a pu être en partie donnée par l'emploi principal du bois. Mais il faut dire que cette forme originelle a été singulièrement appropriée à l'emploi de la pierre, et cela depuis bien longtemps.

« Mais — et c'est en ceci que les Athéniens montrent la souplesse de leur génie, — sans mentir aux formes que la matière doit commander, on peut composer un entablement dorique, à quelques détails près, aussi bien avec de la charpente qu'avec de la pierre et ces deux tracés vous en donnent la preuve.

« Prenons d'abord la structure de pierre : sur le chapiteau A, des architraves B sont posées, en deux parties, car, si l'une des pierres est défectueuse, il y a chance pour que l'autre ne le soit pas. Ces architraves portent d'une colonne à l'autre, les joints étant à l'aplomb des axes de ces colonnes. Mais alors, ainsi que je le disais, les entre-colonnements doivent être assez étroits pour que ces architraves de pierre n'aient pas une portée trop longue. C'est pourquoi, si nous employons cette matière, nous ne donnons pas plus de deux diamètres (pris au milieu de la colonne) entre chacune d'elles, tandis que si nous adoptons l'entablement de bois, ces entre-colonnements peuvent être beaucoup plus larges. Donc, les architraves étant en place, nous posons, au droit de chaque colonne et au milieu de chaque entrecolonnement, un dé de pierre auquel on a donné le nom de triglyphe, parce qu'il est d'usage de sculpter trois rainures verticales sur la face extérieure de ces dés afin d'accuser leur fonction de support. Car vous observerez que lorsqu'on veut donner à un style ou support vertical une apparence rigide, comme pour les colonnes, par exemple, on répète la ligne verticale au moyen de cannelures, de traits, de rainures, c'est là une question d'art. Sur ces triglyphes, qui forment ainsi sur l'architrave autant de pilettes, on place la corniche D, dont la saillie et le profil éloignent les gouttières E des parements.

« Cela étant fait, on peut remplir ou laisser vides les espaces entre les triglyphes, puis poser en arrière une assise G dont la saillie reçoit le plafond de bois H, composé de poutrelles que l'on revêt de peintures ou de terre cuite, poutrelles qui portent les solives I, entre lesquelles on place des panneaux de terre cuite émaillée ou de bois. La corniche reçoit les assises de pierre J K, sur lesquelles s'appuient les chevrons L de la charpente. Sur ces chevrons sont embrevés les pannettes M, qui servent à supporter les tuiles et à les empêcher de glisser. Vous voyez que cette structure est très-simple, que chaque partie remplit une fonction et que, si rien ne manque, il n'est aucun membre que l'on puisse retrancher comme inutile. Il paraît donc que tout, ici, a été combiné en raison de la matière mise en œuvre : la pierre.

« Voulons-nous construire en bois, par économie ou bien parce qu'il est nécessairs d'obtenir de larges entre-colonnements et une structure légère? Sur le chapiteau A, de pierre ou de marbre, nous posons les deux poitraux P de bois, qui forment l'architrave, puis les deux filets-listels N. A l'aplomb de chaque colonne, nous posons la poutre O, dont l'extrémité O′ forme triglyphe ou support de la corniche. Sur ces triglyphes nous plaçons le filet Q, qui reçoit les chevrons R, lesquels débordent, saillent, reçoivent à leur extrémité une planche S qui fait la face du larmier, un filet supérieur T propre à recevoir les gouttières de terre cuite, puis, le dessous du larmier. Entre les triglyphes,—qui, dans ce cas, ne se montrent qu'au droit des colonnes et non entre elles, — on peut embrever les madriers V composant la frise. C'est ainsi qu'a été fait l'entablement du portique de la grande cour de la maison où nous sommes [1]. Tous les bois, bien aérés et laissant toujours des vides entre eux, ne peuvent s'échauffer ni pourrir, par conséquent. Ici, comme dans la structure de pierre, il n'est pas une pièce inutile. Les poitraux de bois sont soulagés dans leur portée et n'ont d'autre effet que d'étrésillonner les colonnes. Ces bois étant soigneusement peints, garantis de la pluie et aérés, peuvent se conserver pendant des siècles.

« Vous voyez donc que la forme donnée à l'entablement de l'ordre dorique se prête, avec quelques variantes peu importantes, à la structure de pierre, aussi bien qu'à celle de bois et sans qu'il soit besoin, si on emploie l'une ou l'autre, de fausser soit la forme, soit la structure.

« Je ne vous dissimulerai pas que certains architectes emploient un procédé mixte, notamment dans la grande Grèce où j'ai pu le constater, c'est-à-dire que sur les architraves de bois, ils ne craignent pas de poser des frises et corniches de pierre, mais cela est défectueux et est considéré comme une mauvaise construction. Le bois, qui est élastique, léger et compressible dans le sens du fil, ne saurait être propre à porter la pierre qui est compacte, sans élasticité et lourde.

« Je le répète, on ne saurait guère admettre que la structure de bois ait inspiré la structure de pierre dans la composition de l'ordre dorique; et je croirais plutôt que le contraire s'est produit; d'autant que plus on remonte dans les temps anciens et plus les entablements de l'ordre dorique s'éloignent de la structure de bois pour se conformer à celle imposée par l'emploi de la pierre. Toutefois on doit

---

[1]. Voy. figure 65.

reconnaître que nos architectes ont habilement su faire concorder la forme avec la structure dans l'un ou l'autre cas.— Par Athénée ! dit Chrémyle, Eicos nous montre qu'il connaît son art ! qu'on lui verse à boire, il doit avoir soif ; je ne regrette pas de lui avoir fait faire des entablements de bois sur les colonnes de mes portiques puisqu'il explique si bien qu'ils y sont à leur place. Mais, voyez le traître, il ne me disait pas tout cela lorsqu'il s'agissait de les établir, il me soutenait que c'était une honte de placer ces charpentes peintes sur des colonnes de marbre ! — Il est évident que cela eût été mieux de continuer avec les matériaux de marbre, reprit Eicos. — Oui…. certes, mais m'assurais-tu contre les délateurs qui commençaient à croasser comme des grenouilles après la pluie, quand ils voyaient charrier ici ces colonnes de marbres ; qu'eussent-ils dit si, après les colonnes, les attelages de bœufs avaient amené ces entablements ! — Permets encore, dit Épergos, que je t'adresse une question : J'ai vu chez les Mèdes, et autrefois en Assyrie, et encore chez les Tyrrhéniens et même chez les Étrusques, des voûtes faites de brique crue ou cuite, et aussi de pierre ; j'ai souvent ici recommandé ce genre de construction qui a l'avantage de mettre les bâtiments à l'abri de l'incendie et qui préserve si bien les intérieurs du chaud et du froid ; les Hellènes comme les Doriens de la Sicile et de la grande Grèce ont vu maintes fois des voûtes chez les peuples leurs voisins ; pourquoi ne les veulent-ils adopter ? — A cela, répondit Eicos, il y a deux raisons principales ; la première, c'est que les Grecs n'aiment point à prendre les usages des barbares ou, s'ils les adoptent, c'est en leur faisant subir des transformations profondes. La seconde, c'est que les artisans grecs tiennent à se faire honneur de leur travail, et que les voûtes exigent un labeur grossier qui ne leur plaît pas. Qu'elles soient construites en brique ou en pierre, il faut appeler, pour les élever, un grand concours de manœuvres, une masse d'ouvriers, faire des murs épais, bander les berceaux et remplir les reins. Or tu observeras que nous n'employons pas la chaux, le mortier pour maçonner, ainsi que cela est pratiqué en Médie et en Égypte ; mais seulement pour faire des enduits. On ne saurait élever des voûtes sans mortier.

« On pourrait certes assujétir des esclaves à ces travaux, qui demandent plus de sueurs que d'intelligence, mais nous répugnons à cela.

« Nos ouvriers sont organisés en corporations jalouses qui n'aiment pas voir les barbares travailler aux œuvres qu'eux-mêmes façonnent avec orgueil. Aussi n'emploie-t-on les esclaves qu'aux charrois, aux travaux de force, au montage des matériaux sur le tâs. Nos charpentiers et tailleurs de pierre, nos sculpteurs et peintres, sont des hommes libres, pourvus de plus, d'un amour-propre excessif ; ils veulent que leur travail soit apprécié, et j'ai vu maintes fois de simples ouvriers amener des amis le long d'un édifice nouvellement achevé, pour leur montrer les pierres qu'ils avaient taillées ou les bois qu'ils avaient assemblés.

« Les chapiteaux du portique de cette demeure ont été tournés et taillés par quatre ouvriers habiles ; si par hasard l'un d'eux est appelé dans la maison, soyez assurés qu'il jettera un regard d'amour sur les morceaux travaillés par lui. Il sait bien s'ils sont placés au côté droit ou au côté gauche.

« C'est grâce à cet amour-propre, parfois insupportable, que nous pouvons obtenir des ouvrages dont l'exécution est irréprochable. Il suffit de dire à un de nos ouvriers que le travail de son camarade est plus soigné que le sien, pour qu'il se surpasse. Mais aussi pouvons-nous difficilement obtenir des ouvrages passables s'ils sont destinés à être cachés ; c'est à qui ne s'en chargera pas. Dans ce cas, il faut avoir recours aux esclaves. C'est pourquoi aussi vous ne voyez pas chez nous de ces énormes édifices tels que ceux d'Égypte. On ne trouverait personne pour tailler les pierres des couronnements, dont le travail, à cause de la hauteur où elles sont placées, ne peut être apprécié que par les oiseaux. — Il y a là, dit Épergos, après un moment de silence, matière à réflexion.... Je comprends votre affaire.... et cela m'explique des résistances dont je ne saisissais pas le motif.... Vous aimez si bien les arts que vous tenez à posséder leurs diverses expressions sous la main. Si vos édifices sont petits, comparativement à ceux de beaucoup d'autres peuples, c'est que vous voulez jouir de toutes leurs parties d'un coup d'œil, embrasser leur ensemble facilement. On ne trouve pas dans l'Hellade de ces palais tels que ceux de Babylone, qu'on ne saurait visiter en un jour tant ils sont vastes. — Tu dis vrai. Non-seulement nous n'avons point de goût pour les édifices trop vastes et qui, se composant de beaucoup de parties juxtaposées, ne possèdent pas les qualités d'unité que nous exigeons de toute œuvre d'art; mais tu observeras que les Grecs, contrairement à d'autres peuples, évitent dans leurs constructions, la multiplicité des motifs architectoniques. Temple, édifice public ou maison, la sobriété est la loi suprême, et c'est plutôt par la judicieuse disposition de la structure, l'étude des proportions, que ces édifices cherchent à plaire, que par la profusion des ornements et l'accumulation de ces détails surprenants auxquels les barbares sont sensibles. Il ne faut pas oublier que nous sommes un peuple libre, jaloux et ombrageux à l'excès, enclin à la critique, économe de ses deniers. Il faut donc que tout citoyen, assez heureux pour posséder de grands biens, n'en fasse point étalage en public et ne froisse pas les sentiments démocratiques de la nation par un luxe apparent. Athènes possède beaucoup de citoyens, comme notre hôte, qui pourraient afficher leur richesse; à quoi cela servirait-il, je vous prie? sinon à exciter l'envie et les soupçons malveillants. Si un étranger parcourt les rues d'Athènes, il pourrait croire que tous ses habitants vivent dans des demeures à peu près semblables. Et, pour ne citer qu'un exemple, la maison de Cliton, qui est voisine de celle-ci, présente sur la voie publique une entrée à peu près pareille à celle de Chrémyle. Cependant Cliton n'est qu'un pauvre hère, vivant de pois chiches. Les demeures des Athéniens ne se distinguent entre elles que par le plus ou moins de richesse ou de pauvreté des intérieurs, dans lesquels ne sont admis que les intimes. Puis nous ne possédons ni les trésors ni les bras dont disposent les rois d'Égypte et la Perse; nous n'avons pas des armées d'esclaves ou une plèbe asservie à nos ordres; il nous serait impossible d'égaler ou de dépasser en étendue et en richesse les monuments de ces contrées. Les Grecs ont donc cherché dans la beauté et le choix de la forme, cette supériorité qu'on leur accorde dans les œuvres d'art. — Et que dis-tu de l'emploi des nombres, si cher aux Égyptiens ? — En cela, les Égyptiens ont été nos maîtres, et les traditions s'accordent à dire que nous leur avons pris les méthodes en usage chez nous, depuis longtemps déjà. — Ainsi vous vous servez de ces méthodes dans la composition de vos édifices ? — Certes, cela est imposé dans nos écoles. L'ordre dorique, par exemple, qui joue un rôle si important dans la plupart de nos constructions, est soumis à des règles établies sur certains rapports de nombre. Mais, outre que je vous fatiguerais si j'entrais dans des détails à ce sujet, ce sont là des mystères que nos corporations ne nous permettent pas de révéler à ceux qui ne sont point initiés. — Tu es bon, avec tes mystères, Eicos, dit un des philosophes; chacun les connaît ou peut les connaître en mesurant un édifice; puisque alors il est facile de découvrir ces rapports de nombres. — Ce n'est pas si aisé que tu le crois, reprit Eicos; car il faut savoir sur quels points ces rapports sont établis. Ainsi, par exemple, tu n'ignores pas qu'un fût de colonne est plus large à sa base

que sous l'échine du chapiteau? Eh bien! si la hauteur de la colonne doit avoir un certain nombre de fois son diamètre, est-ce au pied, au milieu, à l'extrémité supérieure ou au tiers ou au quart du fût que tu prendras ce diamètre, ce module, dis? Tu ne réponds pas.... Si j'ajoute encore que, dans certains cas, ce module sera pris au pied, et, dans d'autres, au milieu ou au tiers du fût; comment pourrais-tu découvrir la méthode adoptée par l'architecte d'un tel édifice, ou à quels longs tâtonnements faudra-t-il te livrer pour résoudre la question? Tu as grand'peine à connaître un enfant qui, dans sa simplicité, ne te cache pas sa pensée, qui est devant toi comme un rouleau ouvert, qui obéit à tous ses instincts, que tu ne quittes pas. Tu le crois doux et affectueux et un jour tu t'aperçois qu'il est cruel et que sa feinte douceur est de l'hypocrisie. Tu le crois emporté, et, en telle circonstance il te surprend par sa patience.... Et tu voudrais savoir, une mesure à la main, comment a été constitué un édifice qui, lui, ne dit rien, ne subit et ne manifeste aucune impression; mais qui, dans toute sa composition, renferme les calculs, les pensées, les sentiments d'un homme que, peut-être, tu n'as jamais vu!
— A merveille, Eicos! dit Chrémyle, écrase ce philosophe qui prétend découvrir les mystères de ton art! Une couronne à Eicos vainqueur! — Eh! attendez donc, je n'ai point encore répondu à notre architecte qui, comme ses confrères, prétend faire de son art le sanctuaire des mystères les plus redoutables, le centre des émanations intellectuelles les plus élevées. Que dis-tu, Eicos, de cette pomme de Thessalie? — Elle est belle assurément, et sa pellicule purpurine a l'éclat brillant dont se couvrent les joues de nos jeunes campagnardes lorsqu'elles pressent le pas pour arriver à l'heure du marché. — Tu conviendras que ce fruit est merveilleusement composé pour satisfaire le goût, l'odorat, la vue et le toucher; qu'il est proportionné dans son

ensemble et ses parties ? Qui a produit cette pulpe savoureuse si finement vêtue ? — Un pommier probablement. — Bien ; or crois-tu que le pommier ait savamment calculé la relation des diamètres de cette pomme, la tension de sa peau douce et luisante, le nombre et la disposition de ses pépins ?

— Voudrais-tu en venir à me comparer à un pommier ? — Pourquoi non : Vous, architectes, vous élevez des édifices qui nous charment parce que vous avez été plantés, cultivés et greffés à cette fin, comme un prunier produit des prunes, un médecin fait de la médecine et un armurier des armes. Vous n'êtes les uns comme les autres que des intermédiaires de l'intelligence supérieure, et si tes productions sont meilleures que celles de ton confrère, c'est que tu as été mieux planté, cultivé et greffé. Mais si le pommier s'avisait de tirer vanité des pommes qu'il produit, on lui rirait aux branches. — Voilà qui va bien, dit Épergos en riant ; ainsi, Eicos, comme nous tous qui pensons, agissons et produisons, nous ne sommes que des organismes inconscients. — Que sais-tu, continua le philosophe, si les végétaux sont inconscients. Tu vois ou crois voir, comme disait Distasis, qu'ils ne se meuvent, tu n'entends pas leur voix ; qu'est-ce que cela prouve ? Tout au plus l'imperfection de ton entendement. L'âme du monde réside en tout, elle est égale en valeur partout, et ne fait que se manifester de différentes façons ; ce qui vit n'est qu'une enveloppe fragile dont il lui plaît de se vêtir pour arriver à une fin. — Et quelle est cette fin ? objecta Distasis. — Eh mais ! la vie, la perpétuité de la vie ; c'est quelque chose, il me semble ! La dose de l'âme du monde répartie à chaque être, nous morts, rentre dans le magasin commun pour être de nouveau employée, suivant le besoin et suivant sa qualité, car nous avons pu faire que cette dose soit pire ou meilleure qu'elle n'était quand elle nous a été confiée.... Quand je dis nous, j'entends parler du pommier aussi bien que de l'homme, du chien ou du rat.

« Eicos est un architecte excellent; il admet qu'il a acquis, de sa naissance à ce jour, le talent qui nous charme. Mais qui nous assure que la dose de l'âme du monde dont est pourvu Eicos, notre convive, n'a pas commencé par occuper le corps d'une abeille, laquelle, à force de travail, s'est distinguée parmi son espèce, et a su faire des cellules plus régulières que n'étaient celles de ses compagnes? L'abeille sait-elle ce qu'est un hexagone? Et pourquoi fait-elle toujours des cellules hexagonales?

« Aujourd'hui Eicos nous parle des mystères auxquels sont initiés les architectes, de la loi des nombres et des tracés géométriques. M'est avis que ces lois ont été faites après coup, comme si l'abeille s'amusait aujourd'hui à décrire les propriétés de l'hexagone et comment il est composé de six triangles équilatéraux réunis aux sommets. Je découvre l'âme du monde dans le travail de l'abeille, comme je la découvre dans toute œuvre d'art et dans toute production naturelle. Distasis se croit seul l'intelligence évoquant un monde qui n'existe pas réellement; moi, je vois l'intelligence partout, perpétuant la vie au sein de la matière qui existe, mais serait inerte sans elle. Et, pour en revenir à notre point de départ, je ferai à notre ami Eicos une question, s'il le permet? — Fais. — Est-ce l'homme qui a inventé les nombres ou les nombres existaient-ils avant l'homme? Est-ce l'homme qui a inventé le cercle ou le cercle existait-il avant l'homme? — Les nombres, répondit Eicos, sont, comme la géométrie est; l'homme n'a fait que connaître les uns et appliquer l'autre à ses besoins, ses arts et son industrie. — Bon; alors si les nombres, si la géométrie existaient, les conséquences existaient aussi, car le nombre douze pouvait se diviser par deux, par trois et par quatre sans qu'il fût besoin de l'homme pour constater le fait; donc toutes les lois d'harmonie des nombres existaient, et ce que vous considérez comme des mystères, vous, architectes, ne sont que des emprunts faits à un trésor commun, par les parcelles de l'âme du monde qui occupent vos corps d'architectes. — Tout cela est subtile et ne m'importe guère, reprit Eicos. Ce que je puis dire, c'est que la dose de l'âme du monde qui m'est dévolue a parfois grand'peine à se tirer d'embarras, s'il s'agit de satisfaire, à l'aide des moyens qui nous sont donnés, aux fantaisies de mes clients et à ce que j'exige de moi-même. Je ne crois pas que le pommier, ni même les abeilles aient ces soucis. Je ne te remercie pas moins de m'avoir donné pour origine le corps d'une de ces utiles travailleuses de l'Hymète, car il ne me plaisait guère d'avoir commencé par résider dans le tronc d'un pommier. Mais, par Bacchus! à boire! je meurs de soif! » Passant ainsi d'un sujet à l'autre, l'entretien tantôt sérieux, tantôt badin, se prolongea jusqu'au coucher du soleil.

Puis les convives allèrent au jardin respirer l'air frais et embaumé du soir. A la nuit close, chacun, précédé d'un esclave portant un falot, regagna son logis.

« Voilà de grands fous, dit Doxi à son compagnon, lorsqu'ils furent seuls dans la rue. — Oui, reprit Épergos, fous d'idées, fous de discussions, fous de recherches, fous de critiques et d'examen de toutes choses. C'est, de par tous les dieux, une bonne folie, et nos Perses ne remuent pas, en une année, dans toute la ville de Babylone, autant d'idées qu'on en a mis ce soir sur le tapis chez Chrémyle. — Assurément, et ils auraient le bon esprit de ne le point souffrir. — C'est ton avis? — Certes! est-il une société humaine qui puisse résister à ce torrent d'extravagances, à cette liberté de tout dire, de discuter sur toute chose, sans que les magistrats de la cité tentent de réprimer une pareille licence de la pensée? — Bah! laisse faire, Doxi; ces gens-là, avec leur petit territoire et leur ville qui ferait tout au plus un des quartiers de Babylone, vivront plus longtemps dans la mémoire des hommes que tous tes Perses et tes Égyptiens réunis. — Oui, peut-être, pour pervertir leur esprit et les détourner de la sagesse. Que sont ces philosophes tant prisés à Athènes, qui ne tiennent compte ni des dieux, ni des traditions sacrées, qui mettent à chaque instant en question les éternelles vérités, les croyances les plus respectables? des esprits de ténèbres, des dissolvants, des.... — Allons, interrompit Épergos, ce n'est pas à moi qu'il faut chanter cette gamme trop vieillie. Voilà quelques milliers d'années déjà que tu répètes la même chose, et le monde des humains, dont tu prédis sans cesse la fin, vit toujours, se développe et marche. — Il marche, certes, sur des amas de ruines. — Mais, mon brave Doxi, la forêt qui pousse ne vit-elle pas des débris qui s'accumulent au pied des jeunes arbres, et ceux-ci ne sont-ils pas d'autant plus vigoureux que ces détritus sont plus anciens et plus épais? — Tu contemples avec plaisir cette pourriture, toi? — Non, mais je jette les yeux sur les rejetons vigoureux qui sortent de son sein.

XVIII

LES ROMAINS.

Au lendemain des guerres civiles, Rome, sous la main d'Auguste, se transformait. L'amour du luxe, des habitations somptueuses, inconnu à la République, se répandait dans toutes les classes de citoyens, et il n'était pas d'avocat ou de négociant qui ne possédât un logis plus élégant et plus vaste que n'étaient les demeures des patriciens du temps des Scipions.

Rome, composée d'éléments très-divers, subissait l'influence des arts appartenant aux peuples d'où elle sortait, et que, successivement, elle avait conquis ou choisis comme alliés. Son architecture, étrusque à l'origine, s'était peu à peu enrichie des emprunts faits à la grande Grèce, à la Sicile, à l'Attique et à l'Asie Mineure; aussi composait-elle, au commencement de l'ère impériale, un mélange de ces arts différents dans leurs principes et leur forme. Auguste, esprit modéré, pensait que Rome devait se contenter des conquêtes faites sous la République, en gouvernant les provinces par une sage administration; et, de tous ces matériaux réunis, fonder un empire inattaquable sans plus songer à dépasser les limites qu'il considérait comme définitives.

Pendant la période républicaine, Rome n'avait eu guère le loisir de songer aux arts et à ce qu'ils procurent de jouissances et de bien-être. Cependant, après la guerre sociale, le goût des arts se répandit parmi les citoyens de la cité triomphante. Les villes samnites, étrusques, lucaniennes qui renfermaient tant de monuments précieux, détruites par Sylla, fournirent un butin immense, dont la valeur et l'importance exercèrent une notable influence sur les mœurs romaines.

Les richesses de la Grèce vinrent encore donner aux dernières années de la République romaine le goût des arts, et il n'était pas de notable citoyen à Rome, après les guerres de Sylla, qui ne fût versé dans la langue grecque et qui ne voulût posséder des œuvres d'artistes athéniens dans sa maison.

La politique profondément raisonnée d'Auguste lui conseillait de provoquer le goût naissant pour les choses d'art, qui se manifestait au sein de l'aristocratie romaine, sachant bien que l'habitude du luxe est un des moyens les plus favorables à l'asservissement des classes supérieures. Aussi, bien qu'il vécût simplement et qu'il ne cessât d'habiter une demeure modeste, voyait-il d'un œil favorable ceux d'entre les patriciens qui affectaient dans leurs habitations un luxe jusqu'alors inconnu, qui s'entouraient d'artistes, de poëtes et de tous les raffinements empruntés aux peuples étrangers. Celui qui se fait bâtir un palais et qui l'enrichit d'objets d'art d'une haute valeur n'est pas un conspirateur. Afin de provoquer le mouvement, l'empereur faisait rebâtir les temples, les édifices publics, sur des plans plus vastes et à l'aide de matériaux précieux. Cet exemple était suivi par tous ceux qui tenaient à jouir des faveurs du prince, car ils savaient que c'était le meilleur moyen de lui faire sa cour.

Non-seulement la ville de Rome changeait d'aspect et se couvrait d'édifices somptueux qui charmaient la multitude et l'occupaient, mais les campagnes voyaient élever des *villae* qui contrastaient par leur étendue et leur richesse avec les maisons de campagne des Romains de la République, habituellement d'une excessive simplicité, centres agricoles où rien n'était donné au superflu.

Toutefois, dans ce déploiement de luxe, il faut dire qu'il entrait plus de vanité que d'amour de l'art.

Non loin de Rome, sur le penchant des montagnes qui séparent l'ancien Latium du pays des Volsques, près d'un petit bourg qui a nom Lanuvium, on voit une *villa* d'une étendue médiocre, mais construite récemment pour un certain Mummius, riche patricien. Ce Mummius, après avoir joué un rôle actif dans la guerre civile, a, comme bien d'autres, pris son parti des derniers événements qui ont remis le pouvoir suprême aux mains d'Auguste, et, se faisant oublier, ne songe plus qu'à jouir paisiblement des biens qui lui sont dévolus.

Sa *villa* comprend un vaste terrain couvert de vignes, de bois et quelques champs dans la plaine, soignés par des colons. C'est par la voie Appienne qu'on arrive à cette charmante propriété arrosée par le Lanuvius.

La figure 68 présente le plan général de la villa. Le terrain s'élève assez abrupt vers le nord-ouest, de telle sorte que le bâtiment principal A est garanti des vents violents qui viennent de la mer et de la bise du nord.

Le Lanuvius qui prend sa source à peu de distance de la propriété, coule en B, se dirigeant vers les marais Pontins au sud. Le chemin qui s'embranche sur la voie Appienne décrit une courbe tendue en C, afin d'éviter les brusques changements de niveau, et aboutit en D aux jardins enclos. Les bois s'étendent du côté du nord-est en E jusqu'à la voie Appienne, tandis que des vignes sont plantées en F. En G sont les vergers et potagers, puis, les jardins de plaisance en H. Du bâtiment principal A, une longue galerie avec xiste se dirige en I, jusqu'à un bâtiment plus petit K qui

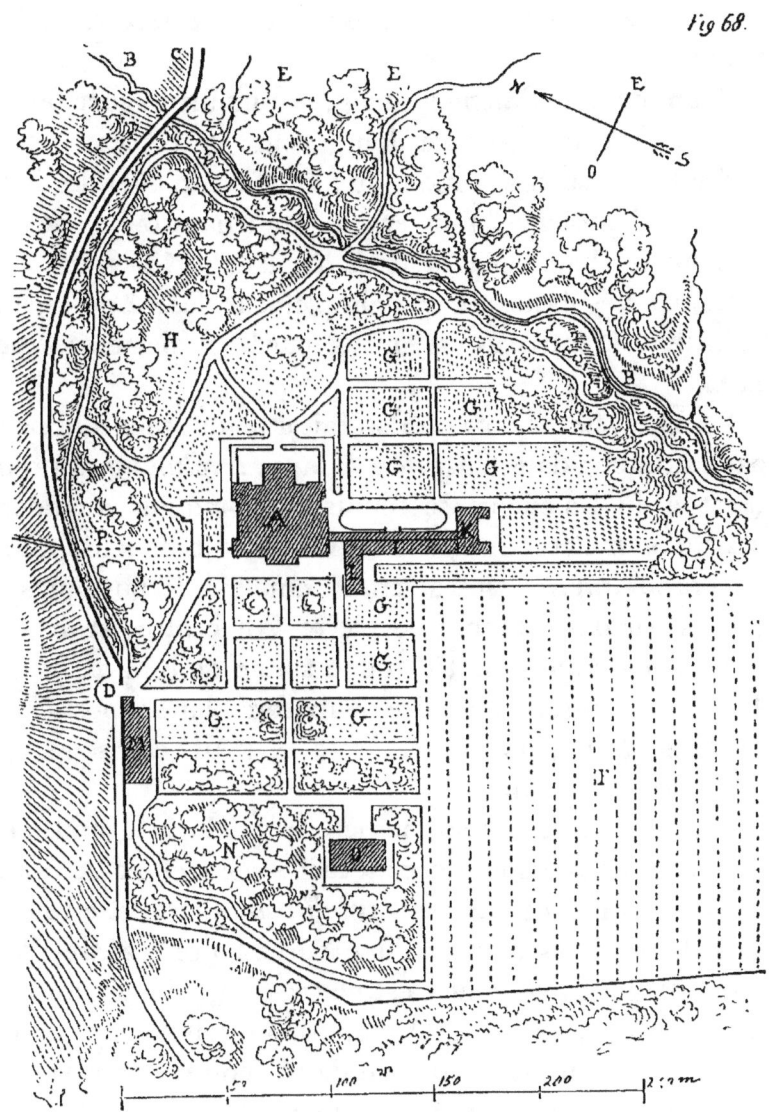

Fig 68.

sert de retrait lorsque le maître veut être seul. En L, sont les logis des esclaves attachés au service de la maison. Quant à ceux qui ont la charge d'entretenir le jardin, ils habitent le bâtiment M, voisin de la porte de l'enclos. Un petit bois d'oliviers s'étend sur les rampes du coteau en N, et en O s'élève une construction renfermant les pressoirs à huile et à vin.

Examinons maintenant le logis du maître, figure 69.

En A est un vestibule, long, voûté en berceau, et permettant, par sa disposition, aux visiteurs, d'attendre le moment de l'audience, tout en se promenant ou en se reposant sur les bancs placés dans les deux exèdres des extrémités. Ce vestibule est très-simplement décoré de quelques peintures. L'entrée B est gardée par le portier qui demeure en C.

En D est un parloir où l'on fait attendre ceux qui ne sont pas introduits dans l'*atrium* E avec *impluvium* au centre. C'est là où les clients se réunissent lorsqu'ils attendent le maître pour l'accompagner ou l'entretenir de leurs affaires. Le grand *impluvium* est en F, entouré de portiques supportés par des colonnes de pierre. Au centre est un bassin avec fontaine surmontée d'une statue de bronze, puis vers l'extrémité nord, un exèdre de marbre blanc exposé en plein midi, et où, lorsque l'air est froid, on peut venir se reposer et discourir au soleil.

En *g*, un vestibule intérieur précède le grand *triclinium* G, dans lequel on peut facilement réunir de quinze à dix-huit convives. Le petit *triclinium* privé est en H. En *l* et *i* deux pièces servent l'une de vestiaire, l'autre d'office. Une bibliothèque voûtée est placée en I, et la salle U également voûtée, recevant du jour par un œil ménagé au centre de la demi-sphère, sert de lieu de réunion pendant la chaleur du jour; car elle est fraîche et haute.

En T est une pièce consacrée à la garde de la vaisselle précieuse. Les chambres à coucher sont en K.

Les bains se composent d'une première pièce L ou *frigi-*

darium avec grand bassin d'eau froide, puis de deux cham-

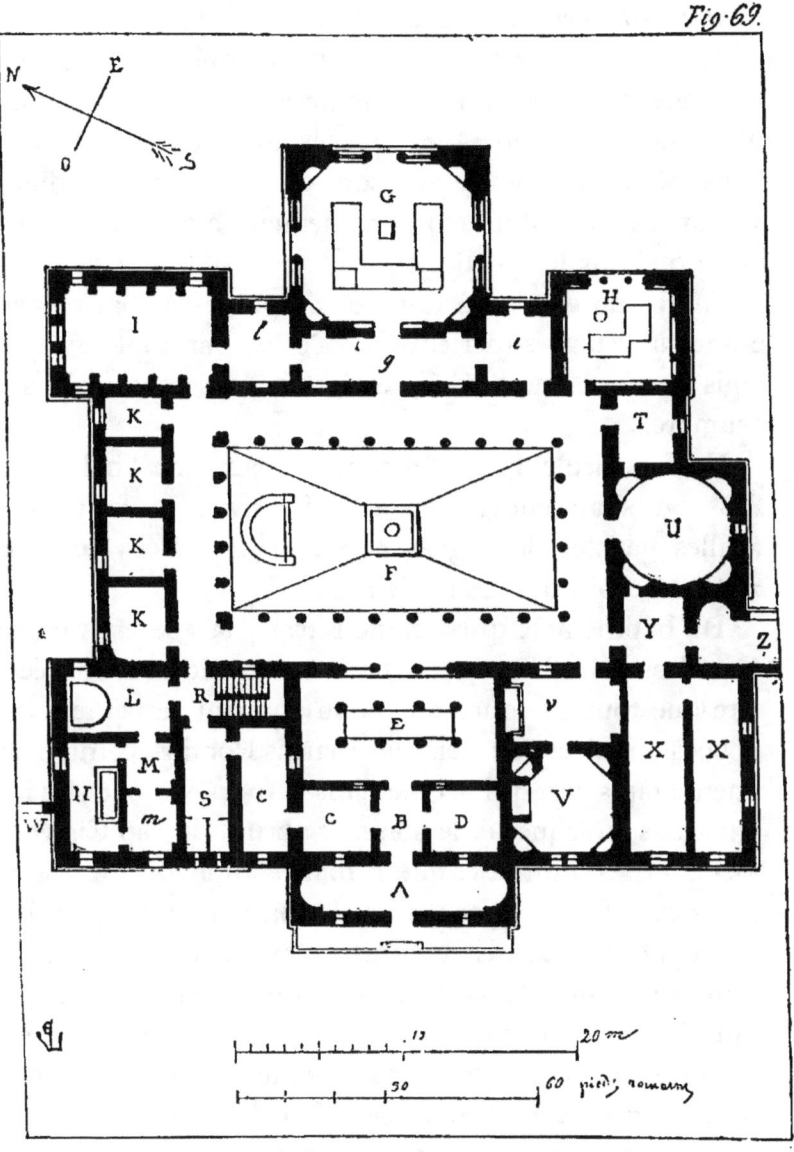

Fig. 69.

bres M et *m* qui servent d'étuve, et de la pièce N destinée aux bains tempérés.

C'est au-dessus du *frigidarium* qu'est placé le réservoir recevant les eaux de l'aqueduc W. En S, sont des latrines.

La cuisine est installée en V. Elle est voûtée et sa voûte octogonale est terminée par un tuyau qui enlève la buée et la fumée. Les dortoirs des esclaves, spécialement attachés au service du maître, sont placés en X X. Mais, toutes les nuits, plusieurs d'entre eux sont de garde dans les différentes parties de l'habitation et se tiennent alors dans le *triclinium* ou sous les portiques.

En R, un escalier à double rampe descend aux caves et monte à l'étage supérieur qui s'élève sur tout le corps du logis du nord-ouest. Ce premier étage est occupé par des chambres.

Un fossé isole du jardin toute la partie de l'habitation de l'est où s'ouvrent le grand *triclinium* et le petit. Des treilles garnies de vignes couvrent les allées le long du xiste et devant la face de l'entrée [1].

Du bâtiment K qui sert de retrait, la vue est ravissante. Par-dessus les bois qui s'abaissent vers le sud, on découvre presque tout le cours du Lanuvius qui serpente entre les roches éboulées; au-delà, les marais Pontins, comme un immense tapis vert qui baigne dans la mer. Au fond, les montagnes des Volsques et le sommet abrupt du cap Circée. C'est pendant les saturnales que le maître aime surtout à se retirer dans ce petit logis; car alors, la maison est remplie de bruit et de mouvement. Ce bâtiment contient un petit *triclinium*. Une salle ouverte vers le sud, une petite bibliothèque et quelques chambres. La longue galerie et le musée servent de promenade couverte, si le temps est mauvais, d'autant que ce musée est entièrement fermé du côté de l'ouest d'où vient la pluie et le vent de la mer.

Même pendant les dernières chaleurs de l'été, on n'a pas

---

1. Voy. le plan général, figure 68.

à redouter le mauvais air des marais Pontins, car la *villa* est très-élevée au-dessus de la plaine.

A l'extérieur, ces bâtiments affectent beaucoup de simplicité surtout du côté de l'entrée, ainsi que le fait voir l'élévation A (fig. 70).

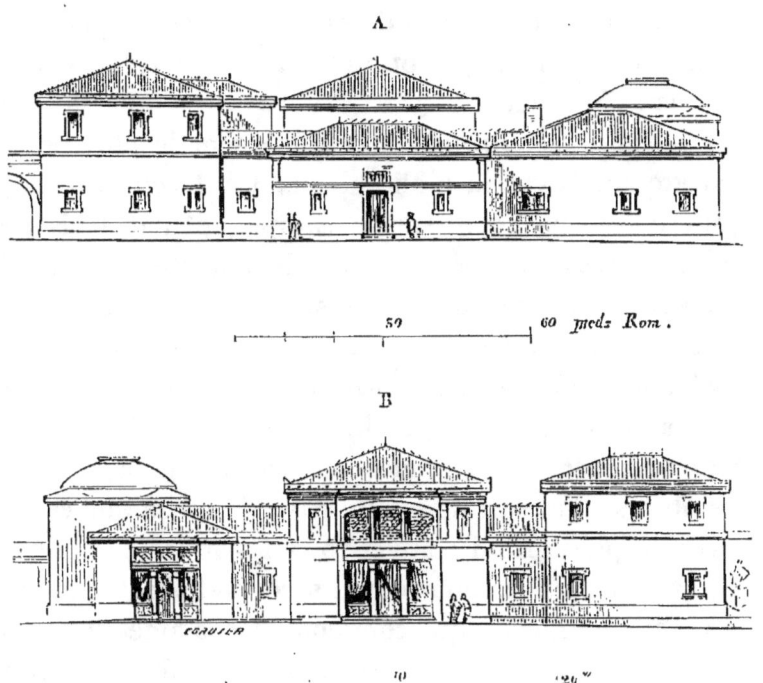

La façade opposée B, sur laquelle s'ouvre le *triclinium*, est plus riche ; mais Mummius a réservé pour les intérieurs, toutes les élégances réunies dans cette habitation.

La grande cour, avec son *impluvium* au centre et son exèdre, est une des parties de la *villa* qui présente un aspect particulièrement agréable (fig. 71). Deux vieux lauriers, que Mummius a voulu conserver au milieu de ces constructions nouvelles, répandent un peu d'ombre sur l'aire de la cour rafraîchie par la fontaine centrale. Le portique du côté du nord, devant supporter l'étage situé au-dessus, se compose de colonnes engagées dans des piles terminées par des consoles. Ces piles et ces colonnes sont de pierre finement enduite d'un stuc coloré rouge et blanc, tandis que les murs du fond de ce portique sont couverts de peintures dans lesquelles dominent les tons sombres. Les entablements sont de même faits de pierre stuquée et peinte. Tous les murs sont bâtis de brique avec stucs colorés à l'extérieur et à l'intérieur.

Le grand *triclinium* est certainement la plus belle pièce de cette villa avec la bibliothèque. Ce *triclinium* (fig. 72), s'ouvre de trois côtés sur la campagne[1] par trois grandes baies divisées par des colonnes de marbre, surmontées de leur entablement et de pilastres. Toute la partie supérieure de ces baies, au-dessus de l'entablement, est fermée par des treillis fort délicats, de bronze, entre lesquels sont sertis des verres colorés. Huit grandes consoles de charpente sculptées supportent aux angles un plafond de bois, couvert de peintures d'un ton doux. Le pavé de mosaïque est façonné avec le plus grand soin et tous les murs sont revêtus de peintures. Sur les quatre petits côtés de l'octogone sont réservées des niches qui contiennent chacune une statue de nymphe, versant de l'eau dans une vasque de porphyre.

Si le temps est mauvais, les entre-colonnements sont clos avec des rideaux épais. Mais l'orientation de cette salle la met à l'abri des vents fâcheux aussi bien que des ardeurs trop vives du soleil, d'autant que du côté du nord la villa est abritée par la montagne.

Mummius, presque entièrement retiré des affaires publiques, ne fait à Rome que des séjours très-courts et passe la

---

1. Voy. le plan figure 69, en G.

ROME

GRAND IMPLUVIUM DE LA VILLA ROMAINE (P. 219).

plus grande partie de l'année dans sa *villa* de Lanuvium, s'y livrant à l'étude, à la chasse et y recevant quelques amis choisis. De là, on peut se rendre à Antium, en moins de deux heures, d'où on tire toutes sortes d'approvisionnements nécessaires à la vie ; poissons, épices, denrées de toutes provenances, si bien que la vie est facile et n'exige qu'un personnel d'esclaves assez restreint.

Les relations de Mummius avec des amis qui habitent la Grèce, lui ont permis de réunir dans sa bibliothèque et son musée, des manuscrits, des statues et des tableaux grecs dont il est très-amateur, et une partie de son bien passe à l'acquisition de ces objets d'art.

C'est d'ailleurs une mode parmi l'aristocratie romaine de recueillir ainsi les marbres, tableaux et manuscrits que ne cesse de fournir Athènes et que les Romains payent assez cher.

Mummius a près de lui un affranchi grec précepteur de ses enfants, qui lui tient lieu de secrétaire et prend soin de ses collections.

Cet affranchi, qu'on nomme Caustis, est un garçon d'esprit qui a su se rendre agréable à Mummius, par ses saillies mordantes, à propos de tout ; car Mummius, comme la plupart des gens retirés des affaires publiques après y avoir pris part, est enclin à la critique des choses présentes, et aime à s'entourer de ces frondeurs dont les propos ne ménagent pas les heureux du jour.

Caustis, qui souvent est envoyé à Rome pour les affaires de la famille, rapporte à son patron les nouvelles de la grande ville, les propos qui courent parmi les sénateurs, les épigrammes lancées par le bas peuple ; et alors ce sont des gorges chaudes pendant des heures.

Mummius évite ainsi, pense-t-il, es humeurs noires que développe la solitude chez les esprits longtemps habitués à la vie active.

Caustis connaît tout le monde à Rome et est reçu partout, parce qu'il a toujours le soin, tout en flattant celui auquel il s'adresse, de médire des autres, et cela, non sans grâce, avec un tour plaisant dont nul ne saurait se fâcher. Cet s'affranchi s'est fort lié avec Épergos et Doxi, actuellement établis à Rome, et quand ces trois compagnons se rencontrent à la taverne pendant les séjours que Caustis fait à la ville, ce sont des conversations sans fin sur le passé, sur le présent, sur la Grèce et sur Rome. Au fond, Caustis est un pur Grec, et sous son persifflage perpétuel se cache une haine profonde des Romains ; haine, dont peut-être lui-même ne se rend pas un compte exact, mais qui saisit toutes les occasions de faire ressortir les ridicules, les faiblesses, les prétentions et les vices du grand peuple.

Épergos, qui avait deviné les sentiments intimes de son homme, au commencement de leur liaison, après lui avoir laissé un soir épancher toute sa verve, se mit à lui parler sérieusement et à l'entretenir des beaux temps d'Athènes et du génie de ce peuple, de la place qu'il avait conquise dans le domaine de l'intelligence, de son influence dans le monde et enfin de ses fautes, cause de ses malheurs. Caustis, pendant ce discours, pleurait en silence, car Épergos avait sondé profondément la blessure toujours ouverte que le pauvre Grec cachait depuis des années sous un flot de railleries, et depuis lors, ces deux hommes s'étaient liés d'une étroite amitié que l'amertume perpétuelle de Doxi ne faisait que rendre plus vive.

Doxi, passablement désorienté au milieu de ce monde qui marchait toujours, ayant vu tomber successivement ces puissances qu'il avait considérées si longtemps comme les gardiennes de l'ordre dans la direction des affaires humaines : l'empire des Assyriens, celui des Perses, les gouvernements d'Égypte, regardés par lui comme la dernière expression de la sagesse, s'était pris d'admiration pour les Romains,

ROME

TRICLINIUM DE LA VILLA ROMAINE (P. 220).

dont l'administration régulière, la domination inflexible, mais protectrice, les grands travaux et la force, — car Doxi était toujours disposé à se ranger du côté du plus fort, — lui semblaient enfin la dernière et la seule expression du bien parmi les hommes. Il était donc peu disposé à rire des saillies de Caustis, lorsque celui-ci se mettait à faire ressortir quelques-unes des misères du grand corps romain. Alors c'étaient des discussions interminables, à la suite desquelles la verve de Caustis faisait éclater le rire, malgré les prédictions de Doxi sur le funeste effet de l'esprit critique de ces incorrigibles Grecs.

L'affranchi avait parlé à Mummius de ses deux amis et des bonnes heures qu'ils passaient ensemble, du savoir étendu d'Épergos, et des boutades de Doxi, si bien que le maître eut l'envie de voir ces deux personnages. Ils furent donc invités à venir à la *villa*.

De Rome, il leur fallait trois heures à peine pour s'y rendre à cheval; ils y arrivèrent par une belle matinée de printemps en suivant la voie Appienne, bordée de tombeaux jusqu'à mi-chemin d'Albano.

Caustis les introduisit dans les chambres qui leur avaient été préparées au rez-de-chaussée dans le voisinage de la bibliothèque, et vers le milieu du jour, Mummius les reçut avec l'urbanité propre à la société romaine. Il leur fit voir, après la sieste qui suivit le repas, toutes les parties de sa *villa*, ne leur fit grâce d'aucun détail, et lorsque le jour déclinait, on alla s'asseoir à l'ombre du grand *triclinium* pour jouir de la vue de la campagne, ravissante de ce côté, et causer en attendant le repas du soir.

« Ainsi donc, dit Mummius, tu estimes, Épergos, que ma *villa* peut rivaliser avec les habitations des champs que tu as vues dans tes voyages en Grèce et en Italie. — A coup sûr, Mummius, répondit Épergos, tu as fait bâtir une belle demeure, agréable et commode, digne à la fois d'un patricien et d'un philosophe ami de l'étude, et dans laquelle la vie doit se passer calme et douce. — Et que dis-tu de mon musée, toi qui as parcouru la Grèce, l'Asie et l'Égypte? — Si tu me permets de te répondre avec sincérité, Mummius, je t'avouerai que je n'ai pu encore m'habituer à cet amour pour les collections d'objets d'art qui est si fort à la mode dans la haute société romaine. J'aime à voir les objets d'art à leur place et quand je les trouve réunis ainsi dans une galerie, ma pensée me reporte involontairement vers les monuments auxquels ces objets ont dû être enlevés. — Non point, Épergos, tous ces objets que tu as vus, ou m'ont été donnés, ou ont été achetés par moi; Caustis peut te dire ce qu'ils m'ont coûté, car c'est lui qui est parvenu à me les faire découvrir ou qui est allé les acheter pour mon compte. — Eh certes! dit Caustis, peut-on accuser Mummius d'arracher des œuvres d'art aux monuments de la Grèce, quand les Athéniens eux-mêmes sont les premiers à les enlever de leur place pour les vendre à Rome? Si Mummius n'avait pas acheté ces objets, ils auraient été logés chez quelque autre patricien, autant vaut les voir ici qu'ailleurs. — Cela ne détruit pas mon observation, reprit Épergos. Enlevés violemment, soustraits par des mains cupides, et achetés par des amateurs éclairés, le résultat est le même. La place pour laquelle ces objets ont été faits en est privée. Ce qui me charmait en Grèce autrefois, c'était le goût avec lequel les temples, les habitations et les monuments publics étaient ornés.

« Ces édifices, jusque dans les moindres détails, semblaient former un corps si bien constitué qu'on ne pût en rien retrancher ou rien y ajouter sans détruire l'harmonie générale. Voyait-on une statue, on eût pu croire qu'elle s'était dressée d'elle-même à la place qu'elle occupait et qu'il eût été choquant de la remplacer par un autre objet. J'en dirais autant des moindres ornements. On pourrait comparer ces édifices grecs, de tout ordre, à ces arbres de nos vergers qui produisent les fruits propres à leur espèce ; tandis que les musées me font toujours plus ou moins l'effet d'un fruitier où on range avec soin les plus beaux produits des jardins, dépourvus de la tige qui les portait. Je préfère la vue d'un verger à celle d'un fruitier, voilà tout. Mais cela ne m'empêche pas d'admirer de beaux fruits classés avec ordre sur des tablettes. — Certes, dit Caustis, le tout est de ne pas mettre les citrouilles à côté des amandes. — Tu es sévère, Épergos, reprit Mummius, faut-il cependant laisser perdre ou tomber en des mains indignes tant d'objets précieux qui n'ont plus de destination ; n'est-il pas mieux de les recueillir pour les livrer à l'étude et à l'admiration des connaisseurs ? — Oui, ajouta Caustis, observe donc, Épergos, que les ennemis de Rome ont si bien fait, que beaucoup d'objets d'art n'avaient plus d'asile. En se refusant à reconnaître les bienfaits de la puissance de Rome, en prétendant se soustraire à ses lois protectrices, ces ennemis, petits ou grands, ont attiré parfois sur leurs cités de trop justes châtiments. Sitôt l'ordre rétabli, Rome s'empressait de recueillir tant d'objets précieux pour les transmettre aux générations futures. Combien les victoires de Sylla sur les Italiotes, révoltés contre leurs propres intérêts, n'ont-elles pas apporté de richesses à Rome, qui fussent restées ensevelies dans de misérables bourgades, si Rome ne leur avait pas donné la plus splendide hospitalité ? Et, pour en revenir à ta comparaison, lequel vaut mieux, ou de laisser pourrir le fruit sur l'arbre, ou de le cueillir à temps pour le conserver et le savourer à loisir ? — Je ne sais, dit Épergos, mais les arbres donnent chaque année de nouveaux fruits ; en est-il de même des peuples qui pendant un court moment de leur existence semblent propres à produire des œuvres d'art, après quoi, cette séve abondante et pure se tarit et se corrompt ? — Allons donc ! interrompit Caustis ; prétendras-tu que les Athéniens qui, sous Periclès, bâtissaient le Parthénon et sculptaient

15

ses métopes, ses frises et les tympans de ses frontons, ne sont plus capables de produire des œuvres d'art aussi belles? N'ont-ils pas des ateliers qui ne peuvent suffire aux commandes des riches Romains qui réclament des Phidias et les payent au poid de l'or? Eh bien! on leur en fournit aujourd'hui, tant qu'ils en veulent, de ces œuvres de Phidias, et les plus habiles connaisseurs s'y trompent. Le riche Licinius n'a-t-il pas une galerie qui en est toute remplie et qu'il considère comme supérieures aux frises du Parthénon? Or c'est mon ami Xantippe, sculpteur à Athènes, demeurant derrière le théâtre de Bacchus, qui a fait ces bas-reliefs et qui t'en vendra autant que tu voudras en acheter.

« Ne vas pas dire cela à Licinius, au moins, car il me ferait un mauvais parti! — Mais, dit Mummius, tu n'ouvres pas la bouche, Doxi; quelle est ton opinion sur les musées? — Je crois, répondit Doxi, que les œuvres d'art sont plus propres à corrompre les hommes qu'à les améliorer, et que les Romains feraient sagement de laisser en Grèce tous ces objets qu'ils recueillent avec passion. Je n'ai pas vu que ces splendeurs de l'art, si fort aimées d'Épergos, aient été utiles aux Athéniens et les aient mis en état de se gouverner sagement. Je n'ai jamais pu rire à ces comédies grecques dans lesquelles les dieux sont bafoués et se livrent à des actions ridicules. Épergos trouvait cela piquant. Jamais pareilles choses n'eussent été tolérées chez les Égyptiens; aussi leurs gouvernements ont-ils duré des milliers d'années, tandis qu'Athènes n'a su conserver son éclat que pendant un siècle à peine. — Oh! dit Caustis, si nous entamons le chapitre égyptiaque avec Doxi, nous sommes perdus; Mummius, ne le laisse pas continuer; il va nous énumérer toutes les dynasties; il nous démontrera que les successeurs d'Alexandre n'ont rien su faire de bon dans le pays des crocodiles, et que les Grecs ont apporté là le trouble, comme partout où ils passent. — Ce n'est que trop vrai, répliqua Doxi;

l'Égypte a vu commencer son déclin du jour où sa terre a été ouverte aux Grecs, sous la vingt-sixième dynastie. — Quand je vous le disais ! Heureusement que Doxi nous fait grâce des vingt-cinq premières. — Eh! Caustis: y a-t-il pour les Grecs occasion d'être fiers d'avoir fondé la trente-deuxième dynastie en Égypte, quand on finit par Cléopâtre? — Que serait, en effet, devenue l'Égypte, si Octave n'avait mis bon ordre aux extravagances de cette descendante des Ptolémées? reprit Caustis. Puis cela n'a-t-il pas encore été l'occasion d'enrichir nos monuments; mais ces dépouilles égyptiennes, à ton avis, Doxi, auraient-elles sur Rome l'effet corrupteur que tu accordes aux œuvres de la Grèce, ce serait jouer de malheur si les objets d'art de ce peuple de sages étaient aussi corrupteurs des mœurs que ceux d'un peuple de fous! Allons! Mummius, donne-moi l'ordre de placer tout ton musée dans des chariots pour le jeter à la mer; car je sens, en effet, que tous ces bustes de marbre et de bronze, ces statues et ces bas-reliefs, ces tableaux et ces meubles incrustés d'ivoire nous corrompent jusque dans la moelle des os. — Tu railles, Caustis, suivant ton habitude; mais, je le demande à notre hôte, est-ce en s'occupant de façonner des ouvrages d'art que Rome a conquis le monde? Rome, à son origine, n'était ni plus puissante ni plus grande qu'Athènes à sa naissance. Rome ne songeait pas à travailler le marbre et à couler des statues de bronze; tout son peuple ne demeurait pas des journées entières à critiquer ou louer tel édifice dont on enlevait les échafauds et les voiles. Rome n'applaudissait pas des histrions qui se moquaient des dieux et des citoyens les plus respectables. Rome employait ses bras à forger des armes et des socs de charrue; elle n'était pas encombrée de poëtes fainéants et de philosophes déraisonnant sur toutes choses. Ses orateurs n'entretenaient le peuple que des intérêts de la République, et ne passaient pas leur temps à discuter sur des sujets qu'il est interdit aux hommes de pénétrer; aussi Rome a grandi toujours, s'est relevée plus forte après chaque désastre, a fini par imposer ses lois à tous les peuples connus. Son nom a été respecté partout, et il n'est pas sur la terre de plus beau titre que celui de citoyen romain. Qu'ont donc fait les Athéniens, Caustis, le railleur? L'anarchie n'a cessé de régner chez eux que pour être remplacée par la tyrannie. Un moment, on a pu croire qu'ils deviendraient la tête d'une grande nation. Ce moment a été court. Poussés par des bouffées de vanité, ils ont entrepris des guerres folles, ruineuses; puis tout leur esprit ne les a pas empêchés d'être dupés par Philippe, d'être protégés par Alexandre. Certes, pendant ce temps-là, ils produisaient des œuvres d'art merveilleuses, ils étaient le centre de la jeunesse amoureuse des choses nouvelles; on les flattait, on les admirait, et on les traitait comme des enfants gâtés, incapables de se conduire, jusqu'au moment où Rome leur a dit : « Vous troublez le monde; tenez-vous en paix. Pourquoi donc Rome va-t-elle prendre chez ces enfants les jouets qui les ont amusés et qui les ont détournés des choses sérieuses? dis, Mummius? — Me permets-tu de répondre, Mummius? dit Caustis. — Tu es en cause; réponds. — C'est vrai, et je suis battu, répliqua Caustis; les Athéniens sont de grands enfants qui se laissent bercer par des rêves que la réalité fait fondre comme la neige au soleil de mars. Les Macédoniens, et plus tard les Romains, leur ont fait savoir comment on se doit gouverner; ils ont fait taire leurs philosophes, leurs pamphlétaires, leurs orateurs de carrefour qui troublaient le monde de leurs théories, de leurs satires et de leurs clameurs. Tout serait donc pour le mieux si ces gens, qui font si bien la police parmi les peuples, n'étaient pas eux-mêmes bientôt asservis chez eux. Après tout, cela est-il peut-être de ton goût, Doxi, puisque le sénat le trouve bon. C'est si commode de se laisser vivre doucement, en confiant à un dictateur le soin de gérer la chose publique. A lui seul les soucis, les insomnies, les responsabilités incessantes. C'est un génie, c'est un dieu ou tout au moins un descendant des dieux qui daigne s'occuper de nos intérêts; qu'avons-nous mieux à faire que de nous laisser guider par sa main divine! » Mummius sourit, et Caustis continua : « Les Romains ont dit aux Grecs et à bien d'autres peuples : « Finissez vos querelles et vos « discussions; cela empêche de dormir les gens de bien. Le « monde n'est pas fait pour être troublé par vos clameurs et « vos disputes. Voilà nos légions, nos lois et nos proconsuls « qui vont veiller à ce que vous soyez sages désormais. » Puis, un beau jour, trois hommes ont dit aux Romains eux-mêmes : « Finissons-en avec ces dissensions intestines, « ces brigues et ces conjurations contre la chose publique, « ces tribuns boute-feux et cette oligarchie remuante et am- « bitieuse. Les dieux vous avaient envoyé Jules, un génie ; « vous l'avez assassiné. Rentrez chez vous et vous tenez en « paix. » Puis ces trois hommes n'ont pu s'entendre, et le plus habile ou le plus heureux des trois a supprimé les deux autres et est resté seul. Si bien que le peuple romain, qui impose ses lois au monde, est sous la main d'un seul homme qui lui impose ses volontés. C'est admirable, puisqu'il est entendu qu'Octave est un demi-dieu. Mais suppose un instant que ce demi-dieu, mortel, hélas! vienne à descendre dans le séjour de Pluton, et qu'un fou prenne sa place. Voilà le peuple romain et toute la terre sous la main d'un insensé; la belle affaire! qu'en dis-tu, Doxi? — Je dis que les dieux désignent les hommes qui doivent gouverner les peuples, et que ton hypothèse n'est pas admissible. — Mais si, par hasard, les dieux oublient de s'occuper de ce qui se passe entre les murailles de Rome le jour où Octave subira la loi commune à tous les humains? — Les dieux n'oublient pas, et tu parles légèrement, Caustis. — Pardon; sage Doxi, ils ont oublié de protéger César et de détourner de sa poitrine les épées de ses assassins; cela leur était bien facile cependant. — Tu ne peux pénétrer leurs décrets. — C'est justement parce que je ne peux pénétrer leurs décrets que je puis admettre un empereur insensé après le divin Auguste; peut-être les dieux entendent-ils se passer cette fantaisie, ne fût-ce que pour montrer aux Romains qu'il est imprudent de remettre les affaires de la République entre les mains d'un seul et de prétendre gouverner les fous si eux-mêmes sont gouvernés par un insensé ou un pervers. — Bien répondu, Caustis, dit Mummius, qui au fond du cœur conservait le vieux levain républicain; mais laissons ce propos qui nous conduirait trop loin. Dis-moi sincèrement, Épergos, si nos *villæ* te semblent supérieures ou inférieures aux édifices de même nature que l'on bâtit en Grèce. — Il est bien difficile de te répondre, Mummius : d'abord, parce que les Grecs ne construisent pas des édifices privés de cette importance; puis, parce que ce qu'ils font aujourd'hui sous l'inspiration romaine et pour des Romains, habituellement, ne diffère pas sensiblement de ce que l'on bâtit en Italie. Autrefois les maisons des plus riches Athéniens étaient, relativement à vos *villæ*, très-petites, d'une extrême simplicité à l'extérieur, et ne cherchaient à plaire que par la délicatesse de quelques parties des intérieurs. Peu de sculpture, des peintures sobres, exécutées avec soin, une construction sagement entendue et raisonnée, quelques objets d'art d'un goût exquis, mais dont la place était habilement disposée, faisaient la parure de ces demeures. L'Athénien vivait dehors, et ne rentrait chez lui que pour se trouver pendant l'heure des repas avec sa famille et quelques intimes, ou pour passer la nuit. Il n'avait donc pas besoin de ces galeries, de ces vastes cours, de ces grands portiques, de ces salles spacieuses. On ne peut donc comparer les anciennes demeures des Athéniens avec celles-ci. Mais on construit encore, dans l'ancienne Campanie et en Sicile, des maisons qui rappellent celles de l'Attique, si ce n'est que l'art y est réparti avec moins de délicatesse. Les Romains aiment le faste et la grandeur ; leur goût pour l'art proprement dit est une importation ; ce goût n'est pas dans leur sang, et la preuve, c'est qu'ils emploient des artistes grecs toutes les fois qu'ils veulent donner à leurs habitations un parfum d'art. Je suis bien certain que tu as pris un Grec, Mummius, pour élever tes portiques, pour agencer les détails de ta *villa*. — C'est vrai ; mais c'est moi qui ai imposé le plan. — Soit ; les Romains sont experts en ces questions d'ordonnance générale, de structure même ; mais quand ils ont disposé la bâtisse, ils appellent un Grec pour l'orner. Aussi, dans tous vos édifices publics comme dans vos demeures, peut-on toujours distinguer ce qui appartient aux Romains de ce qui est dû à l'intervention de l'artiste grec. Tandis qu'aux temps prospères de l'Attique, les monuments aussi bien que les maisons formaient, dans leur ensemble et leurs détails, un tout harmonieux si parfait, qu'il n'était pas possible de séparer la structure de la décoration. — Ainsi, interrompit Caustis, si les Romains n'y prennent garde, les Grecs imposeront leurs arts aux maîtres du monde. — Oh ! que non pas ! reprit Épergos ; les Grecs n'ont jamais admis les voûtes chez eux, et les Romains n'abandonnent pas ce moyen de structure qui se prête si bien aux grandes dispositions. Les Grecs auront beau prodiguer les ordres et les ornements de leur goût à l'intérieur ou à l'extérieur de ces corps gigantesques qu'élèvent les Romains, ils ne pourront jamais leur enlever la physionomie romaine, le caractère romain. Vois si cette rotonde que bâtit Agrippa pour ses thermes pourra jamais ressembler à un édifice grec, bien que des artistes grecs travaillent au grand portique corinthien qui la précède ? Puis, veux-tu, Caustis, que je te dise toute ma pensée ? L'art grec ne se peut transplanter ; partout ailleurs que dans l'Attique, il végétera péniblement ou deviendra monstrueux.

L'art vraiment propre à un peuple ne saurait se développer ailleurs que sur le sol où il est éclos, qu'au sein des conditions qui l'ont produit. As-tu vu les quelques temples grecs que depuis peu on a voulu élever en Égypte? Ils ne sont ni pires ni moins beaux que ceux qu'on bâtit en Grèce, et cependant, en face des monuments égyptiens, rien ne saurait être plus ridicule. Il en serait de même si on s'avisait de bâtir à Rome un temple dans le style de ceux de Thèbes. Laissons les choses à la place où elles sont nées. — Il y a longtemps, Épergos, observa Doxi, que tu n'as dit une parole aussi sensée. — Doucement! je comprends bien ta pensée, et tu voudrais me mettre en contradiction avec moi-même. Je dis : « Laissons les choses à la place où les circonstances « les ont fait naître, mais sachons profiter de ce que ces « choses nous enseignent. » Ainsi les Romains ont trouvé en Asie bien des éléments qui leur ont servi, avec ce qu'ils possédaient déjà de l'Étrurie, pour faire ces belles constructions voûtées que nous admirons; évidemment ils ont eu raison de profiter de ces éléments divers, parce qu'au total, ces éléments ont entre eux des relations intimes; mais où j'approuve moins les Romains, c'est quand ils prétendent associer la plate-bande grecque et la voûte asiatique. Il y a là des principes opposés qui jamais ne pourront former l'unité dans une œuvre d'architecture. Si un jour les Grecs devaient imposer un art aux Romains, comme ils ne pourraient plus s'en tenir à la plate-bande qui ne permet que des constructions petites, avec leur esprit porté vers la logique, ne pouvant se passer de la voûte, ils abandonneraient la plate-bande une fois pour toutes, et ils seraient dans la vérité. »

Mummius prenait goût à la conversation de ses hôtes et les retint plusieurs jours dans sa *villa*. Mais Épergos n'aimait guère demeurer longtemps au même lieu. Il voulait visiter quelques grandes colonies romaines pour voir comment ces vétérans, mêlés à toutes sortes de gens, vivaient au milieu des barbares. Quant à Doxi, son désir était de retourner en Asie, dans ce vaste empire des Perses démembré. On lui avait assuré que là du moins, aucun changement sensible ne s'opérait depuis des siècles. Autant Épergos se trouvait porté vers les choses nouvelles, autant Doxi cherchait ce point fixe, immuable qui lui semblait devoir exister quelque part afin d'éclairer d'une lumière inaltérable les faibles humains. Les deux compagnons prirent donc congé de Mummius et retournèrent à Rome, où Caustis, avec la permission de son patron, les accompagna pour rester quelques heures de plus avec eux au moment de leur départ.

Avant d'aller dîner à la taverne, Caustis voulut faire voir à ses deux amis quelques-uns de ces quartiers de Rome peu fréquentés des étrangers, et qu'Épergos et Doxi n'avaient pas eu le loisir de parcourir.

« Vous croyez connaître Rome, leur disait l'affranchi, parce que vous avez visité ses temples, ses monuments, son Forum et quelques-unes de ses voies bien percées. Ça, c'est la Rome parée qui se montre aux étrangers. Mais il y a la vieille Rome, dans laquelle le divin Auguste n'a pu faire passer le marteau des démolisseurs. La vieille Rome où restent encore debout quelques grandes maisons de patriciens, qu'ils se gardent bien d'habiter aujourd'hui, mais qu'ils louent; puis des constructions de tout âge, enchevêtrées et superposées le long de ruelles étroites et tortueuses. Ces amas de bâtisses, sordides pour la plupart, sont habitées par des marchands de toutes nations. On y voit des Juifs, des Égyptiens, des Grecs, des Arméniens, puis des négociants de l'Adriatique. Tout cela trafique, grouille, parle toutes sortes de langages. Les maisons possèdent jusqu'à cinq étages et sont habitées du haut en bas. C'est de ces quartiers que sortaient, sous la République, ces masses de gens sans aveu, qui à certains jours, se répandaient aux alentours du Forum ou dans le Champ-de-Mars pour faire quelque mauvais coup. »

Les trois amis s'en allèrent donc visiter ces voies qui entourent le théâtre de Pompée et que les édiles, malgré leurs soins, avaient grand peine à maintenir à peu près en état de viabilité. Sur quelques points, les marchandises, accumulées le long des boutiques, barraient presque la rue. Ailleurs, des chariots ne pouvaient passer, et alors c'était des disputes sans trêve. Puis des marchands ambulants criant à tue-tête, qui portaient du poisson ou des fruits. La plupart de ces maisons, construites en bois et en brique, surplombaient sur la voie publique et auraient embrassé leurs voisines d'en face sans les étrésillons de charpente qui les maintenaient debout.

Doxi soupirait en songeant aux rues des villes d'Égypte, dont les maisons basses, n'ayant la plupart qu'un rez-de-chaussée, fermées sur le dehors, entremêlées de cours et de petits jardins, avaient une apparence d'ordre et de calme qui contrastait singulièrement avec le brouhaha étourdissant de cette fourmilière humaine. Épergos se souvenait des rues d'Athènes, étroites aussi et remplies de monde, mais bordées de maisons petites, propres, toujours brillantes de vives couleurs au soleil et d'un aspect si gai, même dans les quartiers les plus pauvres.

Et quelle différence entre ces deux populations. Autant Épergos se souvenait des bons moments passés à écouter les lazzi de la populace athénienne, toujours plaisants, imprévus, ces saillies des paysans venant vendre leurs légumes et leurs poules; autant la brutalité de cette populace romaine le choquait. Il comprenait à peine ce que disaient tous ces gens à l'air soucieux qui se coudoyaient, car ils parlaient toutes sortes de langages corrompus. Bientôt harassés, les trois amis entrèrent dans une taverne située à

RUE DE LA ROME ANTIQUE (P. 235).

l'angle d'un des beaux carrefours de ce quartier populeux.

Sur leur droite, s'élevait une de ces grandes maisons à plusieurs étages successivement surélevés, d'aspect assez triste au total, malgré le riche balcon qui passait devant les baies du premier. En face de la taverne, une habitation moins maussade faisait l'angle de la rue (fig. 73).

Pendant les apprêts du repas commandé par l'affranchi, Épergos considérait curieusement cette maison et cherchait à se rendre compte des éléments divers qui la composaient :

« Il paraît, ami, lui dit Caustis, que la maison de Balbus a le don d'attirer ton attention. Car ce que tu as devant les yeux, n'est rien moins que la première habitation de Cornélius Balbus, l'ami de César. Depuis sa haute fortune, je te prie de croire qu'il n'habite plus ce logis. — Mais quel singulier mélange d'architecture, observa Épergos. — Singulier, en effet. Autrefois, à Rome, il était assez d'usage de placer ainsi les premiers degrés des escaliers sur la voie publique, ce qui permettait de donner un porche couvert et un peu élevé au-dessus du sol et sous lequel attendaient les clients. Depuis peu, les édiles ont interdit ces saillies qui embarrassent la circulation.

« Si tu me demandes d'où viennent ces colonnes de pierre qui enferment ce degré, je te répondrai que je n'en sais rien ; mais qu'elles n'ont certes pas été faites pour l'objet qu'elles remplissent. Cela provient de quelque édifice détruit. Tu verras ce fait se renouveler souvent dans les maisons des vieux quartiers qui ont été bouleversés bien des fois.

« Les façades étaient entièrement couvertes de stucs peints ; il n'en reste aujourd'hui que des traces.

« La bâtisse se compose en grande partie de débris recueillis de tous côtés. Tel est ce balcon avec sa balustrade de marbre blanc, si délicatement travaillé, et dont il faut chercher l'origine sur les côtes d'Asie. A côté de cette richesse, remarquez ce troisième étage avec sa loge, construit simplement en pans de bois. Puis, au-dessus, la galerie des galetas supportée par des colonnettes de marbre qui semblent venir de Grèce. Oh! les Romains ne se gênent pas! ils prennent partout ce qu'ils croient utile, et il n'est pas une galère marchande qui ne rapporte d'Égypte, de Grèce ou d'Asie, en guise de lest, quelques colonnes ou fragments, fort bien vendus, sur le port, aux bourgeois occupés à se bâtir des maisons. Le maçon arrange cela comme il peut dans la bâtisse et tout le monde y trouve son compte : ceux qui démolissent quelque vieux monument hors d'usage pour en vendre les débris, le marchand qui les achète, le bourgeois qui les paye et le badaud qui les regarde. — Je ne vois en effet que l'artiste, auteur de ce monument détruit, qui puisse se plaindre et aussi peut-être ceux qui l'admiraient. — Bah! l'artiste est mort depuis longtemps, et ce qu'on admire le plus aujourd'hui, c'est le bon argent comptant. La Grèce elle-même, la Grèce si fière de ses monuments, les vend par fragments et à l'encan, aux brocanteurs romains, et quand, par aventure, un tremblement de terre fait choir un de ces temples anciennement vénérés, vous voyez les municipalités s'empresser, non de les restaurer, mais d'en mettre les débris aux enchères; à défaut de tremblement de terre, on aide au besoin l'édifice à tomber s'il a la vie trop dure. Cela est une branche importante du commerce de la Grèce aujourd'hui, avec les reproductions des chefs-d'œuvre des Phidias, des Praxitèle et de tant d'autres. — Mais les dieux vénérés dans ces temples, que disent-ils de ce commerce? — Épergos, mon doux ami, il n'y a plus guère qu'un dieu, qui est le grand, l'incomparable Plutus. Aristophanès le disait déjà de son temps à Athènes, c'est bien pis aujourd'hui. — Cela est peut-être ainsi à Athènes et je n'en suis pas surpris, dit Doxi; mais Rome sait respecter les dieux et conserve scrupuleusement les rites sacrés. — Sans doute, sans doute, reprit Caustis; mais il y a des dieux démodés, même à Rome;

puis le Romain ne se soucie guère de savoir si les colonnes ou les frises qu'il achète pour orner sa demeure, proviennent d'un temple ou d'un portique. » Les trois amis ne se séparèrent qu'à la nuit et chacun tira de son côté.

XIX

LA SYRIE SEPTENTRIONALE.

Plus de trois siècles s'étaient écoulés et l'empire de Rome avait établi son siége à Byzance, au sein de ces populations grecques, phrygiennes, bithyniennes et lydiennes, autrefois reléguées aux confins des possessions romaines, alors devenues le cœur du colosse. Rome croyait n'avoir plus rien à craindre des Germains d'au delà du Danube, mais les provinces de l'Orient étaient sans cesse menacées par les couches épaisses de barbares qui occupaient toutes les contrées au nord du Pont-Euxin. Byzance était la clef de l'Asie Mineure, de l'Arménie, de la Mésopotamie, de la Palestine et le bas Danube formait une ligne facile à défendre. L'empire croyait donc assurer à tout jamais sa puissance en abandonnant Rome pour s'établir sur les rives du Bosphore.

Depuis l'installation des empereurs à Byzance, le commerce, autrefois déjà si actif entre le golfe Persique et les côtes de la mer Égée, s'était prodigieusement développé. Des caravanes parcouraient sans cesse la longue route qui, remontant le Tigre, passait à Hatræ, à Tharrana, à Édessa, à Hiéropolis, à Antioche et sur les bords du golfe Issicus. Là les marchandises étaient embarquées sur des navires qui les transportaient à Constantinople. D'autres caravanes, venant de l'Arabie ou de l'Égypte, traversaient la Palestine, passaient à Damas, à Emesa, à Chalcis pour arriver de même à Antioche. Or la contrée située entre le haut Euphrate, c'est-à-dire entre Hiéropolis, Chalcis et Antioche, est aride, car un seul petit cours d'eau, le Chalcis, qui débouche dans un lac près de la ville du même nom, arrose ce pays pendant quelques mois. A la fin de l'été, il demeure presque à sec. Cependant pour subvenir aux besoins des nombreuses caravanes qui traversaient la contrée, beaucoup de petites bourgades s'étaient élevées sur ce sol ingrat et prospéraient, car elles s'approvisionnaient par Antioche et vendaient cher leurs denrées aux marchands voyageurs. La culture était à peu près nulle dans cette partie de la Syrie septentrionale, et c'est à peine si de maigres troupeaux trouvaient un peu d'herbe pendant l'hiver et le printemps.

La population était syriaque et surtout grecque, et c'était cette langue que l'on parlait depuis Antioche jusqu'à l'Euphrate supérieur.

Doxi considérait les chrétiens comme des perturbateurs de l'empire, et applaudissait aux persécutions dont ils avaient été l'objet sous quelques empereurs; blâmant ceux-ci de ne pas détruire une fois pour toutes une secte abominable, suivant lui, et qui ne tendait à rien moins qu'à conduire la société romaine à sa fin. Quand il sut que Constantin abandonnait le paganisme, il crut que le monde occidental touchait au plus effroyable cataclysme social qu'on eût vu; et le cœur plein d'amertume il retourna dans sa chère Égypte, espérant que là du moins, les peuples ne se laisseraient point entraîner vers l'abîme. Son désappointement fut grand et Alexandrie lui sembla pire qu'Athènes. De l'ancien ordre de choses politique et religieux qu'il avait tant admiré, il ne restait plus trace. Les Grecs tenaient le dé, mais à côté d'eux, s'élevaient des sectes religieuses et philosophiques innombrables. Tout était mis en discussion et ce peuple lui parut frappé de vertige. Épergos se plut à Alexandrie, et, quand Doxi manifesta l'intention de retourner en Asie, il eut grand'peine à se décider à l'accompagner. Toutefois les désappointements de son compagnon l'amusaient et il ne voulut pas le laisser seul. Tous deux prirent la route de Babylone et, pendant le chemin, Doxi avait tout le temps de discourir sur la chute prochaine des sociétés occidentales et sur l'avenir majestueux réservé aux peuples qui savaient conserver les principes d'autorité, de respect pour les traditions et qui ne passaient pas leur temps à entretenir des discussions oiseuses à propos de tout. « Mais, répondait Épergos, je crois me souvenir que, pendant que nous étions chez les Ninivites, à l'époque de leur splendeur, tu m'accusais de pousser ces gens-là vers l'application de choses nouvelles alors. Tu dois te rappeler une visite que nous fîmes au palais d'un roi. Il s'agissait de voûtes et tu n'avais pas de peine à me démontrer qu'en élevant ces gigantesques constructions, au prix de la vie de milliers d'humains, c'était abuser du pouvoir dévolu à quelques hommes sur leurs semblables. — Je n'approuvais pas plus ces choses alors que je ne les approuve aujourd'hui; mais en face du débordement des idées nouvelles en Occident, de l'esprit de vertige qui semble s'être emparé de ces peuples et des calamités qui en sont la conséquence, je trouve que le principe incontesté de l'autorité, que le respect absolu de la tradition, sont encore préférables à cet amour du changement qui s'est emparé du monde occidental, et dont ces Grecs détestables ont été les premiers fauteurs. — Alors ton admiration actuelle pour ces Asiatiques est relative? — Certes, de deux maux, on choisit le moindre. — Soit; te souviens-tu aussi que tu me demandais un soir, pendant que je regardais, dans ce même palais, les colosses, taureaux à têtes humaines qui ornaient les portes, ce que me disaient ces monstres, et que je ne répondis à cette question que plus tard. —Je crois me rappeler ceci.—Je complète aujourd'hui cette réponse; les colosses me disaient encore : « Nous sommes « de pierre, nous sommes forts et durables, mais qu'est cette « puissance en présence des monceaux d'argile qui nous en- « tourent et nous dominent? Nous sommes un caillou à « côté d'une montagne de terre que le temps doit prompte- « ment réduire en poussière. Notre force et notre durée ne « pourront empêcher la ruine immense, irrémédiable de ce « que nous semblons porter. »

Cependant plus ils avançaient, plus le pays était désert. On eût pu croire que les nomades qui, avant l'empire des Assyriens, parcouraient seuls ces vastes plaines, étaient revenus prendre possession de la contrée. Parfois, quelques bourgs à demi ruinés, des villages déserts, des champs sans culture.

Babylone n'existait plus que de nom, et la place de cette immense cité, la plus grande qui fut et sera jamais probablement, n'était marquée que par des monceaux d'argile entremêlés de terre cuite. Une grosse bourgade misérable et à peine habitée occupait seule la millième partie de la surface entourée jadis de ces remparts qui faisaient l'admiration du monde.

Le spectacle était si navrant, qu'Épergos n'eut pas le courage de railler son compagnon de sa déconvenue!

Doxi, sombre, silencieux, voulut repartir le lendemain de leur arrivée ; ce à quoi Épergos ne mit pas obstacle. Ils se dirigèrent donc, en remontant l'Euphrate, vers Palmyre. Mais cette cité qu'ils avaient vue si brillante sous Dioclétien, lorsque cet empereur y fit construire d'immenses édifices, était singulièrement déchue de sa splendeur, et, seules, les caravanes qui s'y rendaient de Séleucie à Damas ou à Antioche y entretenaient un peu de vie. On se dirigea donc vers cette dernière ville.

« Ce que nous venons de voir depuis plusieurs mois, dit Épergos, pendant qu'ils cheminaient à travers des contrées presque désertes, devrait, mon ami, te convaincre de cette vérité : que la liberté seule est féconde, qu'elle seule élève et moralise les hommes. Avons-nous vu jamais nation s'élever, acquérir une grande énergie morale sous le despotisme? Qu'est devenue l'Égypte, malgré la sagesse et la régularité de son gouvernement théocratique? le réceptacle de tout ce qu'il y a de corruption dans le monde connu ; qu'est devenu l'empire des Assyriens et celui des Perses? presque un désert. Nous avons visité Rome dans tout son éclat quand, lasse des guerres civiles et des brigues, elle remettait la gestion de la République entre les mains d'un empereur. Qu'est-elle devenue et que deviendra-t-elle avec ce corps difforme et devant les entreprises de plus en plus audacieuses des barbares? » A ce discours, Doxi ne répondit que par monosyllabes et son compagnon ne parvenait pas à le distraire.

Tant ils cheminèrent, qu'ils arrivèrent un soir dans le gros bourg d'Androna, dont les maisons bien bâties, propres, rectangulaires, toutes couvertes par des terrasses, étaient faites à peu près sur le même modèle. La plupart des habitants de ce bourg, comme de tous les centres habités de la Syrie septentrionale, logent les étrangers et leur fournissent des vivres, car le pays ne produit absolument rien, est totalement privé de cours d'eau, si bien, que de vastes citernes recueillent l'eau du ciel pendant la saison pluvieuse qui dure deux mois environ.

C'est la provision pour le reste de l'année. La maison dans laquelle s'arrêtèrent les deux compagnons était une des plus vastes. En voici le plan, figure 74.

On entre dans une cour assez spacieuse A, au fond de laquelle est une grande salle B. Les chambres des maîtres sont en C. En D sont les salles destinées à divers usages et à la conservation des provisions. La cuisine est en O, et en K un escalier monte à l'étage supérieur qui s'élève sur les

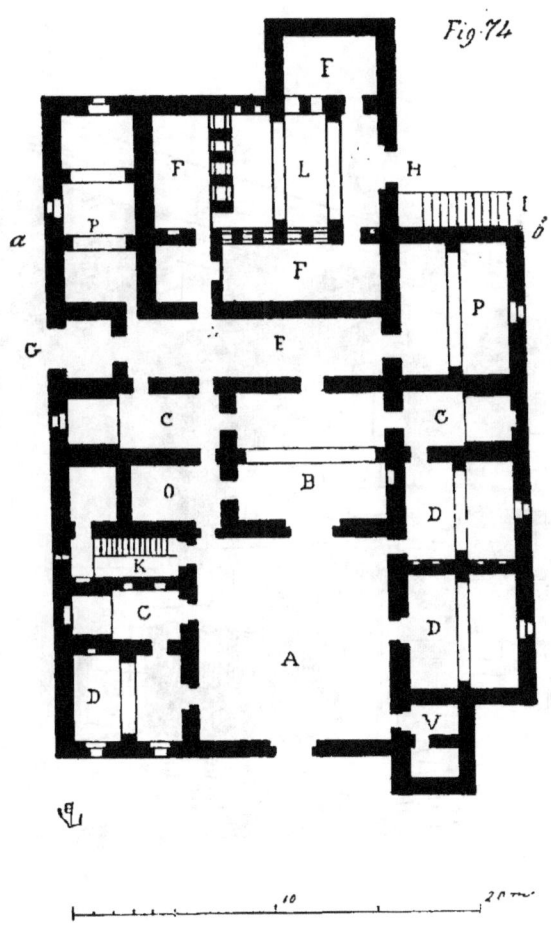

bâtiments jusqu'à la ligne *a b* seulement. La grande salle occupe la hauteur du rez-de-chaussée et du premier étage.

Les étrangers admis dans l'habitation ont leur entrée en G et jouissent de la salle E, ainsi que des chambres P qui servent de dortoirs. En L est l'écurie couverte avec la place pour les bêtes en F et des mangeoires entre les piliers. Les chevaux entrent par la porte H.

En I est un escalier qui conduit sur la terrasse recouvrant l'écurie. En V est une tour qui permet de découvrir la cam-

pagne ; on monte à la terrasse supérieure de cette tour par des échelles de bois.

Mais la structure de ces habitations offre cela de particulier qu'elle est entièrement faite de grandes pierres, les bois de charpente faisant absolument défaut dans la contrée. C'est ce qui explique la disposition du plan, ne présentant que des salles étroites ou coupées par un ou plusieurs arcs plein cintre qui reçoivent les grandes dalles formant plancher et couverture[1].

La figure 75, qui donne la coupe perspective faite sur la grande salle et la salle E du plan, explique ce mode de construction. On a dit que la grande salle prenait la hauteur du rez-de-chaussée et du premier étage ; aussi les dalles A qui forment son plafond portent la terrasse faite de cailloux et d'argile battue.

En B, on voit la pièce qui, au premier étage, surmonte la salle E du plan.

Des armoires sont réservées dans les murs de la plupart des chambres, car les meubles ne se composent que de bancs très-bas et larges recouverts de matelas le long des murs, avec nattes attachées à ces murs et formant dossier; de quelques petites tables et des ustensiles en poterie ou bronze les plus nécessaires. Le bois est si rare dans cette contrée que les portes sont souvent faites de dalles de pierre roulant sur des pivots.

La figure 76 présente la vue extérieure de cette habitation.

Un Grec en est le propriétaire ; il est affable, beau parleur et reçoit ses hôtes avec une politesse empressée. Lorsque les chevaux sont mis à l'écurie, les serviteurs vont chercher de l'eau à la citerne établie sous la cour et à laquelle on descend par une rampe de l'escalier K. Cette citerne est exactement construite comme les salles, c'est-à-dire au moyen d'un mur longitudinal central, sur lequel reposent les arcs qui portent des dalles et le bétonnage grossier composant l'aire. Toutes les eaux tombent dans la citerne par des rigoles de pierre.

---

1. Les lignes doubles qui coupent les salles indiquent le plan de ces arcs, portant les plafonds de pierre.

Le pays étant très-chaud pendant huit ou neuf mois de l'année, ces maisons, toutes faites de pierre, préservent parfaitement les habitants des ardeurs du soleil et conservent

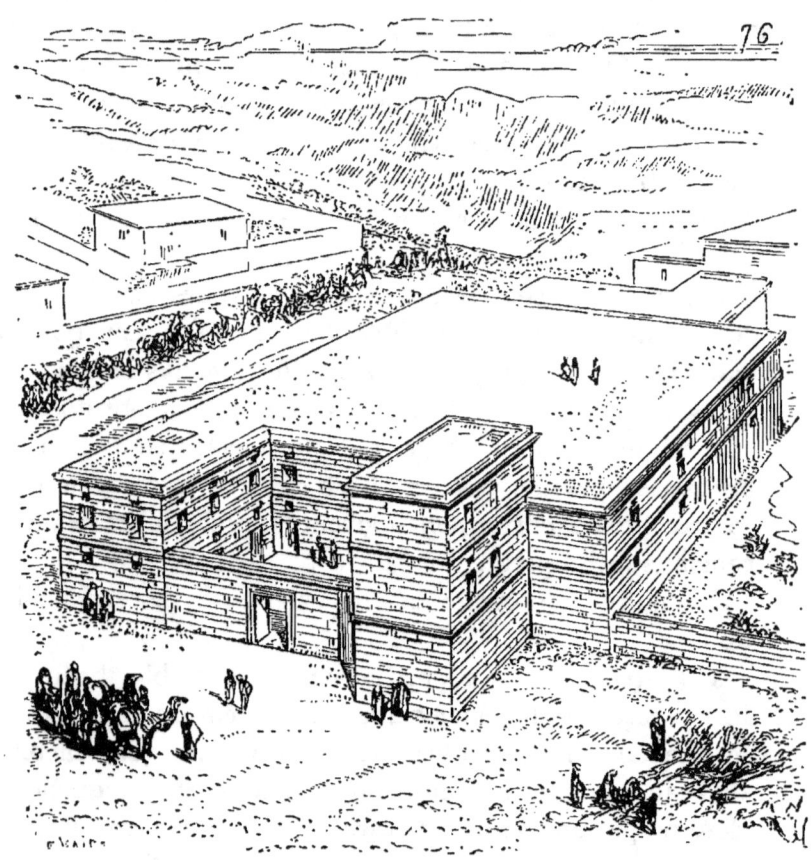

une température égale pendant la saison pluvieuse et variable.

En examinant cette demeure, Épergos ne put s'empêcher de remarquer la disposition du plan qui rappelait, en petit, celle des habitations ninivites qu'il avait autrefois visitées. Cela n'avait nul rapport avec les demeures des Grecs et cependant la plupart de ces habitations, plus ou moins vastes, mais toutes conçues sur le même plan, étaient habitées par des Grecs. Au centre du bourg était une basilique chrétienne, car le pays était chrétien depuis plus d'un siècle ; et non loin de l'église, un couvent de moines possédant aussi sa chapelle. Épergos désira visiter cet établissement et son hôte voulut l'accompagner. Quant à Doxi, plus sombre que jamais, prétextant la fatigue, il demeura dans la maison. L'idée de se trouver en pays chrétien, lui était insupportable…. Mais où se réfugier? Le monde semblait se transformer, ou plutôt, pour lui, se jeter dans un inconnu plein de périls et de ruines.

Le couvent ne différait guère soit comme plan, soit comme aspect, des grandes maisons de la ville, si ce n'est que le premier étage était divisé en cellules, qu'une chapelle remplaçait la grande salle et que les cours étaient plus vastes.

Ces moines recevaient les voyageurs trop pauvres pour payer leur gîte et leur nourriture. Ils avaient fait bâtir à cet effet un logis spécial, et vivaient des dons que leur faisaient les riches habitants de la contrée ou même les caravanes, lorsqu'elles revenaient satisfaites des produits de leur négoce.

Épergos, accompagné de son hôte, put constater l'affabilité et le degré d'instruction de ces habitants, entourés de déserts et vivant sur une terre si ingrate. Bien que ces demeures fussent très-simples, elles étaient commodes, et le luxe, dans les plus riches d'entre elles, ne consistait qu'en des étoffes admirablement tissées et en ustensiles d'un charmant travail qu'apportaient les caravanes venant de la Perse. L'esclavage se maintenait parmi ces populations en dépit de la loi chrétienne, mais il faut dire qu'il consistait plutôt en une domesticité imposée sans rigueurs, et que ces esclaves faisaient partie de la famille. La seule distraction extérieure que pouvaient se permettre les habitants de ces villes et villages, dépourvus de jardins et jalonnés sur le chemin des caravanes, était la chasse aux oiseaux de passage à l'automne et au printemps, des carnassiers et des gazelles.

Bien entendu, ces chasses se faisaient à cheval, car il n'y avait que les pauvres gens qui allassent à pied. Quant aux transports, les chameaux et les ânes en avaient la charge.

La vie n'était donc pas oisive, car le passage continuel des caravanes, la nécessité de les faire subsister, le négoce, répandaient dans ces bourgades une animation constante. Mais il y avait des ombres à ce tableau! Apres au gain, petits et grands exploitaient, autant que faire se pouvait, les voyageurs. Souples et obséquieux en présence de ceux dont ils espéraient tirer profit, ils étaient durs et impitoyables pour ceux qui ne pouvaient payer les services qu'ils sollicitaient. Les plus riches se livraient à une usure effrénée, et le christianisme n'avait guère modifié ces habitudes. Puis la plupart des Grecs établis dans cette contrée n'y venaient que pour s'enrichir le plus promptement possible. Dès qu'ils avaient amassé de grosses sommes, ils allaient finir leurs jours soit à Byzance, soit sur le littoral asiatique de la mer Égée. Les conditions de prospérité du pays ne pouvaient donc se modifier et se bornaient à une exploitation des caravanes sur deux ou trois lignes. En dehors de ces lignes, c'étaient le désert et l'abandon.

Après s'être reposés trois jours, les deux compagnons prirent congé de leur hôte qui leur fit très-bien payer l'hospitalité accordée, puis ils suivirent leur route vers le nord.

En se rapprochant d'Antioche, le pays prenait peu à peu un aspect moins dépouillé.

On apercevait parfois des oliviers, de la vigne sur les rampes des coteaux; quelques habitations champêtres destinées à une maigre exploitation, des troupeaux dans les fonds où poussait une herbe dure, rare et surtout des arbustes épineux.

Bientôt ils arrivèrent près de Chalcis, dans une contrée relativement riante. Sur la gauche, à l'horizon, une longue chaîne de montagnes bleues se découpait sur le ciel; et des jardins étagés sur les rampes, de hautes collines vers la droite, indiquaient une culture attentive.

De petits murs de pierres sèches retenaient les terres et empêchaient aussi les pluies torrentielles de l'hiver de raviner les pentes. Ces eaux, recueillies dans des citernes et des bassins, permettaient d'arroser avec parcimonie ces jardins pendant la saison chaude. Quelques maisons blanches avec leurs toits de brique, jetaient des touches éclatantes au milieu du rideau vert pâle des oliviers, coupé par ces innombrables petits murs formant ainsi comme les degrés d'un immense escalier.

Épergos et Doxi s'arrêtèrent dans un gros village situé à deux heures de marche de Chalcis; car leur hôte leur avait donné une lettre d'introduction pour un de ses amis qui demeurait là, en les engageant à ne pas séjourner dans la ville où ils seraient fort mal logés en ce moment, à cause d'un grand marché qui s'y tenait. En effet, Chalcis est le nœud de toutes les routes qui du sud, de l'est et du nord-est, se rendent à Antioche.

Les maisons du village n'étaient pas, comme celles d'Androna, couvertes en terrasses. Les combles, faits de charpente, supportaient de la tuile, et dans chaque habitation, un petit jardin planté d'oliviers, d'orangers, de vignes, de figuiers et de grenadiers, donnait à ces demeures un aspect gai qui contrastait avec l'aridité des bourgades que nos deux voyageurs venaient de quitter.

La maison de Théagènes, mieux disposée que celle du riche propriétaire d'Androna, se composait d'une entrée cintrée A, formant porche sur la voie publique, figure 77, d'une avant-cour B donnant sur la cour principale C, bordée par un portique D et trois chambres E. Dans l'une de ces chambres, un escalier montait au premier étage, distribué de la même manière que le rez-de-chaussée. En G était la

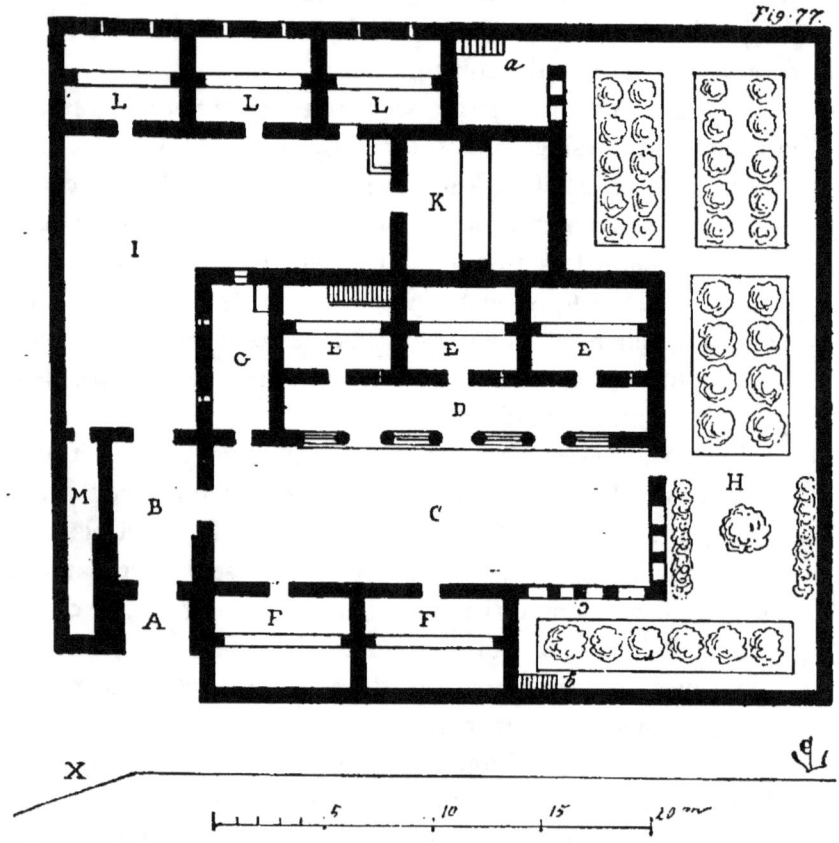

cuisine et en F des magasins de provisions n'occupant qu'un rez-de-chaussée. De l'avant-cour B on entrait aussi dans la basse-cour I, avec logements L pour les familiers, et grande écurie en K. Des jardins occupaient l'espace H et, en M, étaient disposées des latrines.

La figure 78 représente la vue cavalière de cette habitation, prise du point X. Les planchers étaient faits de pierre comme ceux des maisons d'Androna et des arcs portaient les chevrons des combles. Puis le double portique donnait à ces constructions une apparence d'élégance que ne possé-

daient pas celles dont on vient de voir un spécimen. On trouvait là un mélange des traditions asiatiques et grecques qui plut fort à Épergos.

La bâtisse bien faite, en grandes pierres, posées sans mortier, avait un air de solidité tout à fait rassurant dans une contrée où les tremblements de terre sont fréquents.

Deux citernes situées sous les pièces F et L, auxquelles on descendait par les escaliers *a* et *b*[1], permettaient d'arroser les jardins, car elles étaient alimentées pendant une bonne partie de l'année par un filet d'eau filtrant à travers les couches calcaires sur lesquelles s'appuyaient les bâtiments.

Les intérieurs de cette habitation ne différaient point d'ailleurs de ceux des maisons d'Androna; même mobilier très-simple, même richesse d'étoffes. Quant aux habitants, bien que leur principale occupation fût l'alimentation des caravanes et le commerce, ils cultivaient cependant quelques vergers d'oliviers, des vignes, des orangers, et n'étaient point obligés d'acheter et de faire venir de loin toutes les denrées nécessaires à la vie. Aussi étaient-ils moins âpres au gain que les gens de la contrée sauvage, poudreuse et aride, qu'Épergos et Doxi venaient de quitter.

Théagènes était de petite taille, ses yeux brillants comme deux diamants noirs, étaient sans cesse en mouvement, et toute sa personne semblait mue par des ressorts. Il reçut les deux compagnons, tout en donnant des ordres à ses serviteurs, mettant la main à tout, s'enquérant de tout, répondant à toutes les questions à la fois. Faire mettre les chevaux à l'écurie, indiquer aux voyageurs leur logis, les interroger sur le but de leur voyage, s'occuper du repas, cela fut l'affaire de quelques instants. Et pendant qu'Épergos et Doxi se reposaient à l'ombre, sous le portique, qu'on leur apportait de l'eau fraîche et des fruits, le petit homme allait et venait, appelant les femmes, gourmandant les palefreniers, faisant observer que tel ustensile n'était point à sa place, qu'il fallait tuer un mouton, que telle caravane était en retard et qu'il était l'heure d'arroser le jardin.

La maison, grâce à l'activité du maître, était d'une propreté irréprochable. Les murs blanchis à la chaux à l'inté-

---

[1]. Voyez figure 77.

rieur, ne laissaient apparaître nulle souillure, et les serviteurs, à l'exemple de Théagènes, ne demeuraient pas un moment en repos. Ces façons d'être contrastaient si bien avec les habitudes nonchalantes des Orientaux, au milieu desquels les deux compagnons vivaient depuis plusieurs mois, qu'ils se demandèrent d'où pouvait venir ce petit homme si remuant.

Pendant le repas du soir, lorsque la famille fut réunie, Épergos et Doxi, après avoir répondu aux nombreuses questions de leur hôte, ne purent s'empêcher de le complimenter sur son activité, sur la bonne tenue de son habitation, et de lui demander s'il était né dans la contrée. « Non point, répondit Théagènes, je suis né à Samos, j'ai longtemps fait le commerce, naviguant sur les côtes, depuis Smyrne jusqu'à Tyr. Ayant amassé quelque argent, et voulant finir mes jours tranquillement, je suis venu ici, sachant que maintenant, sur ces voies de Perse à Antioche, on peut, avec de l'activité, doubler son avoir en peu de temps; j'ai fait rebâtir cette maison qui était délabrée quand je l'ai achetée, et j'espère, dans quelques années, pouvoir retourner à Samos avec une belle fortune. — Ainsi, dit Épergos, vous n'êtes pas attaché à ce pays? — Certes non; que faire ici? c'est un lieu de passage, où la vie est difficile, où l'on trouve plus de voleurs que d'honnêtes gens, où la population change sans cesse. Il faut se presser d'y faire fortune, et pour cela veiller à tout et sur tout, autrement on est bien vite ruiné. Les trois quarts des propriétés que vous voyez en ce pays sont entre les mains des usuriers qui ont fini par déposséder les maîtres, et, si cela continue, le pays tout entier appartiendra aux riches d'Antioche qui ne prêtent leur argent qu'à bon escient. Ceux-ci louent fort cher ces domaines à des Grecs, à des Arméniens, qui ont grand'peine à mettre les deux bouts ensemble, et s'en vont souvent sans payer. Ainsi, l'amour du gain, le besoin d'argent qui chaque jour se fait sentir davantage chez les gens d'Antioche, tendent à détruire la source de richesse de cette belle cité; car que deviendrait Antioche sans toutes ces stations qui permettent aux caravanes de venir en si grand nombre à travers l'Arabie, pour y apporter les produits de la Perse?

« Et comment admettre que des hommes continueront à vivre dans ces contrées ingrates, s'ils n'y trouvent de grands avantages? — Eh! interrompit Doxi, cette population riche d'Antioche n'est-elle pas chrétienne? — Si fait, mais le christianisme n'a point fait perdre à ce monde-là ses habitudes d'usure, malgré les évêques et les conciles qui essayent en vain de guérir cette plaie asiatique chez les nouveaux convertis. Mais les habitudes d'usure sont tellement invétérées chez nous, que beaucoup de familles, parmi les plus considérables et les plus riches, n'ont pas eu, depuis plusieurs générations, d'autres moyens de soutenir leur rang et leur fortune. Ainsi la plupart des hommes libres qui vivent de leur travail voient-ils tous leurs gains tomber aux mains des riches oisifs de ces grandes villes tout éclatantes de luxe. Il n'en est pas moins vrai que les stations situées entre Palmyre, Épiphanie et Antioche, tendent à se dépeupler. Cependant des persécutions, commencées contre certaines sectes de chrétiens depuis l'établissement du siége de l'empire à Byzance, ont ramené dans ces contrées des familles qui ont été forcées de quitter la capitale. — Comment! reprit Doxi, les chrétiens se persécutent déjà entre eux? A peine sont-ils les maîtres dans l'empire depuis quelques années! » Théagènes se contenta de sourire et souhaitant une bonne nuit à ses hôtes, prétextant la nécessité pour lui de se lever de grand matin, il les laissa se livrer au repos.

Restés seuls, Épergos et Doxi tinrent conseil. Que feraient-ils? où iraient-ils? L'Occident ne leur promettait rien de nouveau, ils l'avaient visité dans tous les sens. Ils résolurent donc de pousser leurs explorations vers l'est, en passant au nord de l'ancienne Médie, dans la Bactriane, en traversant les cours supérieurs de l'Indus et du Gange, en longeant les monts Émodi et poussant toujours à l'est jusqu'à ce que la terre leur manquât. Ce projet sourit à Doxi qui prenait l'Occident en aversion, depuis surtout que l'empire avait embrassé le christianisme. « Nous verrons, en passant, disait Épergos, ce que sont devenus nos amis du haut Indus ; leurs habitudes ont dû se modifier depuis le temps où nous les visitâmes ? — Espérons qu'il n'en est rien, fit Doxi. »

XX

L'INDE BOUDDHIQUE.

« A quoi donc a-t-il servi que Siddhârtha, le Bouddha, vînt parmi vous enseigner la pauvreté et le renoncement aux biens terrestres; pourquoi s'est-il vêtu d'un linceul rapiécé arraché à un cadavre; qu'avait-il à faire de prêcher la charité aux riches, la patience aux pauvres, de jeûner pendant six ans et d'acquérir, au pied de l'Arbre de l'intelligence, la qualité de Bouddha, d'atteindre la triple science, puisque je ne vois dans toute la contrée, que palais somptueux, temples magnifiquement ornés, couvents pourvus de tous les agréments de la vie, prêtres orgueilleux qui ne s'enquièrent pas de ceux qui n'ont ni abri, ni nourriture, kshattriyas qui ne songent qu'à la guerre et à détruire les hommes, castes privilégiées qui méprisent leurs frères, moins heureusement nés? »

Ainsi parlait Doxi au milieu d'une nombreuse assemblée réunie à Bénarès, pour discuter certains points de doctrine.

Des murmures accueillirent ces paroles. Doxi continua : « Qu'a dit Siddhârtha? — « Tous les êtres, qu'ils soient in-

« fîmes, médiocres ou élevés, qu'ils soient très-bons, moyens
« ou très-mauvais, peuvent être rangés en trois classes; un
« tiers est dans le faux et y restera; un tiers est dans le vrai;
« un tiers est dans l'incertitude. Ainsi un homme au bord
« d'un étang voit des lotus qui ne sont pas sortis de l'eau,
« d'autres qui sont au niveau de l'eau, d'autres enfin qui
« sont élevés au-dessus de l'eau. Que j'enseigne ou que je n'en-
« seigne pas la loi, cette partie des êtres qui est certainement
« dans le faux ne la connaîtra pas; que j'enseigne ou que
« je n'enseigne pas la loi, cette partie des êtres qui est cer-
« tainement dans le vrai la connaîtra; mais cette partie des
« êtres qui est dans l'incertitude, si j'enseigne la loi, la con-
« naîtra; si je n'enseigne pas la loi, elle ne la connaîtra
« pas. » Où sont donc parmi vous les lotus à fleur d'eau
et ceux qui s'épanouissent à sa surface, les bons et les incer-
tains? Je ne vois que ceux qui sont dans le faux, puisque
nul n'observe la loi, ou, la connaissant, ne veut pas s'y soumettre. La charité, enseignée par le Bouddha et pratiquée
par lui-même, doit éteindre tout sentiment d'égoïsme dans
le cœur de l'homme, et je vois que, parmi vous, chacun ne
pense qu'à soi. Le Bouddha dit qu'il ne faut pas mentir,
ni même prononcer des discours vains et frivoles, et je n'ai
entendu que des hommes qui mentaient ou parlaient inutilement.

« Siddhârtha prêchait l'humilité de cœur, et disait aux religieux : « Cachez vos bonnes œuvres en montrant vos pé-
« chés, » et personne ne confesse ses fautes deux fois par
mois, à haute voix devant l'assemblée. La loi du Bouddha
est simple et sévère, un enfant peut la comprendre. Vous!
qu'avez-vous fait? vous l'avez noyée dans une casuistique
obscure..... »

A ce moment, les cris et les menaces succédèrent aux
murmures, si bien qu'Épergos eut grand'peine à faire sortir
son compagnon de l'assemblée.

« J'avoue, lui dit Épergos, lorsqu'ils furent à l'abri, ne rien comprendre à tes façons d'agir. Quand nous étions en Occident, les chrétiens étaient tenus par toi en médiocre estime, et voilà que tu te prends de passion pour le Bouddha et ses préceptes de morale? — C'est toi, répliqua Doxi, qui ne vois jamais plus loin que le bout de ton bâton; le bouddhisme est dans le vrai, car il tend à arrêter ce que tu appelles l'essor de l'esprit humain, il tend à faire rentrer l'homme dans le néant d'où il n'eût jamais dû sortir; et, quand je vois ceux qui prétendent suivre les préceptes de Bouddha se préoccuper beaucoup moins d'atteindre le Nirvâna que d'élever des temples et des couvents somptueux pour leurs religieux, des palais pour leurs seigneurs, et se livrer à toutes sortes de réjouissances, je ne puis réprimer une trop légitime indignation. — Eh! ami, laisse donc une bonne fois l'humanité suivre sa destinée.

« Depuis le temps où nous étions sur les plateaux du mont Mérou, des milliers d'années se sont écoulées, tes efforts, tes colères, tes conseils n'ont pas suspendu la marche de cette humanité; à peine as-tu pu jeter quelques cailloux dans le torrent : tu as vu bouillonner l'eau un instant et tu as cru que le courant allait s'arrêter. Ces gens-ci, crois-moi, ne sont pas faits pour se résigner au néant et le considérer comme le bien suprême. Ils laisseront là le bouddhisme, car ils veulent vivre, non-seulement sur cette terre, mais dans l'éternité. »

La sortie de Doxi, qui avait excité la colère d'une grande partie de l'assemblée, laissait cependant une assez vive impression dans l'esprit de quelques-uns des assistants. Parmi eux était un très-riche marchand qu'on appelait Kalanta. Il avait fondé plusieurs sanghârâmas (lieux d'assemblée) pour ceux qui voulaient discourir sur la loi, pratiquait la charité et aimait fort les saints. Les paroles de Doxi firent naître dans l'esprit de Kalanta la pensée de posséder dans sa maison cet homme qui paraissait si bien connaître la loi, et dont la tenue sévère inspirait le respect. Il le fit donc chercher, enjoignant à ses messagers de manifester la plus grande déférence pour le savoir de Doxi, et de le supplier de venir pendant quelques jours habiter le palais de Kalanta, afin de le sanctifier en instruisant les siens. Prosternés jusqu'à terre, les messagers firent part à Doxi du désir de leur maître. Épergos, qui désirait profiter de cette occasion pour voir le palais d'un des plus riches habitants de Bénarès, joignit ses instances à celles des envoyés de Kalanta, si bien que les deux compagnons juchés sur un éléphant amené à cet effet, — car la maison de Kalanta était hors la ville, — arrivèrent le soir devant cette splendide demeure. Épergos passait pour être le secrétaire de Doxi.

Les vastes jardins du palais de Kalanta s'étendent jusqu'au Gange, des arbres séculaires ombragent ses rives. De l'habitation, située sur un terrain quelque peu élevé, on voit le large fleuve se perdre du côté de l'ouest, dans une plaine couverte de la plus brillante végétation. Vers le nord apparaissent les premières rampes de l'Himâlaya perdues dans une chaude brume et, du côté de l'est, la ville de Bénarès, avec son enceinte, ses édifices étagés, éclatants de lumière, et les milliers de barques qui sont amarrées le long de ses maisons et de ses places couvertes de tentes, de grands parasols, d'abris de toutes sortes. La pureté de l'air permet de distinguer, à cette distance, la foule qui circule le long du grand fleuve.

Arrivés au détour du chemin qui conduit à l'habitation de Kalanta, ce magnifique panorama se déroule tout à coup aux yeux des deux compagnons, qui ne peuvent retenir un cri d'admiration. « Voilà ! dit Épergos, un saint homme qui a bien choisi sa place sur la terre en attendant le néant, auquel il aspire sans doute. Et tu crois sérieusement, Doxi. que quand on a tous les jours un pareil spectacle devant les

yeux, on se résigne facilement à le quitter pour le Nirvâna !
— Tais-toi, Épergos, le Nirvâna est pour les humains la fin des épreuves ; tous ceux qui ont la sagesse en partage doivent désirer atteindre le seuil de ce palais, terme de tous les maux.

— Allons, je vois que tu es bien en point pour édifier notre hôte, et, s'il ne te tient pas pour Bouddha, c'est qu'il y mettra de la mauvaise volonté. — Cesse de railler !

— Oh ! sois tranquille, je ne te compromettrai pas. »

Les deux compagnons et leur escorte entrent dans les jardins parfaitement tenus. On arrive bientôt le long d'un canal *a* alimenté par une quantité de jets d'eau (fig. 79). Un pont A est jeté en face de l'entrée principale de l'habitation. Épergos et Doxi, ayant laissé leur monture, sont introduits dans le portique B qui sert de vestibule au palais. Des deux côtés de ce portique ouvert, des salles C sont destinées à loger le portier et à permettre d'attendre les ordres du maître. De ces salles, par les portiques E, ou par la cour D ornée au centre d'un bassin avec jet d'eau, on monte au logis principal par des degrés. Les portiques aboutissent à deux petites salles F où les serviteurs attendent la sortie de leurs maîtres, et à un portique élevé en G qui donne entrée dans la grande salle d'assemblée H. Sur la gauche de cette salle, en I, est une autre salle divisée par une épine de piliers qui sert de promenoir et où se tiennent les serviteurs du palais. En K sont des pièces d'habitation. En S et T, des cuisines et lieux de dépôt de provisions. Deux escaliers M montent au premier étage qui contient, au-dessus des pièces I et K, des chambres donnant sur un balcon en encorbellmeent du côté de la grande salle, car celle-ci s'élève de fond. En L est le vestibule pour le service avec son degré N et une terrasse O, élevée au niveau du jardin supérieur faisant plate-forme. En R sont des portiques extérieurs ou promenoirs couverts.

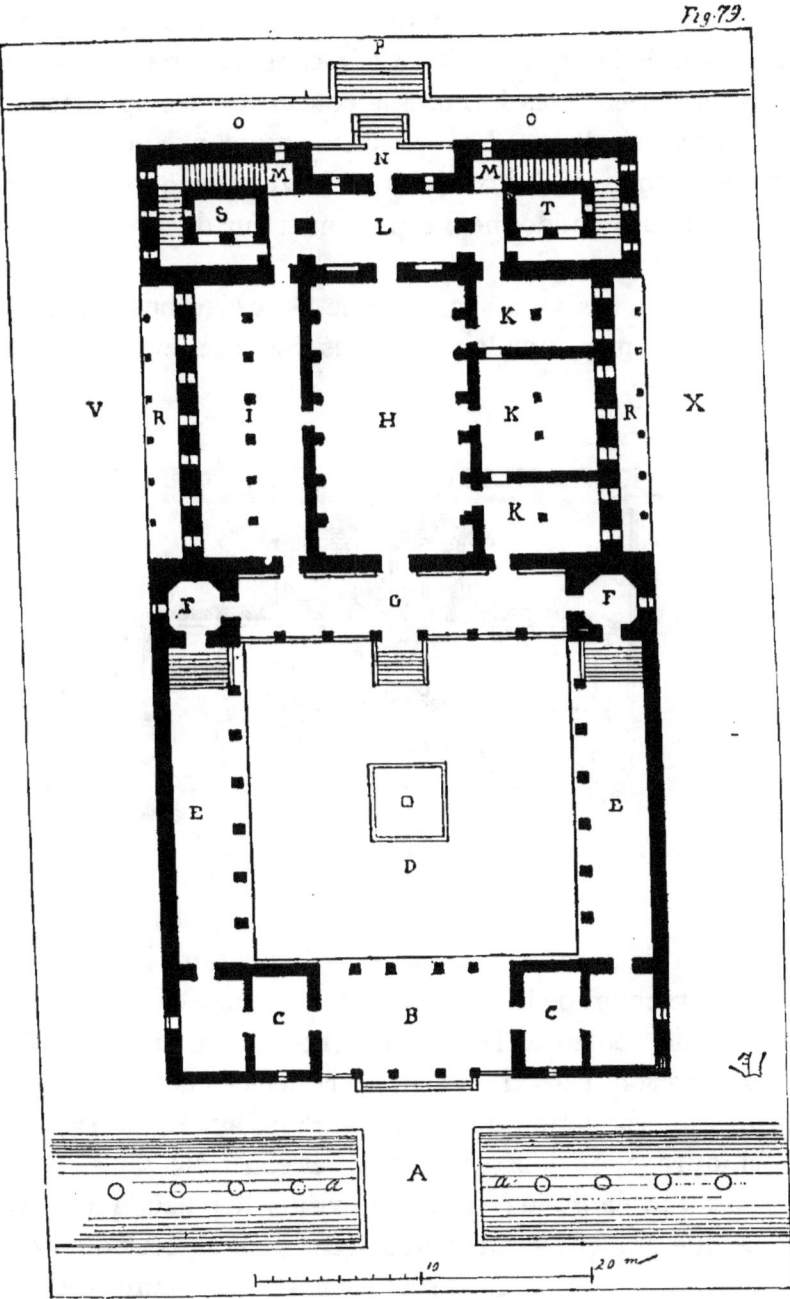

Fig. 79.

Si l'on fait une section sur V X, on obtient la coupe (fig. 80) qui fait comprendre la disposition des appartements et de la grande salle. Celle-ci est éclairée et aérée au-dessus des terrasses formant la couverture des appartements du premier étage. Les escaliers montent jusqu'à deux plates-formes d'où l'on jouit de la vue sur toute la contrée.

La figure 81 donne l'aspect intérieur de la grande salle vers le fond.

Kalanta, assis dans le portique G, les jambes croisées sur un riche tapis, attendait ses hôtes. Sans se lever il fit signe

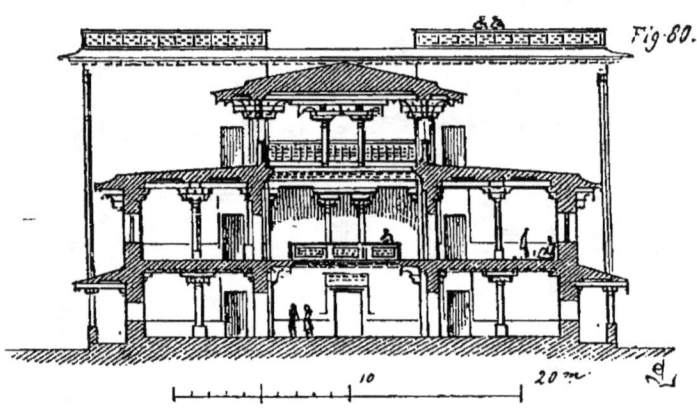

Fig. 80.

à Doxi de prendre place en face de lui, tandis qu'Épergos et les personnes de la suite restaient debout.

« Ma demeure, Doxi, est honorée par ta présence. Tes propos sont ceux d'un saint et je tiens à t'entretenir au sujet de l'interprétation de la loi. » Puis, ayant fait signe à son entourage, on laissa le maître et son hôte seuls. Épergos, paraît-il, était plus curieux de visiter le palais que de savoir ce que diraient les deux sages, car il suivit ceux qui l'avaient amené, sous le prétexte de disposer la chambre de Doxi, conformément à ses habitudes de simplicité. Nous ne savons

81

INTÉRIEUR DU PALAIS HINDOU (P. 262).

ce que, pendant deux grandes heures, Kalanta et Doxi purent se dire. Il faut supposer que leurs propos avaient pour eux un grand intérêt, car ils laissèrent à Épergos le temps de parcourir le palais du bas en haut, accompagné d'une façon d'intendant très-désireux de montrer au prétendu secrétaire du saint les splendeurs de cette demeure. Toute la structure était faite de pierre, de briques et de bois. Les colonnes taillées dans de la pierre dure étaient à huit pans, polies avec le plus grand soin et surmontées de chapiteaux finement sculptés. Quant aux murs, construits en briques avec revêtements de pierre à l'extérieur jusqu'à hauteur d'homme, ils étaient enduits à l'extérieur et à l'intérieur; les plafonds se composaient de pièces de charpente posées en encorbellement et ornées de sculptures.

Malgré la richesse extérieure de cette construction, Épergos ne manqua pas d'observer qu'elle rappelait dans son principe, les structures grossières qu'il avait vues autrefois sur les rives du haut Indus.

La composition de la grande salle fut pour lui un sujet d'admiration. Ces encorbellements de charpente si bien entendus pour soulager la portée des grandes poutres et former auvents au dehors; l'arrangement de ce balcon intérieur qui donnait accès dans les chambres du premier étage; cette sorte de tribune double qui fermait le fond de la salle; la bonne répartition de la lumière dans ce vaste vaisseau dont toute la partie inférieure restait plongée dans une pénombre douce; la fraîcheur relative qui régnait sur l'aire garnie de tapis; l'éclat tempéré des peintures; la richesse du plafond tout brillant d'or et d'azur; le calme du lieu, tout cela jetait son esprit dans une sorte d'extase vague, pleine de charme.

Prétextant la nécessité de mettre en ordre des notes très-importantes que Doxi lui avait laissées, il pria l'intendant de le laisser seul quelques instants, et, s'asseyant sur un des divans qui garnissaient les angles de la salle, il se prit à méditer. « Quel être étrange est l'homme, se dit-il; il ne peut rien oublier, et malgré les perfectionnements infinis qu'apporte dans ses œuvres la suite des temps, on retrouve toujours la trace de ses premiers efforts ou des premières influences qu'il a subies. Deux rameaux d'un même tronc s'en vont l'un au sud-ouest, l'autre au sud-est; l'un dans la Médie, l'autre dans l'Inde. Le premier emporte avec lui ses traditions de structure de bois, mais il s'établit au milieu de populations qui creusent leurs demeures dans le sol ou qui élèvent des sortes de tanières en argile; il construit ces palais assyriens avec leurs voûtes, leurs épaisses murailles de terre, tout en laissant voir encore sur cette structure concrète la trace de ses premières bâtisses de bois. L'autre tombe au milieu de ces races inférieures par l'esprit, mais chez lesquelles les arts manuels sont arrivés à un degré de perfection assez élevé, et le voilà qui, tout en demeurant fidèle à ses traditions, se sert des moyens employés par ces hommes qu'il soumet. N'y a-t-il pas ici quelque chose de cette structure que j'observai jadis chez ce gros Fau qui nous mit à la porte de sa maison, et cela mélangé de traditions âryennes des conquérants. Et ces Ioniens, eux-mêmes, n'avaient-ils pas dans leur architecture certains rapports frappants avec ce que nous voyons ici? Et toujours cette grande salle, ces cours entourées de portiques que je retrouve chez ces Aryas à leur berceau, puis chez les Égyptiens, chez les Ioniens, les Grecs et les Romains, puis dans la Perse et ici. Tout cela diffère et est la même chose. La variété infinie dans l'unité.

« Et pourquoi ces premiers éléments de structure s'épurent-ils chez les Grecs, et ailleurs tendent-ils à devenir confus? Pourquoi, chez les Grecs, ce choix raisonné et contenu de la forme, cette sobriété pleine de charme et qui laisse à l'esprit le soin de désirer? Pourquoi ici cette profusion de sculpture étrange, monstrueuse parfois, qui fait pressentir l'abus et la satiété? Pourquoi? Quelle est la cause? Est-ce parce que les Aryas établis sur le sol de la Grèce se sont mêlés à une certaine race d'hommes, tandis que ceux établis ici en ont trouvé une autre déjà puissante? Les produits de l'intelligence humaine doivent-ils être dosés en raison des aptitudes particulières à chaque race et de leurs mélanges? Plus je vois, et plus ces problèmes me semblent compliqués et d'une solution difficile. Et, dans la suite des temps, si tous ces peuples, qui se connaissent à peine, en viennent à établir entre eux des relations fréquentes et intimes, que résultera-t-il du mélange de ces traditions, de ces influences diverses? Sera-ce mieux, sera-ce pire? Sera-ce la décadence irrémédiable, ou l'apogée des productions de l'intelligence humaine? »

Épergos aurait longtemps encore continué son monologue, si Kalanta et Doxi n'étaient entrés dans la grande salle. Leur conversation devait avoir laissé dans leur esprit une profonde impression, car ni l'un ni l'autre ne paraissaient avoir conscience de la beauté du lieu où ils se trouvaient. Le soleil, près de l'horizon, dardait ses derniers rayons horizontalement, à travers les grandes ouvertures hautes de la salle, et au-dessus de la poussière lumineuse, le plafond paraissait se perdre, tout étincelant d'or, à des hauteurs prodigieuses. Des clairs vifs s'attachaient à toutes les saillies et le pavé semblait un miroir qui reflétait le mélange des couleurs dont les murs étaient couverts.

Épergos s'avança vers son hôte et le saluant jusqu'à terre : « Permets, seigneur, à l'humble secrétaire du sage Doxi de prier son maître de considérer un instant la splendeur du lieu où il se trouve. » Doxi paraissant sortir d'un rêve leva les yeux : « En effet, dit-il, cela est d'une grande beauté; mais qu'est-ce donc auprès de la triple science? — Allons, se dit Épergos, il est décidément fou, ou prétend rendre notre hôte plus fou qu'il n'est déjà. »

Pendant les trois jours qui suivirent, Kalanta et Doxi ne cessèrent leurs entretiens que pour se livrer au sommeil. Épergos profita des occupations mystiques de son compagnon pour visiter les environs de cette belle demeure; il constata, sans en être autrement surpris, que les maisons des habitants appartenant aux castes inférieures étaient loin de répondre aux magnificences du palais de son hôte. La plupart n'étaient que de mauvaises cabanes faites de bambous et de terre détrempée avec des joncs ou du chaume. « Je comprends très-bien, dit-il le soir à Doxi, que les habitants de cette contrée qui occupent les méchantes demeures visitées par moi ce matin, s'empressent d'accepter la loi de Bouddha et qu'ils puissent aspirer au néant comme à la fin de leurs misères; mais j'ai peine à croire que Kalanta et tous ceux qui vivent comme lui acceptent longtemps cette loi. S'ils la suivaient à la lettre, la première chose à faire serait de distribuer leurs richesses à tous ces pauvres diables et à vivre comme eux sur le pied d'égalité.

« Est-ce là ce que tu es parvenu à persuader à Kalanta? — Si tu connaissais la doctrine de Bouddha, tu saurais que les êtres passent successivement, et en raison de leurs mérites ou de leurs fautes, par des états plus ou moins voisins ou éloignés de la science et de la sagesse suprême. Si Kalanta peut, en toute sécurité et à l'abri des soucis, méditer sur le Nirvâna, c'est qu'il a subi déjà dans d'autres corps les épreuves nécessaires pour atteindre le degré humain sur lequel il se repose et médite jusqu'à sa mort. S'il ne remplit pas toutes les prescriptions de la loi, il peut retomber dans l'état misérable où sont les hommes dont tu parles, de même que ceux-ci en cherchant la vérité, pendant leur temps d'épreuve sur la terre, peuvent y revenir dans un état meilleur. Jamais le Bouddha n'a prêché l'égalité entre les hommes, car tous ne sont pas placés sur le même échelon de la sagesse et de la science. Mais il a prêché la charité, car tous peuvent monter cette échelle dans la série de leurs transformations ; et il faut même leur en faciliter les moyens. — Et on trouve en haut de l'échelle, quoi ? — Le Nirvâna, c'est-à-dire la fin des épreuves, la fin qui est le néant dont est sorti le monde. — Ce n'est pas la peine alors de monter si haut. — Tu n'entendras jamais ces mystères, Épergos, car tu es un esprit étroit et tout préoccupé des choses terrestres, qui affecte de dédaigner la sagesse suprême. — Que veux-tu ! nous en avons déjà tant vu des ces mystères, nous avons entendu tant d'esprits qui prétendaient posséder la sagesse absolue, bien qu'ils ne fussent guère d'accord entre eux sur le point où elle réside, que pour ma part et sans être l'esprit étroit que tu dis, je puis bien avoir des doutes. Et toi-même, ne t'ai-je pas vu embrasser tour à tour et proclamer, comme le comble de la sagesse, la théogonie des Égyptiens, la théologie des Assyriens, puis le système à la fois politique et religieux des Romains ; maintenant te voilà bouddhiste : c'est très-bien, et je n'y vois pas de mal, mais laisse-moi la faculté de n'être rien de tout cela, sans me traiter de petit esprit.

— Ce que tu veux appeler une sorte d'engouement pour des formes diverses de la vérité n'est, en fait, chez moi, comme chez tous les humains, qu'un besoin de connaître et d'atteindre à cette vérité absolue. Comme les autres hommes qui pensent, je monte les degrés, et ce que tu supposes être contradiction n'est que transformation. — Alors il faut m'attendre à te voir abandonner la doctrine de Bouddha pour une autre que tu jugeras plus rapprochée de la vérité absolue ? — La chose est possible. — Donc tu doutes, et nous sommes bien près de nous entendre. Comment la doctrine de Bouddha mènerait-elle à la sagesse et à la vérité absolue, qui se résolvent dans le Nirvâna, s'il pouvait exister une autre doctrine plus sage ou plus vraie ? Cette doctrine ne serait donc plus que relative ; or ne peut-on douter de l'efficacité absolue de ce qui est relatif? — Ton esprit, Épergos, a été profondément corrompu par de trop longs séjours chez ces Grecs, je m'en aperçois à chaque heure. — Remarque, Doxi, que, quand tu es à bout d'arguments, tu me dis des injures, et cela, non depuis que tu as vécu chez les Égyptiens ou les Assyriens, mais depuis le commencement du monde. »

Le lendemain matin les deux compagnons quittaient leur hôte, qui les combla de présents et supplia Doxi de venir le revoir afin de l'affermir dans la connaissance de la loi.

XXI

VOYAGE A TRAVERS L'EXTRÊME ORIENT.

En quittant Bénarès, nos deux compagnons remontèrent le Gange ; ils arrivèrent dans des contrées montagneuses d'une beauté surprenante, car il semblait que les agréments de tous les climats de la terre fussent réunis sur ce territoire. Tantôt, dans des vallées larges, on voyait croître les végétaux des pays chauds, puis, à quelques heures de marche, on trouvait des forêts de sapin et de mélèze sur les rampes des montagnes, des gorges sauvages et des sommets couverts de neiges éternelles. Des édifices énormes, taillés dans le roc en l'honneur du Bouddha, attestaient la foi des populations, et, à côté de ces efforts prodigieux de l'industrie humaine, de misérables cabanes de bois et de roseaux. Épergos tenait à se retrouver sur le haut Indus afin de voir si cet antique berceau des Aryas, d'où tant de peuples étaient sortis, conservait sa simplicité primitive ou s'il s'était transformé. Les deux compagnons arrivèrent dans la vallée de Kachmir, qu'ils avaient descendue bien des siècles auparavant. A peine s'ils purent signaler quelques différences dans les usages des habitants de ces hautes contrées ; ceux-ci construisaient alors comme ils bâtissaient jadis. La physionomie de ces hommes était la même qu'alors, leurs mœurs aussi simples, et toujours des tribus émigraient vers l'ouest, car depuis longtemps, vers le sud, la terre était occupée.

Ayant remonté le cours de l'Indus, ils atteignirent les plateaux du Thibet ; là, rien n'était changé ; les maisons des villages étaient, comme autrefois, isolées. On ne trouvait pas de villes et les hommes ne se livraient qu'à la chasse, à l'élevage des bestiaux et à l'échange de quelques produits de leur pays contre des métaux ouvrés et des ustensiles qu'ils allaient chercher à Kachmir. Dans les contrées où le bois abondait, les maisons étaient faites en charpente et au moyen de troncs d'arbres empilés et assemblés aux angles, abritées sous des toits saillants recouverts d'écorces d'arbres. Dans les lieux déserts où le bois était rare, ces maisons étaient construites en moellons réunis par du mauvais mortier ou de la terre grasse quand il s'en trouvait dans la localité, couvertes par des troncs d'arbres, des broussailles et une épaisse couche de terre battue.

Rien n'est triste comme ces demeures, toujours adossées au rocher afin d'être abritées des vents terribles à ces altitudes, sous la neige pendant huit mois de l'année et perdues au milieu de solitudes dans lesquelles le voyageur n'ose s'aventurer. L'été, les pentes abruptes se couvrent de verdure et, pendant les quatre mois que dure la belle saison, de nombreux troupeaux parcourent les plus hautes de ces prairies, alors que les habitants s'empressent de faucher les parties basses pour emmagasiner le fourrage abondant qu'elles produisent.

La difficulté de vivre dans des contrées si peu hospitalières détermine depuis des siècles leurs énergiques habitants à chercher des climats plus doux. Épergos et Doxi se croisèrent donc avec des troupes de ces émigrants qui con-

VILLAGE DE L'HIMALAYA (P. 271).

tinuaient, comme leurs ancêtres, à descendre de leurs montagnes avec des chariots remplis de femmes, d'enfants et des ustensiles les plus nécessaires.

Pendant qu'ils se reposaient dans un village dont l'aspect sauvage était en harmonie parfaite avec le pays (fig. 82), Épergos dit à son compagnon : « Eh bien ! n'es-tu pas convaincu comme moi que ces Aryas ne peuvent développer les qualités dont la nature les a doués qu'au contact d'autres races ? Ici, près de leur berceau, les choses sont comme elles étaient, ou bien peu s'en faut, il y a plusieurs milliers d'années. Il semble qu'ils soient comme leurs montagnes âpres et improductives, mais destinées à fertiliser les plaines. Vois ces sommets neigeux, ces longues traînées de pierres, ruines des sommets, cette vallée semée de cailloux à travers lesquels courent ces bras irréguliers d'un torrent fangeux, ces rares tapis de verdure, ces ravins usés par les glaces et ces roches déchirées par la foudre. Tout cela ne donne que l'idée de la dislocation, de la mort, et cependant c'est grâce à ces ruines et à ces neiges que de vastes territoires se couvrent d'un limon fertile. — Oui, dit Doxi. — Et quel immense travail la nature a dû faire pour régulariser ces vallées, convertir ainsi les ruines de roches qui semblent inaltérables en une poussière fine répandue sur des espaces immenses bientôt couverts d'une riche végétation..... Ainsi sont ces hommes ; il faut qu'ils descendent de ces hauteurs et se mêlent à des éléments étrangers pour constituer les plus belles civilisations. — A quoi bon, reprit Doxi, puisque ces civilisations conduisent à la corruption et à l'erreur ? — Qu'en sais-tu ? — Ne l'ai-je point assez vu ? — Tu n'as vu, comme moi, qu'une des parties de ce grand travail de la nature et tu prétends toujours conclure et tout arrêter à ta dernière observation. Voilà un torrent qui certes, dans cette vallée, ne produit rien, ne fait qu'amasser et remuer des cailloux. Il semble désordonné, inutile, désastreux. Serait-il vrai d'en conclure que ce torrent n'est qu'un agent de destruction ? Reporte-toi à dix jours de marche dans la plaine, et tu verras que ces eaux troublées par la trituration de ces cailloux sans cesse frottés les uns contre les autres, devenues tranquilles et limpides, déposent sur ses rives le limon où naît le lotus. Ne te presse donc pas de juger et de conclure sur des effets partiels lorsque tu ignores quels doivent être les résultats. — Je ne puis admettre des principes qui ne tendraient à rien moins qu'à tout justifier et à considérer l'erreur même comme une nécessité. — Remarque bien qu'il ne s'agit pas ici de principes, mais d'observations. Moi j'observe, attendant pour déduire, et non pour conclure, que mes observations m'éclairent sur un enchaînement de faits. Toi, Doxi, tu conclus *a priori* et tu prends de l'humeur si les observations dérangent tes conclusions. — Oui, tu observes, mais tu n'observes jamais que des faits qui frappent tes sens et tu considères les choses de ce monde comme une sorte de mécanisme mu par une force fatale ; la vérité et l'erreur te trouvent également attentif et tu ne cherches pas à faire prévaloir l'une, à supprimer l'autre. — Supprimer, supprimer, c'est bientôt dit, mais il faudrait d'abord savoir, avant de supprimer, si ce qu'on prend pour l'erreur n'est pas la vérité. Ce torrent, là-bas, est très-fâcheux, il détruit tout sur son passage, il stérilise une vallée qui pourrait être couverte de verdure s'il ne se passait pas la fantaisie de remuer sans cesse ces amas de cailloux d'un bord à l'autre, donc je le supprime ; mais voilà les plaines de l'Inde qui ne sont plus arrosées ni fertilisées par le limon qu'il élabore. — Toujours tu appuies ton raisonnement sur l'ordre matériel. — Et sur quoi donc veux-tu que je l'établisse ? Sur le Nirvâna ? Sais-je s'il y a un Nirvâna ? Sais-je si les âmes des hommes passent dans des corps successifs avant d'y arriver ? — Nous ne nous entendrons jamais sur ces matières. — C'est probable ! »

Les voyageurs suivirent longtemps la chaîne de l'Himâlaya, puis, ayant traversé le Brahmapoutra, passèrent les montagnes de Mien, occupées par des tribus sauvages. De là ils descendirent dans les contrées visitées jadis par eux et habitées par des hommes de race jaune. Là ils constatèrent que les perfectionnements étaient extrêmement lents. Sur le bord des rivières, on construisait toujours avec des bambous et les demeures ne différaient guère, comme structure, de celles du gros Fau. Cependant l'art de la charpenterie s'était développé et, en s'avançant vers le nord-est, ils trouvèrent des populations adonnées aux arts, moins éloignées des perfectionnements qu'amène une longue pratique, que celles du sud. Habituellement, cependant, les maisons de ces populations étaient construites très-légèrement et simplement. Le bois, fourni abondamment par ces contrées, était presque exclusivement employé, avec la brique crue ou cuite. Beaucoup de ces maisons ne consistaient qu'en un espace couvert et fermé de parois de bois dans lequel, suivant le besoin, on établissait des cloisons formées de nattes. Les habitations des personnages riches se composaient d'une série de pavillons plus ou moins rapprochés ou espacés, ne contenant chacun qu'une ou deux pièces, isolés ou mis entre eux en communication par de légères galeries de bois. Ainsi ces demeures, lorsqu'elles étaient vastes, ressemblaient à un village entremêlé de jardins plantés et cultivés avec soin. Il était rare que le fils d'un homme riche détruisît la maison de son père pour la reconstruire à neuf. Si elle tombait de vétusté, il se contentait d'élever, à côté des anciennes constructions, de nouveaux pavillons différant très-peu, d'ailleurs, de ceux qu'il abandonnait à la ruine. Ces maisons ne se composaient que d'un rez-de-chaussée, couvert par des combles très-saillants et artistement travaillés.

Dans ce pays, plus que dans tout autre, les traditions

étaient religieusement conservées; aussi les étrangers ne pouvaient y séjourner et c'était à grand'peine qu'il leur était permis de le traverser. Le bouddhisme s'était répandu au loin chez ces populations, mais affaibli, se bornant à certaines pratiques superstitieuses. Le caractère élevé du dogme était noyé dans un monde de légendes aussi absurdes qu'indigestes. Doxi voyait cela avec tristesse et son compagnon ne faisait qu'en rire, s'amusant fort à étudier les arts de ce peuple industrieux, patient, laborieux et amant de la nature. Jamais Épergos n'avait vu tant de fleurs et de fruits rares, jamais tant de peintures et de sculptures dans les habitations, jamais tant d'ustensiles fabriqués avec amour, jamais un emploi aussi parfait des métaux. Il lui semblait que ces hommes se complussent à se créer des besoins infinis pour avoir le plaisir de les satisfaire à l'aide des moyens les plus compliqués et les plus étranges. Ils tissaient des étoffes de soie merveilleuses de beauté et de souplesse et savaient les décorer de métaux filés. L'art de la céramique était poussé chez eux aux dernières limites de la perfection et leurs poteries de terre blanche étaient émaillées des plus brillantes couleurs et couvertes des dessins les plus gracieux. Ils excellaient surtout à reproduire les fleurs, les végétaux délicats des jardins, les animaux domestiques, comme des gens qui méditent sur les productions de la nature et les aiment avec passion.

Dans le Kathaï, où nos deux compagnons firent un long séjour, Épergos pour étudier les industries de ces contrées, et Doxi pour tenter de prêcher la loi de Bouddha, ils louèrent une petite maison qui n'était qu'un de ces pavillons composé de deux pièces avec quelques chétives dépendances pour les serviteurs. Ce pavillon (fig. 83) était complétement construit en bois et posé sur une plate-forme en pierres sèches avec un petit perron devant l'unique porte. Comme principe de structure, rien n'était plus simple; des poteaux, reliés au moyen de moises et d'entretoises, portaient des poutres horizontales saillantes au dehors, soulagées par des encorbellements et retenues dans leur plan à l'aide d'un système de sablières rendues solidaires par des liens.

Sur les bouts des poutres, en dehors, reposaient les semelle qui recevaient le chevronnage. Tout cela était si curieusement taillé, découpé et peint, que l'aspect de ce pavillon, au milieu de la verdure, charmait les yeux. Les fenêtres étaient closes par des montants de bois tourné derrière lesquels, la nuit, on faisait glisser des rideaux d'étoffe si on voulait éviter la fraîcheur. La couverture était entièrement faite de lames de cuivre très-minces et ingénieusement relevées comme le sont des tuiles.

Au moyen de volets qui s'ouvraient au-dessus des fenêtres, dans la hauteur des sablières, on pouvait laisser circuler l'air par les intervalles réservés entre elles, car le plafond était posé sur les poutres encorbellées.

Des planches fermaient les parois entre les poteaux et sous les fenêtres.

Épergos se disait bien que ces structures de bois dérivaient des premières constructions qu'il avait vu faire par les Aryas autrefois, et à l'amélioration desquelles il avait contribué, mais il ne se dissimulait pas que cet amour du compliqué, cette recherche dans les détails, cette réunion de petites précautions, appartenaient bien à la race jaune. Les Aryas n'avaient donc pu excercer qu'une influence éphémère sur ces hommes, qui développaient ainsi leurs arts conformément à leur génie.

Il repassait dans sa mémoire ce qu'il avait vu pendant son séjour à Athènes et dans les villes de l'Hellade et constatait l'écart immense qui séparait les œuvres de ces descendants des Aryas de celles des populations jaunes de l'extrême Orient. Autant ses amis, les Grecs, avaient savamment simplifié les formes données par la structure et l'emploi des matériaux, autant ils étaient sobres dans leur ornementation, et autant ils apportaient de choix dans la reproduction des emprunts faits à la nature, autant ces Jaunes de l'Orient semblaient compliquer à plaisir la structure la plus simple, prodiguer l'ornementation et se complaire dans la reproduction de monstres étranges ; et cependant, se disait encore Épergos, peut-on admettre que les hommes de ces contrées-ci aient l'imagination plus vive, l'esprit plus ouvert que ne l'ont les Grecs ? Ont-ils plus d'amour pour le prodigieux ? non, certes, les gens qui vivent dans ce pays ne sont guère portés vers les hautes sphères de la pensée. Leurs œuvres écrites ne brillent pas par les excès de l'imagination. Leur esprit est pratique et ils ne connaissent guère l'héroïsme, l'ambition des grandes choses ; ils se plaisent à mener une existence calme et effacée, pourvu qu'ils possèdent le bien-être matériel. D'où vient donc que leurs œuvres d'art accusent parfois un esprit hardi et fantasque, une imagination déréglée? Les jours passent, me montrant de nouveaux peuples, et les problèmes, qui d'abord me semblaient faciles à résoudre, deviennent obscurs. »

Les prédications de Doxi, au milieu de ces populations, n'avaient pas le succès qu'il en attendait; aussi, lorsque Épergos lui fit part de son désir de visiter d'autres contrées, n'opposa-t-il aucune difficulté à ce projet.

XXII

LES NAHUAS, LES TOLTÈQUES.

Pendant longtemps, se dirigeant vers le nord-est, Épergos et Doxi traversèrent d'immenses contrées habitées par des hommes de la race jaune. Mais en poussant au nord, ils atteignirent la limite des pays habités, et se trouvèrent au milieu de déserts glacés.

Ayant traversé un bras de mer, ils mirent le pied sur un nouveau continent. Longtemps ils descendirent vers le sud en longeant les rampes occidentales d'une longue chaîne de montagnes désertes, puis arrivèrent dans des contrées d'une splendide beauté.

Là ils trouvèrent des populations actives et chez lesquelles la civilisation avait atteint un grand développement.

Ces hommes appartenaient évidemment à deux races très-distinctes, l'une très-supérieure à l'autre et la dominant. La race inférieure avait des rapports très-frappants avec la race jaune, non celle qui occupait alors le Kathaï, mais avec les populations établies dans les grandes îles de l'océan Pacifique; la race supérieure, à la peau cuivrée, était grande, robuste et prétendait avoir une origine sacrée. On ne pouvait toutefois la confondre avec celle des Aryas, non plus qu'avec celle de l'antique Égypte.

Cette vaste contrée, admirablement favorisée de la nature, enveloppe un immense golfe du côté de l'océan Atlantique, et est traversée du nord au sud-est par une haute chaîne de montagnes, d'où descendent de nombreux cours d'eau qu'alimentent de grands lacs.

L'élévation de ces montagnes et des plateaux qui leur servent de base, procure ainsi divers climats. Car, si les plaines sont extrêmement chaudes, les parties élevées sont tempérées, tandis que les sommets des monts sont couverts de neiges. L'eau ne manquant nulle part, les terres basses sont d'une fertilité prodigieuse. Seule, la presqu'île qui, du côté du sud, ferme le golfe, est desséchée pendant la saison chaude, car ses montagnes sont peu élevées; mais des pluies torrentielles arrosent ces contrées pendant trois mois de l'année, et les habitants ont su établir de vastes citernes qui conservent les eaux, ou ont creusé de larges souterrains qui vont chercher dans les profondeurs du sol, des cours d'eau naturels, dérobés aux regards pendant la saison sèche.

Les populations sont gouvernées par des rois et des prêtres, versés dans la science astronomique et les connaissances sacrées. Le bas peuple vit dans une dépendance absolue et est soumis aux travaux les plus pénibles; car le pays ne possède ni chevaux ni bêtes de somme, et les hommes de la classe inférieure sont employés aux transports aussi bien qu'à tous les ouvrages manuels. Ils sont doux et soumis, tandis que les chefs des divers États qui couvrent ce territoire sont souvent en guerre les uns avec les autres.

Épergos et Doxi trouvèrent, dans ces contrées, des villes importantes où tous les arts étaient cultivés depuis longtemps et indiquaient une civilisation déjà vieille. Cette civilisation s'était-elle développée dans ces contrées, ou avait-elle été apportée d'ailleurs? Il était évident que ses origines étaient fort anciennes, car, au moment où nos voyageurs visitèrent le pays des Olmécas et des Nahuas, ils purent constater que les monuments étaient empreints de traditions déjà corrompues.

Épergos, toujours curieux, voulut connaître l'opinion des prêtres et des sages du pays sur leur origine, et trouva facilement l'occasion de se satisfaire ; car ces hommes ne sont point hostiles aux étrangers, n'ayant jamais eu à se plaindre d'eux. Un de ces sages, nommé Nimak, et qui remplissait les fonctions de juge suprême à Uxmal (l'une des principales villes de la presqu'île), se lia d'amitié avec nos deux compagnons et voulut bien les instruire sur l'origine des Olmécas.

« Au commencement, leur dit Nimak, tout était immobile, calme et vide était l'immensité des cieux. Il n'y avait alors ni homme ni animal, pas de bois, d'oiseaux, de poissons, de pierres et de vallées ; seulement existait le ciel. La face de la terre était couverte par les eaux paisibles. Rien ne s'attachait, rien ne se mouvait, on n'entendait nul son. Tout demeurait dans les ténèbres. Seuls, le Créateur, le Formateur, le Dominateur, le Serpent couvert de plumes et les germes étaient sur l'eau. Ils se concertèrent et firent sortir la terre des eaux ; sur cette terre ils firent pousser des arbres, couler des eaux et dresser des monts, puis, créèrent des animaux en assignant à chacun sa place ; mais ceux-ci ne pouvaient dire les noms des dieux ni leur rendre hommage. Alors ils voulurent créer l'homme avec de la terre rouge, mais cela n'était pas bien fait, et ce corps fut dissous dans l'eau. Ils firent ensuite des hommes de bois; ils parlèrent, raisonnèrent et se reproduisirent ; mais ils n'avaient pas l'intelligence et ne gardaient pas le souvenir de leur Formateur et de leur Créateur, et cependant ils existèrent en grand nombre sur la terre. Toutes les créatures se levèrent contre eux et ils furent détruits presque tous. Leur postérité se voit dans ces petits singes qui vivent dans les bois parce que seulement de bois se forma leur chair.

« Il y avait peu de clarté sur la face de la terre, car le soleil était pâle et l'homme fut fait de chair; il s'enorgueillit de sa puissance et domina sur les singes et tous les animaux. Quand ils se furent reproduits en grand nombre, ces hommes descendirent du nord par tribus, et vinrent occuper ces contrées, aussi bien qu'une grande terre située vers le soleil levant au delà de la mer; car ils savaient déjà se servir de barques. Mais cette grande terre fut engloutie par les eaux.... et un déluge détruisit toutes les villes des Nahuas, ne laissant subsister que quelques hommes. — Vous en êtes certain? objecta Épergos. — Nos écrits le disent, reprit Nimak. — Eh! cette terre engloutie, n'est-ce pas l'Atlantide? dit Épergos à son compagnon. — Encore une fable de tes Grecs, répliqua Doxi. — Je le croyais, continua Épergos, mais voici des gens qui n'ont jamais entendu parler de Platon et qui racontent le même fait; veuillez continuer, sage Nimak. — Alors, le géant Cabrakou remuait les montagnes, les abattait et les soulevait, mais il fut tué par Hunahpu et Xbalanqué, qui furent les premiers civilisateurs des hommes et détruisirent la puissance de Xibalba. De même les Nahuas ont vaincu de notre temps les Chichimaques-Quinamès, dont ils ne pouvaient plus souffrir la tyrannie. Ce sont eux qui ont reconstruit les villes de la Péninsule. — Et comment étaient bâties les villes qui existaient avant la conquête des Nahuas? — Leurs maisons étaient grossières et faites de bois et de moellons réunis par du mortier. — Et qui avait appris à ces populations primitives à bâtir de la sorte? — Les dominateurs de Xibalba. — Et quels étaient ces dominateurs? — Des hommes grands et méchants. — Et d'où venaient-ils? — Du Nord. — Et d'où sont venus les Nahuas? — Du Nord aussi. Ils étaient et sont encore divisés en tribus qui élisent des chefs et qui sont les maîtres du Renard, du Chacal, de la Perruche et du Corbeau, de la Fourmi et des Crapauds. — Qu'est-ce cela ? — C'est ainsi que nous désignons les tribus indigènes qui ont été soumises et qui travaillent à toutes les choses nécessaires à la vie. Ce sont elles qui cultivaient le maïs jaune et le maïs blanc qui servent de nourriture; elles nous montrèrent autrefois le chemin de Paxil. — Où est Paxil ? — C'est le pays fertile et marécageux arrosé par les affluents de l'Uzumaciata et du Tabasco, entre la mer et les montagnes. — Et c'est par là que les Nahuas sont venus jusqu'ici ? — Oui, c'est par là; ils descendaient du Nord, de contrées où les tribus avaient grand froid et où elles obtinrent le feu du dieu Tohil. — Et comment le dieu Tohil accorda-t-il le feu aux tribus ? — A la condition qu'on lui sacrifierait des victimes humaines. — Et vous faites toujours ces sacrifices ? — Toujours, car c'est à cette condition que nous avons le feu et le principe de toute vie, le soleil pour échauffer la nature et nous éclairer. Ceux qui vivaient avant d'avoir invoqué Tohil et avoir obtenu le feu étaient dans les ténèbres et dans les glaces. — Bien, mais Doxi et moi avons, il n'y a guère longtemps, traversé des contrées ténébreuses et glacées et nous sommes venus vers le sud, tout comme vos tribus sont arrivées autrefois; nous n'avons sacrifié personne à Tohil, et cependant le soleil ne nous refuse ni sa chaleur ni sa lumière. — Certes, mais le peuple n'entend point ainsi les choses, il lui faut un signe visible, et, de la divinité, il n'attend rien s'il ne donne rien. D'ailleurs le soleil, par les temps les plus clairs, s'éteint parfois comme si Tohil menaçait les hommes de leur retirer la lumière et la chaleur. Il faut donc l'implorer, puisqu'il menace, et c'est lui-même qui a demandé des victimes humaines avant notre entrée en Paxil. — En est-tu certain, Nimak ? — Les signes sacrés le disent, et les signes jamais ne peuvent tromper les hommes, puisqu'ils sont tracés pour leur apprendre la vérité. D'ailleurs, il est certain qu'aux temps du déluge, qui fit périr tous les hommes, excepté ceux qui se réfugièrent sur la montagne sacrée, il y eut une période d'obscurité qui dura vingt-cinq soleils, et que les humains, ainsi que tous les animaux qui ne s'étaient pas réfugiés sur la montagne sacrée, furent changés en pierre. »

Épergos n'essaya pas de discuter ces traditions étranges et qui le mettaient dans une singulière perplexité d'esprit, car, sur quelques points, elles s'accordaient avec celles que conservaient d'autres peuples fort éloignés et qui n'avaient pu, semblait-il, avoir aucune relation avec ceux-ci.

A quelques jours de là, Nimak, sur la demande des deux compagnons, eut l'occasion de leur faire visiter un des plus beaux palais de la ville d'Uxmal, demeure du gouverneur Nahualt, de la cité.

Il faut dire que ces villes de la presqu'île sont très-vastes, que leurs rues sont alignées au cordeau et larges, que les maisons du peuple sont faites de bois et de terre, très-basses et toutes couvertes par des terrasses qui sont en communication les unes avec les autres, de telle sorte que si on peut circuler dans les rues, on peut tout aussi bien parcourir la ville sur ces terrasses. Souvent même ces demeures sont en partie creusées dans le sol, afin d'éviter la grande chaleur.

De distance en distance, de larges escaliers, creusés dans le roc, descendent aux citernes ou ruisseaux inférieurs qui procurent ainsi une eau excellente et fraîche. Mais à la fin de l'été, il faut quelquefois aller chercher ces sources cachées, mais abondantes toujours, jusqu'à une profondeur de trente coudées et plus.

Quant aux habitations des personnages puissants parmi les Nahuas, elles sont établies sur de larges plates-formes sous lesquelles des citernes sont creusées dans le roc ou bâties avec de la pierre et soigneusement enduites d'un ciment très-dur. Ces palais sont tous bâtis de pierre et sont d'une grande richesse. Voici donc la demeure de Chumucil-

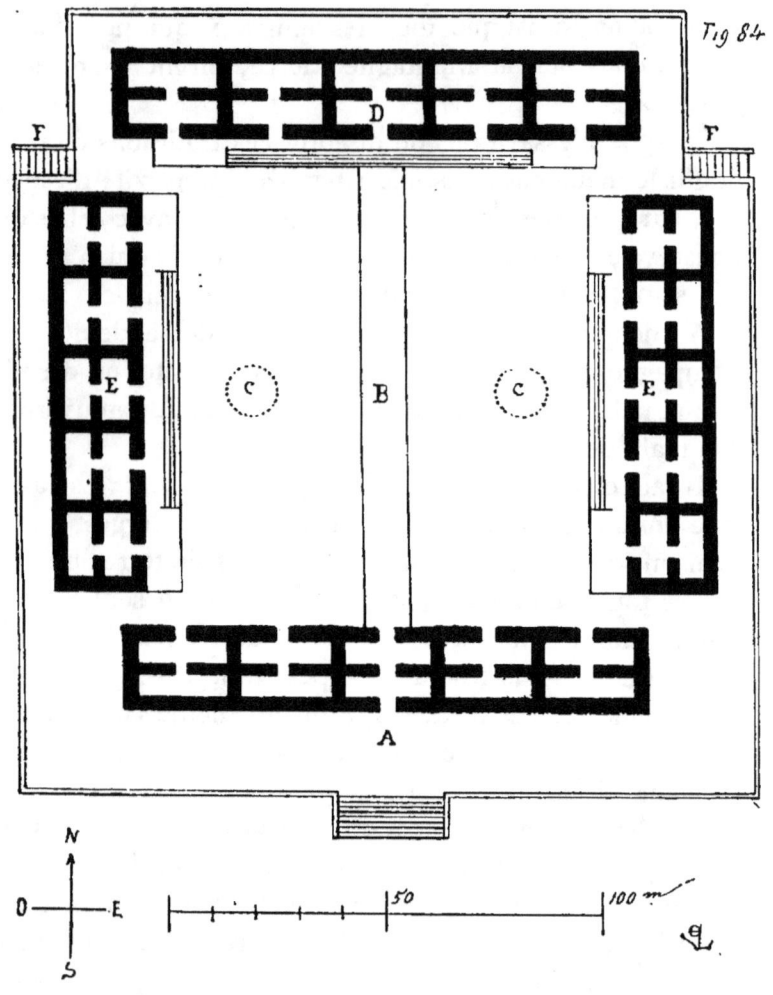

Chunïl (*Milieu principal*), figure 84. Elle est située à une des extrémités de la ville et est entourée de jardins.

Près d'elle est un *téocalli*, ou grande pyramide tronquée, couronnée par un temple. L'avenue qui conduit au palais est large et enduite de ciment. Elle aboutit à un beau degré qui monte à la plate-forme et à l'entrée principale A, percée à travers un premier bâtiment.

Puis on trouve une vaste cour B, avec voie cimentée au milieu, bordée de mâts auxquels on attache des voiles. Au fond de la cour est le bâtiment principal D, élevé de quelques marches. Des deux côtés en E, sont deux autres bâtiments à peu près semblables. En C, sont les orifices des deux grandes citernes qui règnent sous la cour. Des souterrains sont établis aussi sous le bâtiment principal pour con-

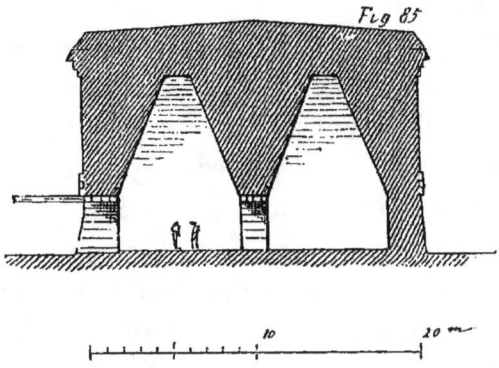

server des provisions. Le seigneur habite le logis du fond. Quant aux trois autres bâtiments, ils sont occupés par les familiers et serviteurs. En F, sont deux rampes qui descendent aux jardins.

Ces corps de logis, distribués de la même manière, présentent, en coupe, le tracé, figure 85. La construction se compose d'un gros blocage de moellons réunis par un mortier excellent et devant lequel sont posés des parements de pierres présentant les dessins et sculptures les plus étranges. Quant aux intérieurs, qui ne reçoivent de jour que par les portes, ils sont construits au moyen de parements de pierre posés en encorbellement et soutenant un plafond étroit. Ces intérieurs sont couverts de peintures et d'hiéroglyphes. Les linteaux des portes sont faits d'un bois très-dur et rouge qui ne s'altère pas. Deux longues solives, qui saillent des deux côtés des portes principales sont, destinées à soutenir un voile formant abri. Les couvertures sont en terrasses et enduites.

L'ensemble de ces bâtiments est rigoureusement orienté.

La figure 86 donne la vue cavalière du bâtiment principal avec l'extrémité des deux bâtiments latéraux, les plates-formes, les entrées secondaires et le grand téocalli voisin, les jardins, etc. On voit comme l'allée centrale est couverte par des voiles attachés aux mâts et aboutissant à l'abri de la porte centrale.

Cet ensemble ne laissa pas de causer une vive impression à nos deux compagnons, car ces bâtiments sont immenses et presque entièrement revêtus de sculptures. Il y avait là, semblait-il, le travail de plusieurs générations, et cependant Nimak leur certifia que la construction de ce palais n'avait pas duré plus de quatre ans. Épergos s'émerveillait de trouver des distributions si naïves à côté d'un art si avancé, et qui lui semblait même incliner vers la décadence. Il examina les façades de ces logis, différentes entre elles, mais toutes d'une grande richesse. La décoration extérieure du bâtiment principal attira surtout son attention, car elle consistait en un simulacre d'encorbellements de pièces de charpente avec treillis dans les vides, bien que le tout fût fait de pierre. Il y avait là certainement la tradition d'une structure de bois. Sur d'autres points, des rondins, posés verticalement les uns à côté des autres et composés de morceaux de pierre, figuraient clairement des assemblages de troncs d'arbres posés jointifs. Mais la façade du bâtiment de l'ouest attira surtout son attention, car au-dessus de chacune des portes était sculptée la plus singulière décoration qu'on pût voir, figure 87 ; puis, au-dessus du

VUE D'UN PALAIS DES NAHUAS (P. 286).

soubassement, une large frise formée de méandres et de treillis alternés. Chaque pierre, portant sa sculpture, avait été posée comme les pièces d'un échiquier. Quelques-unes de ces pierres d'entourage des dessus de portes étaient des hiéroglyphes dont Nimak donna l'explication aux deux compagnons.

A chacun des angles des corps de logis, étaient sculptées, les unes au-dessus des autres, trois énormes têtes monstrueuses.

Épergos, qui se souvenait des œuvres de l'Égypte, de la Grèce et de l'Inde, regardait tout cela avec plus d'étonnement que d'admiration.

Quant à Doxi, qui n'avait guère goûté les histoires contées par Nimak, il trouvait à tout cela un grand air de puissance, de majesté, d'ordre et de régularité qui le séduisait. Il faut ajouter que toutes ces sculptures étaient rehaussées de peintures, ce qui, à distance, donnait à cette décoration l'apparence de tapis de la plus grande richesse. A l'intérieur, les meubles, faits de bois, étaient également couverts de ces sculptures étranges et de colorations rehaussées d'or et d'argent. Ce mobilier se composait de lits ou bancs très-larges avec quantité de petites tables, escabeaux et vases de terre cuite très-ornés, peints et dorés.

Les pièces occupées par le maître et sa famille ne différaient des autres que par une plus grande richesse et profusion de ces meubles et par les étoffes dont ils étaient recouverts, lesquelles étaient finement tissées de laine, d'écorces d'arbres ou de fil d'aloès, tandis qu'ailleurs des nattes remplaçaient ces étoffes.

Ce qui frappa surtout Épergos, c'était l'absence d'une salle plus vaste que les autres. « Où se réunit-on ? demanda-t-il à Nimak. — Chumucil-Chunïl, le maître de céans, répondit Nimak, comme tous les grands parmi les Nahuas, lorsqu'il veut réunir un grand nombre de personnes, — et jamais ne rassemble-t-il que ses pairs, — les convoque dans cette vaste cour. Toutes les assemblées se tiennent dehors, au coucher du soleil ou au moment de son lever, car dans le jour la chaleur est trop forte pour que l'on puisse ainsi demeurer en plein air. Les pièces fermées ne servent que pour se reposer ou pour prendre les repas; chacun mange chez soi. Si l'on fait des repas communs, on se tient sous des tentes, mais cela n'arrive qu'en certaines occasions solennelles, lors des sacrifices, par exemple. Dans les temps anciens, on mangeait les victimes humaines sacrifiées à Tohil, mais cet usage s'est perdu. Les repas sont donc préparés au dehors par des serviteurs particuliers et apportés à chacun suivant son rang et sa qualité. — Bon; mais les Nahuas n'ont pas apporté cette architecture, ces arts avec eux ? — Non, les populations inférieures qui vivent dans ces contrées étaient déjà adonnées aux arts lorsque les Nahuas conquirent le pays ; seulement ce qu'elles faisaient était désordonné et ne présentait rien dans l'ensemble qui fût digne des vainqueurs. Ceux-ci ont fait travailler ces artisans de gré ou de force, afin de se bâtir des temples, des villes et des palais dignes de la race des Nahuas. Ils ont imposé des règlements sur toutes choses, et sur les constructions comme pour le reste. Ils ont institué des conseils de sages qui sont chargés de maintenir ces règlements et de veiller à ce que personne ne s'en écarte. Ainsi, les dispositions des logis, même pour les grands, ne peuvent être modifiées, car la loi dit qu'elles doivent être prises telles que vous les voyez. La sculpture, elle-même, est soumise à des règles dont personne ne peut s'affranchir. Il en est de même de la manière de bâtir, de faire les citernes et les routes. Quand on construit, le maître de l'œuvre donne à chacun sa tâche. Celui-ci taille les pierres unies, tel autre les pierres sculptées, et chacun doit terminer dans la journée ce qui lui est prescrit, puis alors le maître fait assembler ces pièces devant les bol-

PORTE D'UNE DES SALLES D'UN PALAIS DES NAHUAS (P. 286).

cages de maçonnerie. — Aussi vois-je bien, dit Épergos, que toutes ces pierres de dimensions à peu près pareilles, ne se liaisonnent point entre elles et sont posées à côté les unes des autres, ou les unes sur les autres sans croiser les joints. — Ces parements sont maintenus par le mortier du blocage. — Mais, dites-moi, Nimak, ne vous semble-t-il pas que ce bâtiment principal figure une structure de charpente, bien qu'il soit fait de pierre? — Dans les temps éloignés, on faisait ainsi, en effet, des constructions composées de bois empilés et formant encorbellement; c'est pourquoi on a conservé cette apparence. — Mais à quoi bon, puisqu'on changeait la matière? — Parce qu'on a vu ainsi des constructions antiques et que l'on veut en conserver le souvenir. — Et pourquoi ne construit-on plus en bois quand on fait des palais et des temples? — Parce que le feu a autrefois détruit beaucoup de ces constructions; puis, qu'elles logent des serpents, des fourmis et toutes sortes de bêtes malfaisantes. Il n'y a plus que le peuple qui emploie du bois dans ses maisons, encore a-t-il le soin de l'enduire de terre. »

En regagnant leur logis, Épergos dit à son compagnon : « Ne te semble-t-il pas, Doxi, que ces peuplades sont passées de l'enfance à la vieillesse sans transition. — Pourquoi? — Parce que ces édifices que nous venons de visiter sont, comme dispositions, très-voisins d'un état primitif et présentent dans leur structure et leur décoration les symptômes de la décadence.

« Cette sculpture monstrueuse, monotone dans sa profusion, reproduisant des formes qui n'appartiennent pas au mode de construction adopté, accuse un art corrompu avant son développement.

« Cela ne se peut expliquer que par la tyrannie d'une caste supérieure sur une population d'artisans et d'artistes avancés déjà dans la pratique des arts, mais qui obéissent à des fantaisies aveugles, irréfléchies. Ce qui me choque en tout ceci, c'est l'absence de raisonnement; on croirait rêver. Quelle est donc l'existence de ces hommes puissants parmi les Nahuas ou les Toltèques qui vivent dans des cellules, toutes exactement pareilles, comme le seraient des loges faites pour des animaux? Et cependant, ces habitudes qui semblent primitives, s'entourent d'un luxe prodigieux à l'extérieur, luxe qui est purement décoratif et ne répond à aucun besoin. Nous n'avons rien vu de pareil sur la surface de la terre. » Doxi était sombre et ne répondait pas. Il se demandait si ces hommes seraient en état de comprendre et d'accepter la loi du Bouddha, car il était encore pénétré de la ferveur apostolique qui lui avait si peu réussi dans le Kathaï.

Doxi essaya donc de prêcher le peuple; mais les chefs et les prêtres Nahuas firent savoir à son compagnon que s'il continuait ainsi, ils se verraient dans la nécessité de lui arracher le cœur de la poitrine pour en faire hommage à Tohil, et Doxi se le tint pour dit.

Tous deux firent alors une pointe vers l'ouest, sur les bords du Pacifique. Là ils trouvèrent des populations douces, plus blanches de peau que ne sont les Nahuas, soumises au gouvernement des prêtres, mais qui, d'ailleurs, paraissaient être un rameau plus pur de la même race. Dans cette contrée, comme dans la presqu'île Yucathèque, il existait une classe inférieure, brune de peau, petite, robuste et soumise à tous les travaux.

Les habitations ordinaires de la contrée consistaient en une enceinte de murs construits en pierres sèches, irrégulières, couverte par des troncs d'arbres posés jointifs horizontalement, et sur lesquels était agglutinée une épaisse couche de terre mêlée de cailloux et enduite avec soin (figure 88).

Les portes et fenêtres de ces demeures étaient composées de deux morceaux de pierre, réunis au sommet; l'intérieur, divisé en deux ou trois compartiments, abritait une famille.

Malgré son amour pour l'autorité et son peu de goût pour la discussion, Doxi, lui-même, se sentit pris d'un ennui profond au milieu de ces populations passives. Là aussi il

Fig 88.

prétendit prêcher, on l'écoutait ou on paraissait l'écouter, mais sa parole glissait comme l'eau sur un marbre poli. Il sentit qu'il perdait sa peine, et, contrairement à ses habitudes, ce fut lui qui engagea Épergos à quitter ce continent.

Sous ce beau ciel, au milieu d'une nature admirable, Épergos méditait sur tout ce qu'il avait vu. Pour lui, cette contrée était comme un jardin disposé pour le repos; il recueillait ses souvenirs et laissait les jours s'écouler en regardant les fleurs dans les champs, le ciel à travers les feuillées, en écoutant les voix innombrables de la forêt, et en se demandant s'il n'avait pas trouvé les Champs-Élyséens des Grecs.

Quand Doxi lui fit part de son désir de quitter cette terre, Épergos sourit et se contenta de répondre : « Partons ! »

XXIII

LES SCANDINAVES.

Les deux compagnons remontèrent le long de la côte occidentale, puis, traversant des contrées couvertes de hautes montagnes, ils se dirigèrent vers l'Orient, dans des pays sauvages habités seulement par des tribus vivant au milieu des forêts et se nourrissant des produits de la chasse et de la pêche. Ces hommes, grands, à la peau rouge-cuivrée, ne pratiquaient pas les arts, et habitaient des huttes faites de branchages, recouvertes de feuilles. Inclinant toujours le long des côtes de l'Océan, qu'ils retrouvèrent après avoir passé un large fleuve, ils atteignirent des contrées froides, traversèrent un bras de mer et mirent le pied sur une terre habitée par des hommes petits de taille, au teint olive, aux cheveux plats et noirs, aux traits repoussants. Ces populations, clair-semées sur les côtes, vivaient sous des huttes coniques, construites avec des cailloux, de la terre et couvertes de peaux de phoques ou de rennes. Elles se nourrissaient exclusivement de graisse et de chair de poisson, car le pays ne produit pendant trois ou quatre mois de l'été, que de l'herbe et des lichens qui servent à la nourriture des troupeaux de rennes. Épergos et Doxi ne s'attardèrent pas dans ces contrées et, ayant de nouveau traversé la mer, ils atteignirent les terres scandinaves. Ainsi, après une longue absence, ils se retrouvaient au septième siècle de notre ère en Europe.

Bien des changements s'étaient produits sur cette partie du globe depuis leur séjour à Rome. L'empire, réduit à quelques territoires autour de Constantinople, était tombé, à l'Occident, aux mains des barbares venus du nord-est, et, en Orient, sous le fer de l'Islam sorti de l'Arabie.

Mais ce n'était pas en Scandinavie, sur la terre des Danois et des Normands que ces deux compagnons pouvaient rien savoir de ces événements. Là ils trouvèrent une population singulièrement active et entreprenante, vivant sur un sol ingrat et froid ; ces hommes tentaient sans cesse des expéditions sur les côtes voisines plus favorisées par le climat. La vie des jeunes gens se passait à la mer, car ils savaient façonner de longues barques solides, sur lesquelles ils ne craignaient pas d'affronter les tempêtes. C'était même pendant les mauvais temps de l'automne et du printemps qu'on les voyait préparer leurs expéditions. Prenant la mer alors, ils cinglaient vers les côtes de la Bretagne ou du pays des Francs, entraient dans les fleuves, débarquaient inopinément dans le voisinage des villages, abbayes ou bourgades, emportaient tout ce qui leur tombait sous la main et se rembarquaient aussitôt pour mettre à l'abri leur butin.

Souvent même ils restaient sur les côtes dans quelque baie écartée et, protégés par des falaises, ils fortifiaient les hauteurs et se jetaient comme des oiseaux de proie sur les lieux habités.

Intrépides, grands, robustes, ne redoutant pas la mort, ils étaient un sujet d'effroi pour les populations côtières, qui n'osaient les attaquer dans leurs repaires.

Leurs barques leur servaient alors d'habitation (fig. 89).

Mises à sec, à marée haute, sur la plage, à l'aide des mâts et des avirons, les marins formaient une sorte de toit sur lequel on étendait deux voiles triangulaires, car ils en avaient une de rechange et ne naviguaient qu'avec une seule.

Quand ils avaient amassé le butin qui les pouvait satisfaire, ils reprenaient la mer et retournaient chez eux.

Dans leur pays étaient bâties quelques villes dont les maisons étaient entièrement faites de bois de sapin, très-abondant sur les montagnes.

Épergos ne fut pas peu surpris en retrouvant, dans ces

habitations, les éléments de structure observés par lui et perfectionnés même sous ses yeux sur le haut Indus, bien des siècles auparavant. Mais l'habitude prise par les populations de construire des embarcations avait apporté dans l'exécution de ces maisons de bois des améliorations notables. Les charpentes étaient soigneusement et solidement assemblées; quelques-unes même étaient décorées de sculptures rappelant grossièrement celles qui ornaient les édifices de l'Orient nord-indien. Il en était de même, chez ce peuple, des étoffes tissées; leur coloration, leurs dessins avaient des ressemblances incontestables avec les dessins et la coloration des étoffes fabriquées sur les rampes de l'Himâlaya.

Les croyances religieuses des Scandinaves ne rappellent pas moins les premières croyances des Aryas. Comme ces derniers, ils pensent que les hommes les plus braves et qui se sont distingués par leurs grandes actions sur la terre s'élèvent, au delà de la tombe, au rang des dieux; c'est pourquoi ils ne redoutent pas la mort, mais la cherchent même dans quelque action d'éclat.

Les sacrifices humains sont en honneur chez eux pour fléchir les dieux, aussi bien que les sacrifices d'animaux mâles. On suspend les corps des victimes dans le bois sacré voisin du temple d'Upsal, non loin de la ville de Birka, et les arbres composant ce bois sont considérés comme divins.

Ils reconnaissent l'autorité de chefs militaires ou rois et ont, parmi eux, des familles nobles qui descendent des héros.

Ces rois n'exercent pas une autorité despotique, mais sont obligés de réunir et de consulter les plus illustres parmi les nobles avant de rien entreprendre.

Les hommes de la Scandinavie joignent à ces qualités de bravoure, à une intrépidité que rien ne saurait faire fléchir, l'amour du gain et une astuce peu commune. Tous trouvent les moyens propres à éluder les serments les plus solennels, si leur accomplissement est préjudiable à leurs intérêts. Pour cela, il n'est pas de subterfuges et de finesses qu'ils n'emploient.

Tous ceux qui comptent sur leur simplicité, sur la rudesse de leurs mœurs pour les attirer dans quelque piége, y tombent eux-mêmes infailliblement, car leur perspicacité égale leur ambition, leur rapacité et leur prudence.

Comme leurs ancêtres, les Aryas, ils ont pour habitude, dans leurs demeures, de faire bâtir une grande salle dans laquelle ils réunissent leurs pairs et leurs subordonnés.

Là, on délibère, là, on juge les différents, là, on donne des banquets qui se prolongent pendant plusieurs jours et plusieurs nuits, et qui se terminent souvent par des rixes.

S'ils croient nécessaire de tenter une expédition très-fructueuse sur un territoire voisin, ils choisissent, comme il vient d'être dit, quelque plage écartée, dominée par un promontoire ou presqu'île à l'embouchure d'un fleuve et s'y fortifient, afin de pouvoir s'y réfugier et s'y défendre en cas de revers, jusqu'à ce qu'une autre expédition leur apporte des secours; aussi ont-ils grand soin de se mettre en communication constante avec la mer qui les dérobe eux et leur butin à toute poursuite, car aucun peuple ne sait tenir la mer et la franchir avec rapidité, comme le savent faire ces hommes du Nord.

Les habitations des personnages importants parmi eux présentent une agglomération de bâtiments de dimensions et destinations variées, disposés sans symétrie, mais en raison de la convenance de chacun. Les plus vastes, parmi ces demeures, ressemblent à des villages, car chaque pièce, où à peu près, est une maison, petite ou grande, suivant le besoin. Ces maisons sont ou juxtaposées, se joignant par un point ou séparées, et mises en communications alors les unes avec les autres par des galeries de bois fort basses.

Couvertes de bardeaux de pin ou de lames de schiste, elles

n'ont qu'un rez-de-chaussée, et souvent même sont en partie creusées dans le sol, afin de mieux garantir les habitants contre le froid. Des palissades, des haies, des fossés entourent l'habitation, car les hommes de cette contrée tiennent fort à leur indépendance, et les villes mêmes semblent une agglo-

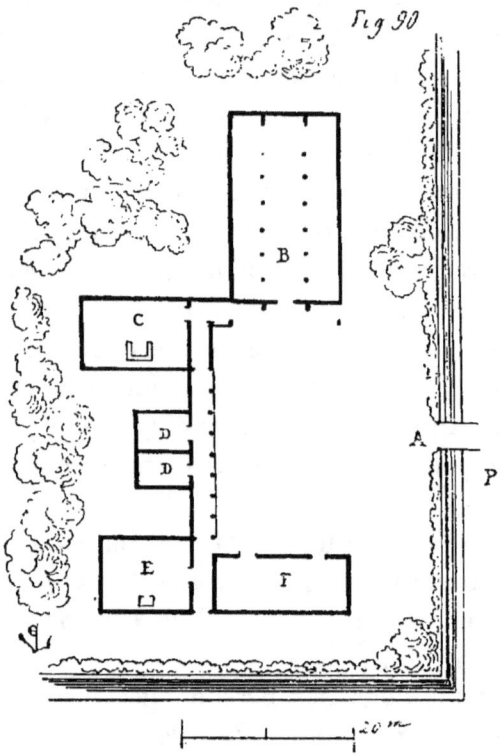

mération d'établissements possédant chacun son enclos, plutôt qu'un assemblage de maisons juxtaposées donnant sur la voie publique. Pour éviter l'accumulation des neiges sur les toits, ceux-ci sont à pentes très-raides.

Les Scandinaves élèvent des chevaux et sont bons cavaliers. Les grandes prairies de leur pays fournissent le four-

SCANDINAVIE

VUE DE LA MAISON SCANDINAVE (P. 299).

rage nécessaire à la nourriture de ces animaux, habitués d'ailleurs aux intempéries.

Dans leurs expéditions maritimes, ils ne craignent pas d'en embarquer avec eux sur leurs grands bateaux, et s'emparent de ceux qu'ils rencontrent dans le pays envahi ; ainsi forment-ils promptement des partis de cavaliers redoutables, en ce qu'ils se jettent à l'improviste sur les hameaux qu'ils pillent, puis ils se mettent au retour pour rejoindre le gros de leurs troupes armées.

La figure 90 présente le plan d'une de ces habitations isolées. En A est l'entrée, ponceau franchissant un fossé, sur l'escarpe duquel est plantée une haie vive. En B, la grande salle dont la charpente est soulagée par deux rangs de poteaux.

Un portique de charpente donne accès dans une salle C, au milieu de laquelle est construit un âtre. C'est là que l'hiver se tient la famille, et que se préparent les aliments. Les habitants couchent même dans cette pièce pendant les grands froids. En D, sont des locaux destinés au logement de la famille pendant la saison tempérée. En E, la salle réservée aux serviteurs et aux étrangers. En F, une grande étable avec magasin à fourrage.

La figure 91 présente la vue de cette habitation, prise du point P. Les ouvertures qui éclairent les pièces sont garnies de bois découpé et formant des dessins bizarres. Pour éviter l'action de l'air, des feuilles de talc, chez les plus riches particuliers, ou des peaux d'âne chez les pauvres, sont fixées à l'intérieur de ces ouvertures, et laissent passer une lumière pâle.

La fumée s'échappe par de larges ouvertures laissées dans le toit et abritées par une sorte d'ouverture mobile que l'on abaisse au besoin pour boucher l'orifice.

Les combles, comme il vient d'être dit, sont couverts de petites planches de bois de sapin se recouvrant comme des écailles, ou, dans certaines contrées, de grandes lames de schiste.

Les bois sont revêtus de couleurs très-vives et formant des entrelacs.

Les anciens, parmi les Scandinaves, prétendent que les demeures de leurs aïeux étaient circulaires.

Les Scandinaves ont un grand respect pour les arbres, et leurs habitations en sont entourées.

XXIV

LA GAULE SOUS LES MÉROVINGIENS ET LES CARLOVINGIENS.

De l'empire de Rome, il ne restait plus dans les Gaules, que le souvenir. Cette vaste et belle contrée avait été envahie par les pleuplades venues du nord-est, qui se présentant d'abord comme les alliées de l'empire, s'étaient peu à peu établies de gré ou de force dans les bassins de la Meuse, de la Marne, de l'Oise, de la Seine, dans le pays des Sénonais, puis sur la Loire et dans les provinces méridionales.

Ces nouveaux venus n'apportaient avec eux que des traditions d'art fort vagues, et une industrie très-inférieure à celle des Gaulois. Dans l'espace de deux siècles, mélangés aux populations de la Gaule, ils s'étaient convertis au christianisme, et n'en continuaient pas moins entre eux les luttes incessantes, qui avaient ensanglanté les derniers temps de l'empire.

Divisés en tribus attachées à des chefs, ces barbares toutefois, suivant les habitudes conservées chez eux depuis des siècles, ne s'étaient pas établis dans les villes gallo-romaines, mais dans les campagnes, formant ainsi des groupes isolés, indépendants et ne reconnaissant d'abord d'autre autorité que celle des chefs qu'ils s'étaient choisis.

Les anciennes *villæ* romaines convenaient à ce genre d'existence, aussi furent-elles occupées, et ces barbares s'emparèrent du sol qui les entourait, en cherchant à accroître leur part, au détriment des voisins plus faibles.

Il advint ainsi que quelques-uns d'entre eux acquirent une prépondérance marquée, et s'érigèrent en petits souverains guerroyant pour leur compte avec leurs leudes, leurs fidèles et les colons ou cultivateurs du sol qu'ils s'étaient appropriés. Cependant l'unité gallo-romaine était assez compacte pour que les nouveaux possesseurs du sol fussent obligés de compter avec elle. Ce morcellement était antipathique à la nation, et, les plus habiles parmi les chefs francs, s'appuyant sur ces traditions, finirent par se faire proclamer rois par leurs pairs. Si, au point de vue politique, la Gaule put ainsi ressaisir une partie de l'organisation romaine, les chefs qui la gouvernaient ne changèrent pas leurs habitudes, et vécurent presque toujours en dehors des grands centres de population. Le pouvoir, que s'étaient ainsi arrogé ces premiers rois, était sans cesse contesté, et ne se transmettait que difficilement.

Dagobert sut, le premier, vers 630, en s'appuyant sur la classe des hommes libres et sur le peuple attaché aux souvenirs de l'époque prospère de l'empire, attaquer et vaincre les grands leudes, et put se considérer comme souverain.

C'est à cette époque qu'Épergos et Doxi abordèrent sur le territoire des Francs. Doxi avait eu le temps d'oublier sa haine contre le christianisme. Les traditions mythiques âryennes, dont les Scandinaves n'avaient conservé qu'un débris grossier, lui semblaient ne plus pouvoir fournir une carrière durable.

D'un autre côté, la confusion qui régnait dans les Gaules

parmi les populations demeurées gallo-romaines et les nouveaux dominateurs, la ruine de cette administration de l'empire si fort admirée jadis par lui, apportèrent dans son esprit une nouvelle lumière. En reconnaissant l'énergie avec laquelle quelques évêques de la Gaule luttaient pour maintenir, au milieu de cette société décomposée, les restes des libertés civiles, du droit, de la morale et de la civilisation, Doxi n'hésita pas, il se fit chrétien et chrétien fervent. Bientôt, il apporta dans ses nouvelles convictions la passion quelque peu intolérante qui était dans sa nature.

Épergos, comme toujours, se contenta d'observer, ne croyant à rien de fixe et ne voyant, dans tout état de l'humanité, qu'une transition vers une situation pire ou meilleure. Nos deux compagnons étaient plus que jamais loin de s'entendre. Doxi ne voyait de salut pour la société que dans l'établissement d'un régime théocratique, et s'élevait contre les obstacles qu'opposaient à ce régime et le caractère des chefs guerriers et l'esprit romanisé du peuple. Épergos ne cessait de le railler à ce sujet en lui démontrant par des exemples répétés chaque jour, que les évêques avaient d'autant plus d'influence sur les populations et sur les grands, qu'il se renfermaient dans leurs fonctions pastorales et ne prétendaient pas au pouvoir. D'ailleurs ces grands leudes francs et Dagobert lui-même, tout chrétiens qu'ils étaient, ne suivaient guère les préceptes de la morale du Christ.

Ils avaient des esclaves et autant de femmes qu'ils pouvaient en nourrir, étalaient un faste barbare, et s'ils donnaient d'une main aux monastères et aux églises, ils pillaient de l'autre églises et monastères.

La cour du roi présentait un étrange spectacle; on y voyait de saints personnages et des courtisanes, des esclaves favoris et des leudes ruinés vivant aux dépens du prince, des ambassadeurs et des gens sans aveu prêts à tous les

Fig. 92.

crimes. La dévotion et l'orgie y avaient part égale, et on passait de l'église aux banquets.

Dagobert séjournait habituellement dans ses *villæ*, tantôt dans l'une, tantôt dans l'autre, jusqu'à ce que les provisions amassées dans ces grands centres agricoles fussent consommées. Doxi, plein d'un zèle de néophyte, avait été distingué par Eligius, homme de sens, habile orfèvre, chrétien sincère, possédant la confiance du roi, qu'il ne quittait pas. Les connaissances d'Épergos avaient également été goûtées par Eligius, curieux de toutes choses tenant à l'art et à l'industrie.

Nos deux compagnons furent donc invités à se rendre dans l'une de ces *villæ* royales, afin de passer quelques jours auprès d'Eligius qui voulait les présenter à Dagobert, comme des personnages distingués pouvant l'instruire sur l'état des contrées du Nord.

Cette *villa* (figure 92), située sur les rampes d'un coteau, non loin des bords de l'Oise, était entourée de bois giboyeux dans lesquels le roi et sa cour allaient souvent chasser. Malgré son étendue, l'aspect extérieur de cette demeure était très-simple, et rappelait les établissements gallo-romains analogues. L'entrée principale, fermée d'une palissade, se composait d'une petite cour avec deux bâtiments contenant la porterie et quelques pièces d'attente pour les étrangers. De là, on pénétrait dans une seconde cour plus vaste, entourée de portiques bas, faits de charpente, donnant sur les logements des personnes directement attachées au prince. A l'angle de cette cour est une tour carrée à quatre étages. C'est la demeure particulière du roi. Le dernier étage ne consiste qu'en une plate-forme couverte, d'où la vue s'étend au loin. Du rez-de-chaussée de cette tour, on communique à la grande salle par un portique qui donne sur une troisième cour. C'est dans cette salle que se tiennent les assemblées et les banquets répétés. A côté, et réunie par une galerie, est une immense cuisine. Sur l'autre flanc, un portique qui donne sur la cour des écuries, plus basses, possédant une entrée spéciale, et, au fond, un bâtiment affecté aux étrangers, avec entrée particulière.

La construction de ces bâtiments est faite de petites pierres taillées et réunies par du mortier. Tous les combles sont en charpentes couvertes de tuiles romaines. Les intérieurs sont revêtus d'enduits peints et de grossiers lambris, les charpentes sont également coloriées.

A quelque distance est une grande chapelle, puis les habitations des colons, basses, couvertes de chaume et d'aspect pauvre. Cette *villa* est une des plus petites que possède le roi, et cependant elle peut loger de deux à trois cents personnes, tant maîtres qu'esclaves et serviteurs, car ceux-ci couchent habituellement sous les portiques.

En l'absence du roi qui était en chasse, Eligius fit voir aux deux compagnons les locaux de la *villa*. Cette visite excita chez eux plus de curiosité que d'admiration, car elle ne leur montrait rien de nouveau.

Ces constructions rappelaient grossièrement les habitations romaines des champs, et les ornements qui les décoraient à l'intérieur offraient un singulier mélange de luxe et de pauvreté. A côté d'étoffes d'Orient d'une richesse inouïe qui couvraient les lits et des bancs, on voyait des murs revêtus de peintures barbares exécutées par les mains les plus inhabiles. Les boiseries, les meubles étaient le produit de pillages ou les dépouilles de quelques anciens édifices, et mettaient en présence les œuvres délicates de l'art et celles dues à une fabrication primitive.

Eligius tenait fort à faire remarquer à ses invités certains meubles revêtus par lui de lames d'or et d'argent, et qu'il considérait comme fort beaux; mais Épergos sentait les éloges s'arrêter dans sa gorge, et Doxi ne disait mot, pensant que cet or eût été employé plus fructueusement à soulager bien des misères. Toutefois Eligius, qui était bon homme, ne s'offensa pas de la froideur de ses hôtes, tout en se réservant de connaître plus tard leur sentiment. L'occasion s'en présenta lorsqu'ils furent à table. En effet, Épergos, s'adressant à Eligius, parla ainsi : « Tu es un homme trop éclairé, Eligius, pour ne pas satisfaire ma curiosité sur un point.... Comment est-il arrivé que les arts de Rome, qui, dans les Gaules, avaient atteint une grande perfection, aient ainsi décliné?... Car toi-même reconnais que parmi les objets déposés dans cette *villa*, il n'en est pas qui puissent rivaliser avec ceux que vous a légués l'empire.... Tu m'as fait voir des chapitaux et des fûts de colonnes provenant d'un monument païen, et tu admirais la pureté du travail.... Pourquoi ne pouvez-vous faire aussi bien? Pourquoi les ustensiles, les meubles que tu nous a montrés, sont-ils grossiers, si on les compare à ceux que nous ont transmis ces païens et dont nous possédons encore des exemples? — Hélas! répondit Eligius, j'ai travaillé depuis mon enfance dans l'espoir d'atteindre à cette perfection des arts romains, et je n'ai pu obtenir que des résultats imparfaits. Les écoles nous font défaut; les désastres subis par la Gaule ont détourné les hommes de la pratique des arts. Pendant longtemps, chacun n'avait d'autre souci que de conserver sa vie. Et pourquoi donc aurait-on élevé des monuments, fabriqué des meubles ou des bijoux? Dès qu'une demeure conservait une apparence de luxe, elle était pillée et dévastée. Ainsi les artistes, les artisans anciens, sont morts sans avoir l'occasion de transmettre leur art ou leur métier à la jeunesse. Celle ci, ignorante, ne connaissant d'autre état que celui de la guerre, et Dieu sait quelle guerre! est retombée dans un état de barbarie égal à l'ignorance des peuplades qui envahissent notre sol. C'est depuis peu que nous avons pu nous livrer de nouveau aux arts de la paix. Les chefs francs ont l'amour du luxe; ils prétendent rivaliser avec la pompe des empereurs d'Orient. Il leur faut des vêtements précieux, des meubles et des joyaux enrichis d'or et de pierreries, et ils croient, s'ils sont couverts d'or au point de ne pouvoir marcher, montrer leur puissance et leur amour pour les belles choses. — Mais toi, Eligius, tu ne saurais être séduit par ce luxe apparent et grossier, et puisque tu as l'oreille du roi, comment n'essayes-tu pas de lui faire comprendre combien il sied à la richesse d'être simple dans ses vêtements, dans ses demeures, et combien la grandeur d'un prince consiste dans la perfection des arts pratiqués par ses sujets. — Si tu demeurais quelque temps parmi nous, Épergos, tu connaîtrais l'étendue des maux qui rongent la Gaule, et tu te demanderais, comme je me le suis demandé souvent, si ce peuple soumis à tant de misères n'est pas prédestiné...., puisqu'il vit encore après toutes ces hontes et ces désastres. L'espoir de voir la Gaule se relever un jour me soutient au milieu des épreuves auxquelles nous sommes soumis, et moi tout le premier. Je vois ici mille choses répréhensibles et criminelles. Ces chrétiens de nom se livrent à des actes qu'eussent réprouvés les païens; la violence, la ruse, la trahison règnent dans les cours, parmi ces chefs francs qui devraient donner au peuple l'exemple de la sagesse, de la retenue et du respect pour les choses sacrées. Tous, malgré les décrets de l'Église, prennent plusieurs femmes, réduisent des populations en esclavage, et ne mettent aucun frein à leurs passions; prodigues et avares, luxurieux et dévots, sans foi et saisis de crainte en présence d'un signe funeste, on les voit tour à tour arrogants et humbles, ivres ou repentants.... Que veux-tu! sorti du peuple, j'aime le peuple, et je ferme les yeux sur tant de violences et de crimes pour tenter de le soulager quand l'occasion se présente. Ce que je puis faire est peu de chose, assurément; mais, si peu que ce soit, Dieu m'en sait gré, puisqu'il voit que je ne puis faire davantage, et que tous mes efforts tendent à profiter des mouvements généreux que j'épie chez nos maîtres. Car il ne faudrait pas croire que ces hommes sont inaccessibles aux bons sentiments; s'ils naissent parmi eux, ils s'y abandonnent avec la même passion qu'ils mettent à poursuivre le mal. Le roi, au milieu de tant de perversité, laisse percer souvent les éclairs d'une âme grande et faite pour gouverner. Dieu m'est témoin que je préférerais mille fois la retraite au rôle que je remplis à la cour; mais si, du milieu de cet amas de corruption, je puis parfois extraire une perle fine, je suis récompensé de ma patience, que beaucoup considèrent comme une condescendance coupable.... Ceux qui ont voulu, pleins de zèle pour la cause de Dieu et de la justice, se faire les censeurs amers des mœurs de nos maîtres n'ont eu que la vaine satisfaction de décharger leur cœur de ce qui l'oppressait; proscrits honteusement, persécutés, mis à mort même, ils ont été des martyrs peut-être, mais n'ont pas brisé une chaîne ou soulagé une misère; j'ai cru qu'il était plus utile d'agir autrement. Je ferme donc les yeux sur le mal et saisis toute occasion de faire un peu de bien. — Tu n'en jouis pas moins, objecta Doxi, des biens et des avantages que procure la confiance du prince et le rang que tu occupes auprès de lui? — Tu parles comme un néophyte, reprit Eligius, et tu n'as jamais vécu à la cour, et, qui plus est, à la cour d'un roi franc. Sache donc que nul état n'est plus rude; pour celui qui poursuit le bien, les splendeurs, les plaisirs de la cour sont voilés de tristesse, les mets les plus délicats sont amers, le sommeil est entremêlé de rêves pénibles, et les marques de faveur mêmes du prince, nous enveloppent d'épines. Certes celui qui ne poursuit que des projets ambitieux, qui cherche à supplanter des rivaux, qui triomphe de leur humiliation, qui voit ses biens s'accroître par la volonté du maître, a peut-être des jours d'ivresse trop souvent suivis de cruelles déceptions; mais pour celui qui veut conserver la pureté et l'indépendance de son âme, qui emploie cette faveur du prince, non pour augmenter ses richesses au détriment du bien de ses rivaux, mais pour obtenir justice et soulager des infortunes ; pour celui-là, il n'est ni repos ni joie, le bien qu'il fait n'est jamais complet, car il faut l'arracher d'entre mille mains avides qui en retiennent des lambeaux. Si l'on veut poursuivre sa tâche et faire prévaloir ce qu'on croit équitable, c'est par la souplesse qu'il convient d'obtenir la plus légère faveur. A la cour, si chacun trouve tout simple qu'on sollicite impudemment pour soi-même, la défiance et la haine s'attachent à celui qui demande de réparer une injustice, puisque toute injustice réparée démasque un coupable qui le plus souvent est là, près du prince, et invente mille calomnies pour vous perdre.... Si j'avais un ennemi, Doxi, je l'amènerais à la cour et m'efforcerais de lui faire obtenir la faveur du prince.... »

XXV

LES SARRASINS.

En 827, les Musulmans s'emparèrent de la Sicile, et l'empire de Constantinople perdit ainsi un des plus beaux fleurons de sa couronne.

Ces Sarrasins, comme on les appelait alors, loin de dévaster le pays et de saccager les villes, apportèrent dans cette île un état de civilisation avancé, et surent y développer diverses industries qui enrichirent la contrée, notamment la fabrication de ces belles étoffes tissées de soie d'or et d'argent, qui alors se vendaient dans tout l'Occident. Ils divisèrent l'île en trois *vals* administrés par des cadis, sous le gouvernement d'un chef suprême qui résidait soit à Messine, soit à Palerme.

L'art grec et l'art romain en Sicile étaient tombés, sous les derniers empereurs d'Orient, aux derniers degrés de la décadence. Les Sarrasins firent renaître ces arts, mais en leur donnant une direction nouvelle, et sans imiter en rien les débris des monuments antiques qui existaient encore sur ce territoire. Ils apportaient avec eux des méthodes de bâtir adoptées alors en Égypte et sur les côtes de l'Afrique qui étaient en leur pouvoir depuis trois siècles.

Palerme, Messine, Catane sortaient de l'abandon où le gouvernement des empereurs d'Orient les avait laissés tomber. Les murailles antiques étaient réparées, des routes étaient ouvertes, des aqueducs amenaient les eaux des montagnes dans ces cités, et des palais somptueux, des mosquées remplaçaient les ruines provoquées par les dévastations des Vandales, le temps et l'incurie des peuples livrés aux dissensions. Toutefois la population des campagnes et des villes même conservait ses habitudes, sa religion, sans que le gouvernement des Aglabites et des Fatimites, qui leur succédèrent, y mît obstacle.

Contrairement aux coutumes des chrétiens de cette époque, les musulmans ne persécutaient pas les populations pour cause de religion, et se contentaient d'exiger d'elles une soumission absolue à l'autorité, et l'impôt. Elles pouvaient d'ailleurs conserver leur culte, à la condition de pas le manifester hors des temples.

On voyait donc dans les villes à la fois des constructions sarrasinoises et des églises et habitations chrétiennes. Il y avait ainsi comme deux peuples juxtaposés, vivant chacun à sa mode, adonnés à l'industrie et au commerce, sous une autorité arbitraire, mais sage et prudente, ne pensant pas qu'il y eût intérêt à obliger les gens à croire à tel ou tel dogme, du moment qu'ils remplissaient leurs devoirs civils et vivaient paisiblement.

Épergos et Doxi visitèrent cette île vers 1050. Elle était en pleine prospérité et excitait la convoitise de ces terribles Normands, installés déjà en Italie, où ils faisaient la guerre tantôt pour le compte des autres, tantôt dans leur propre intérêt, dès l'an 1035.

Depuis l'époque de leur entretien avec Eligius, nos deux compagnons avaient traversé bien des aventures, et, pour ne parler que des principales, sous le règne de l'empereur Charlemagne, Épergos avait été chargé de missions importantes en Orient et en Espagne par ce prince, qui prisait fort ses connaissances étendues. Il avait dû rapporter à la cour de l'empereur des manuscrits grecs et arabes, et les traduire, afin de répandre ainsi dans les monastères l'étude des sciences cultivées chez les Orientaux, et enseigner dans ces établissements la géométrie, l'art de conduire les eaux, d'améliorer les terres, de cultiver les arbres fruitiers, de bâtir et de peindre. Ainsi, pendant presque toute la durée du règne de Charlemagne, Épergos avait eu l'occasion d'employer son temps, et n'avait eu avec son compagnon Doxi que des relations peu fréquentes, celui-ci s'étant retiré dans un couvent et désapprouvant les nouveautés introduites par l'empereur. « Le christianisme, lui disait Doxi, quand par hasard ils se trouvaient ensemble, a eu la fortune d'arriver sur la terre au moment où l'empire romain, menaçant ruine, succombait sous les coups des barbares. C'est bien là ce qui montre son origine toute divine. Dieu indiquait ainsi clairement qu'il repousse comme une deviation de la voie tracée par lui à l'humanité ces civilisations tant admirées par toi et qui aboutissent toutes à la plus abjecte corruption. Son Fils n'a-t-il pas dit : « Heureux les pauvres d'esprit! » Le champ était libre; l'homme primitif débordait comme un fleuve puissant, et inondait toutes les terres semées d'ivraie. « Voilà ma loi, « simple, compréhensible pour toutes les intelligences », disait le Christ, et son Père jetait bientôt sur le vieux monde les natures primitives qui pouvaient seules l'accepter et la suivre. N'est-ce pas aller contre les décrets de la Providence, contre ses intentions manifestes de chercher à renouer les fils brisés de la prétendue science des anciens, conservée chez des peuples évidemment suscités par l'esprit du mal? L'empereur va combattre les infidèles, et il leur demande les éléments d'orgueil et de savoir qui ont perdu les hommes. Et toi qui sais où cette vaine science a conduit, non-seulement tu obéis aux ordres du prince, mais tu les provoques; c'est mal. L'inquiétude de Satan te domine! — Allons! mon bon Doxi, ne te fâche pas. Si je suis voué à Satan, qui d'ailleurs ne m'a jamais fait l'honneur de me manifester ses intentions, tu sais qu'il en est ainsi depuis longtemps; que prétends-tu? Toi tu es né pour arrêter la machine terrestre, moi, pour l'aider dans sa marche; à quoi bon discuter? Au revoir; je m'en vais à Bagdad! »

Plus tard, Épergos avait assisté à l'invasion des Normands sur le sol des Francs; il avait revu de près ces hommes rudes, cauteleux, rapaces et avides, sans foi; il avait retrouvé en eux ces Scandinaves doués d'une énergie puissante et tenace, et à Doxi, qui se lamentait alors sur l'incendie des couvents, sur le pillage des villes, il répondait: « Mais, ami Doxi, de quoi donc te plains-tu? N'est-ce pas un dernier flot de ce fleuve de barbares suscité par la Providence qui envahit le sol cultivé de nouveau par nous? Vos couvents étaient trop riches. Nous avions trop profité des enseignements que voulait répandre le grand empereur Karle sur l'Occident. Tu le blâmais alors, cet empereur, de m'envoyer en Orient chercher les débris des civilisations antiques et de l'école d'Alexandrie. Probablement avais-tu raison, puisque voilà des hommes primitifs qui viennent bouleverser notre ouvrage, avec la permission de Dieu, sans aucun doute. Observe comme ton entendement a parfois des lacunes, mon vieux camarade. Tu dis aujourd'hui que ces Normands sont vomis par l'enfer, parce qu'ils te chassent de ton couvent et détruisent ce que nous avions pu faire, disais-tu, sur l'instigation de Satan! »

Quand la discussion entre les deux compagnons prenait ce tour, Doxi ne manquait jamais d'accabler Épergos d'injures et celui-ci quittait la partie, sifflotant sur l'ongle de son pouce.

Établis définitivement sur le sol des Francs, ces Normands s'étaient montrés d'autres hommes.

Du moment que la terre était à eux, ils se gardaient de la laisser en friche, ils la faisaient cultiver avec soin, élevaient des bestiaux et des chevaux, bâtissaient de bonnes forteresses pour protéger le pays, nouaient des relations commerciales avec leurs voisins, amassaient des trésors qu'ils savaient employer utilement et, s'étant convertis au christianisme, se firent les défenseurs zélés de l'Église, en tant qu'elle ne gênait pas leurs intérêts. Bientôt la province qu'ils occupaient fut une des plus riches de la France et des mieux administrées, mais la population augmentant toujours, il fallut chercher fortune ailleurs. Il n'y avait pas assez de terre en Normandie pour nourrir tant de gens, d'autant qu'ils avaient bon appétit. N'ayant rien perdu de leur énergie, mais vivant à l'étroit sur le sol qu'ils s'étaient fait donner dans les Gaules, ils essayèrent de dépasser leurs limites, et se heurtèrent à des populations également pressées; puis à ce jeu, on pouvait perdre autant que gagner. En gens avisés et pratiques, sachant calculer les chances, ils demeurèrent donc relativement en paix sur leurs frontières, mais envoyèrent ceux d'entre eux, qui ne pouvaient vivre sur le sol, guerroyer au loin. C'est ainsi que des partisans s'en allèrent en Italie, louèrent leurs bras aux divers compétiteurs qui se disputaient le pays, puis finirent par se battre pour leur propre compte et s'installèrent dans l'Apulie.

Il n'est besoin de dire que Doxi s'était réconcilié avec eux du jour où, au lieu de piller les couvents des autres, ils se mirent à en bâtir pour leurs moines.

Nos deux compagnons avaient vu les Normands en Italie, ils savaient comme ils se comportaient, là comme ailleurs; employant la ruse et la force suivant l'occasion pour arriver à leurs fins, grands pillards du bien des autres quand ils n'avaient pas l'espoir d'en tirer profit autrement, mais très-conservateurs de ces biens quand ils pouvaient espérer les exploiter. Ils savaient que leur désir était de s'emparer quelque jour de la Sicile; car ce pays fertile pouvait satisfaire leur vaste appétit.

Épergos, qui n'avait cessé de maintenir des relations avec les musulmans, avait des lettres pour un des plus riches habitants de Palerme nommé Moafa. C'était un homme juste, fort estimé et qui était déjà vieux. Il habitait un palais non loin des murs de la ville, dans un lieu charmant.

Cette demeure se composait d'un gros logis à plusieurs

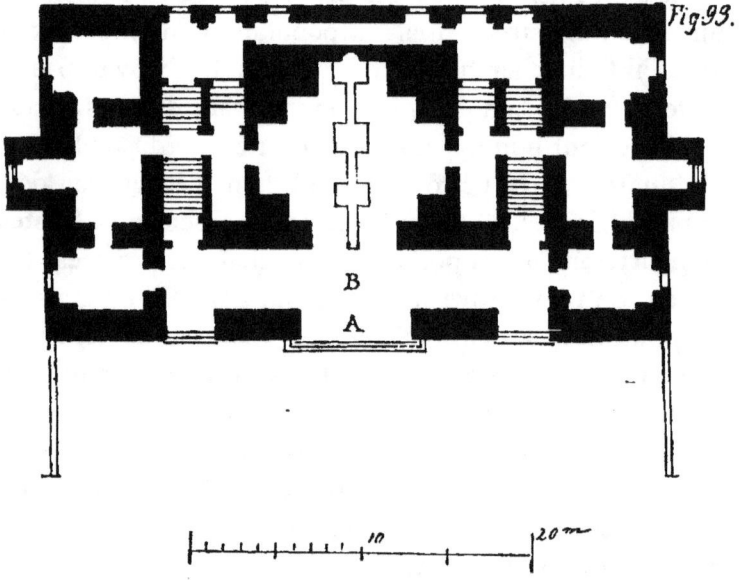

étages, solidement bâti de pierres de taille et tout entouré de jardins. Suivant l'usage, des bâtisses légères, élevées à quelque distance du palais, renfermaient les serviteurs, les cuisines, les bains, des écuries et des portiques pour recevoir les étrangers, avec quelques cellules y attenant.

La figure 93 présente le rez-de-chaussée de ce plan du palais. Une large ouverture A donne entrée dans un vestibule long B, aux extrémités duquel sont disposés deux pièces, l'une pour le serviteur qui doit être sans cesse aux ordres des personnes qui entrent ou qui sortent, l'autre qui sert d'antichambre aux pièces dans lesquelles le maître reçoit les étrangers. En regard, deux salles sont destinées au logement des familiers. Au centre est une vaste salle, ouverte sur le dehors, voûtée, avec quatre enfoncements. Dans celui du milieu est disposée une fontaine de marbre, laissant couler une nappe d'eau qui se répand dans un canal central coupé de petits bassins carrés.

Dans les deux enfoncements latéraux sont des divans et deux portes qui communiquent avec les pièces latérales. Le service peut se faire par le couloir postérieur, entre ces deux parties du palais. Deux beaux escaliers montent au premier étage, qui n'occupe que les deux extrémités du bâtiment; car la voûte de la salle centrale s'élève jusque sous le sol du deuxième étage. Ce premier étage est occupé par les femmes. Le deuxième étage présente la même distribution que le rez-de-chaussée, si ce n'est que la grande salle centrale s'ouvre par ses deux bouts, sur la campagne. C'est là que demeure le maître. Au-dessus sont encore quelques petites chambres pour les serviteurs, puis une terrasse d'où la vue est admirable.

De ce point élevé, la ville, avec ses monuments crénelés, avec les minarets de ses mosquées couverts de mosaïques à fonds d'or, se détache sur l'azur de la mer. A gauche, s'élève la montagne abrupte qui forme promontoire et dont les roches d'un blanc safrané semblent émerger d'un jardin d'oliviers, de palmiers, de figuiers.

A l'opposite de la mer, s'ouvre le fond de la vallée, couvert de la riche verdure des orangers et des citronniers et terminée par une couronne de sommets déchirés. De distance en distance, de hautes piles de maçonneries indiquent le parcours des sources répandues dans toutes les habitations et amenées jusqu'au faîte des édifices au moyen de ces syphons de maçonnerie habilement espacés pour maintenir l'eau à un niveau élevé.

Les jardins qui entourent le palais, dont la figure 94 présente l'aspect extérieur du côté de l'entrée, sont plantés avec art et coupés d'une multitude de petits canaux de marbre dans lesquels coule une eau claire et fraîche.

La masse imposante du palais, dorée par le soleil et vue à travers la verdure, est d'un aspect saisissant. La construction simple, dépourvue de toute sculpture, mais savamment combinée, est seulement décorée à sa partie supérieure par un large bandeau, servant de balustrade, couvert extérieurement d'une belle inscripton en relief et par un crénelage dont la dentelure, brillante de lumière, fait ressortir l'éclat azuré du ciel.

Introduits dans les jardins, sur l'ordre du maître, et en attendant qu'ils pussent être reçus, Épergos et Doxi ne se lassaient pas d'admirer l'ordre, le calme riant de cette demeure qui contrastait si fort avec ce qu'ils venaient de voir en Occident. Doxi surtout ne manquait pas d'exalter la grave sérénité de ces lieux si propres à la méditation et qui semblaient refléter des existences d'une régularité parfaite.

Suivant son habitude, il ne manquait pas, en s'appuyant sur cette impression, de critiquer amèrement les mœurs turbulentes de ces Occidentaux qu'il venait de quitter et au milieu desquels il n'était pas possible, même aux religieux cloîtrés, de vivre tranquilles. « Eh bien! lui dit Épergos, quand il eut fini son rapprochement entre ces coutumes opposées, fais-toi musulman! » Doxi se tut, mais jeta un regard oblique sur son compagnon. Un esclave noir apparut bientôt au seuil de l'entrée du palais et fit signe aux deux compagnons d'entrer.

Ceux-ci laissèrent leurs chaussures dans le vestibule, et mettant des babouches qu'on leur présentait, furent introduits dans la grande salle centrale (fig. 95).

Au-dessus de la fontaine, sur un fond d'or, une mosaïque délicate décore la grande niche.

VUE DU PALAIS SARRASINOIS. — PALERME (P. 318).

Celle-ci, comme les deux autres, se termine par des encorbellements de petites arcades qui rappellent les stalactites de certaines grottes ou les cellules de la grenade. L'or, l'azur, le vert, le blanc et le noir, sont répartis de la manière la plus harmonieuse dans ces myriades d'alvéoles. Des arabesques peintes bordent la voûte, entourent les sommets des niches et se marient à de grandes inscriptions qui surmontent le bandeau supérieur.

Quant au bandeau inférieur, il est orné de cordons de mosaïques qui entourent de fines colonnes de marbre blanc placées aux angles et se retournent sur la plinthe. Les parties restées lisses des murs sont peintes en blanc. Le pavé est composé de carreaux de marbre entremêlés de mosaïques. L'eau, qui circule dans le petit canal et les bassins, entretient la fraîcheur dans ce lieu tranquille, éclairé seulement par la grande ouverture de l'entrée.

Moafa est accroupi sur le divan d'un des grands retraits latéraux devant lequel est jeté un tapis précieux. Sans se lever, il fait signe aux deux compagnons de se placer sur le divan en face de lui, puis prenant les lettres, il les lit en silence et longuement pendant qu'un esclave apporte des rafraîchissements.

L'esclave ayant disparu sans bruit par la porte percée dans le fond du retrait, après un assez long silence, Moafa dit : « Quel est celui de vous deux qui se nomme Épergos ? — Moi, dit celui-ci. — Et quel est l'autre ? ajouta Moafa. — Doxi, mon compagnon. — Vous êtes chrétiens ? — Oui. — D'Occident. — Oui. — Quel intérêt vous conduit à Palerme ? — La réputation de son industrie, le charme du pays, la sagesse de ses maîtres. » Puis après un nouveau silence, Moafa reprit : « Les chrétiens ne voyagent pas pour chercher la sagesse là où elle est, encore moins pour se pénétrer du charme d'un pays ; mais pour s'enrichir ou découvrir les côtés vulnérables d'une nation, afin de l'asservir par la ruse ou par la force. — C'est possible, continua Épergos, mais nous deux, voyageons pour nous instruire et n'avons point d'armées derrière nous. » Alors il raconta à son hôte quelques-uns des longs voyages entrepris par Doxi et lui ; les détails qu'il donnait paraissaient intéresser Moafa, qui l'écoutait attentivement. Quand Épergos se tut : « Bien, dit Moafa, c'est bon, mais tu n'es pas chrétien ? — Peu t'importe que je sois ou ne sois pas chrétien. Nous sommes avides d'apprendre et nous aimons les hommes, puisque nous n'avons cessé de parcourir le monde pour les connaître et chercher ce qui est bon parmi eux, afin d'instruire les ignorants ou de faire aimer le bien ; qu'as-tu besoin d'en savoir davantage ? — Il est malséant d'interroger ses hôtes, et mes paroles ne doivent pas t'offenser. Mais sache que la Sicile est envahie par des espions venus d'Italie, au pouvoir des hommes du Nord. La défiance nous est commandée. As-tu vu ces hommes du Nord ? — Oui, j'ai vécu parmi eux. — Sais-tu rien de leurs projets ? — Je sais qu'ils sont dirigés par une ambition sans bornes et une rapacité jamais assouvie ; que, s'ils soumettent l'Italie, ils voudront s'emparer de la Sicile, puis de l'Afrique, puis de l'empire des Grecs, puis de la Syrie, puis du monde entier. » Après un nouveau silence, Moafa dit : « Si c'est écrit ? Allah est grand ! — Me permets-tu, Moafa, de te dire ma pensée ? — Dis : La parole imprudente ne nuit qu'à celui qui la prononce ; c'est à toi de savoir si tu dois parler ou te taire. — Eh bien ! ces hommes du Nord ne croient pas que leur destinée soit écrite par la main d'Allah. Imprudents et barbares, ils vont toujours droit devant eux. Loin de se soumettre à un destin fatal, ils prétendent le forcer, ce destin, par leur présomptueuse audace, à le soumettre à leurs désirs. Ils vont, dans leur orgueil, jusqu'à croire qu'ils entraîneront Dieu dans leurs projets, à force de prières et de persistance.

« S'ils sont vaincus, si leurs desseins sont déjoués, ils disent

INTÉRIEUR D'UN PALAIS SARRASINOIS — SICILE (P. 318).

que c'est qu'ils ont manqué d'adresse ou de courage, mais ils recommencent, ne se soumettent jamais à la destinée... Les vrais croyants conduits par Mahomet, Omar et leurs illustres successeurs se sont dit qu'ils devaient conquérir le vieux monde, que « c'était écrit », et pleins de cette foi en la parole du maître, ils se sont répandus sur l'Asie, l'Afrique et une partie de l'Europe. Pour combattre, pour conquérir, cette foi en la parole sacrée, en la destinée tracée, était une arme invincible.

« En est-il de même, lorsque, les limites de la puissance ayant été atteintes, il ne s'agit plus que de garder ce qu'on a acquis, s'il survient un échec, un arrêt dans le développement de cette puissance? Ce que l'Islam a acquis est menacé, n'est-il pas funeste de croire que le destin l'a voulu ainsi et que nulle puissance humaine ne peut prévaloir contre ses arrêts écrits d'avance sur le livre éternel? Vous ne doutez pas que l'ambition démesurée des hommes du Nord ne les pousse vers vos rivages; que faites-vous pour prévenir cette invasion? Armez-vous vos villes? Fabriquez-vous d'avance des engins redoutables?

« Mettez-vous des gardes sur vos côtes? Non, vous attendez que l'heure de l'aggression assignée par Allah ait sonné; alors vous vous défendrez bravement et vous périrez s'il le faut sous les ruines de vos forteresses, mais avec la conviction que si cette défense demeure infructueuse, c'est que cela était écrit, qu'il fallait que cela fût.... »

Moafa semblait réfléchir profondément; puis, après un long silence, souriant tristement :

« Mais s'il est écrit que l'Islam doive être refoulé dans les déserts d'où il est sorti? Les desseins d'Allah sont impénétrables. Nous avons beaucoup péché; s'il veut nous punir et nous ramener à notre berceau, afin que nous reprenions une nouvelle jeunesse? » Épergos n'insista pas.

Les deux compagnons demeurèrent quelques jours dans

ce délicieux palais, Moafa leur ayant fait donner deux chambres dépendantes des bâtiments extérieurs.

Leur hôte semblait prendre de plus en plus d'intérêt à leurs entretiens.

Il leur expliqua comment ces demeures étaient élevées par des ouvriers siciliens, sur les indications d'architectes instruits en Égypte; que la pierre était abondante dans le pays, et que ces ouvriers ayant l'habitude de l'employer, ces demeures étaient construites avec cette matière à l'extérieur, tandis qu'on réservait le mode de bâtir des Orientaux, c'est-à-dire le blocage et les enduits, pour ces intérieurs revêtus de peintures, de mosaïques et de marbre.

L'architecte du palais, qu'Épergos eut l'occasion de voir, lui démontra que ses procédés de tracés dérivaient tous de formules géométriques très-simples, et que ces voûtes, si compliquées en apparence, des réduits de la grande salle, étaient tracées à l'aide de méthodes faciles à saisir et à appliquer.

Épergos se souvint que dans l'antique Égypte, il avait vu ainsi des architectes tracer leurs plans et les moindres détails de l'architecture à l'aide de formules géométriques et se demanda si ces traditions n'avaient pas été conservées dans les écoles d'Alexandrie pour être employées, bien qu'à un art très-différent, par les architectes musulmans qui, depuis Omar, avaient dû s'instruire au Caire et sur le bas Nil. Il constata également certains rapports de plans entre cette demeure et les palais de l'Asie et de la Perse de l'époque antique, et tout cela lui donna fort à réfléchir.

XXVI

L'ÉPOQUE FÉODALE.

« Ainsi donc, disait Épergos à son hôtelier, dans la ville abbatiale de Cluny, tu penses que nous pouvons traverser le pays jusqu'au duché de Lorraine sans danger, mon compagnon et moi? — Je ne dis point cela, mais que si vous voulez attendre deux jours, notre sire l'abbé, qui s'en va visiter un de ses grands prieurés, près la ville d'Épinal, avec une grosse troupe, sera fort aise que vous vous joigniez à lui. — Et que faut-il pour faire cela ? — Vous armer d'un gambison, d'un chapel de fer et d'un fort coutelas et vous présenter à lui, comme de bons compagnons. Mon voisin Michel le Boen et moi vous servirons de caution. — Eh bien ! qu'en dis-tu, Doxi ? — Je dis, répondit celui-ci, qu'il ne convient guère de porter pareil harnois. — Allons donc ! ne t'ai-je pas vu endosser le haubert pour combattre les Albigeois, il n'y a pas longtemps ? — Nous sommes en pays chrétien, et il est surprenant qu'on ne puisse voyager sans cet attirail. — Que veux-tu ? cela est ainsi. Il me serait indifférent d'être détroussé, cela nous étant arrivé souvent ; mais il nous importe de ne pas être retardés dans notre mission près du duc Thibaut. Allons voir le voisin Michel le Boen. » L'hôtelier conduisit les deux compagnons chez Michel qui était dans sa boutique.

Elle est jolie la maison de Michel le drapier (figure 96) et se compose, au rez-de-chaussée, d'une grande boutique A, d'un parloir B et d'une cuisine C, avec laverie et latrines en D. Un escalier à rampes droites, donnant en face d'une porte ouverte directement sur la rue, monte au premier étage comprenant la salle E et deux chambres. Au-dessus du petit bâtiment D, s'élève un escalier qui monte à l'étage sous comble, habité par les apprentis et servant de galetas.

En G, une cour éclaire la partie postérieure du logis.

La façade de la maison sur la rue est bâtie de bonnes pierres de taille, comme toutes les habitations des bourgeois de Cluny, avec balcon en bois couvert par le comble, à l'étage supérieur.

Michel s'empressa d'appeler sa femme lorsqu'il sut l'objet de la visite de l'hôtelier, afin qu'on apportât le vin dans le parloir et, sur le désir manifesté par Épergos, il fit à ses deux compagnons l'honneur de son logis. La pièce importante, la salle où se réunissait la famille, était pourvue d'une vaste cheminée, et tendue de serge; le plafond composé de solives apparentes, peint et fort gai d'aspect. Tout cela était propre, car la maîtresse du lieu, bonne ménagère, s'entendait à tenir une maison. Des bancs servant de bahuts, de grandes armoires de chêne ferrées et une grande table autour de laquelle étaient rangés des escabeaux, garnissaient la salle et reluisaient aux rayons du soleil qui filtraient à travers les rondelles épaisses de verre fermant les croisées.

Michel le Boen mit son chaperon par-dessus sa cotte, et tous quatre se dirigèrent vers l'abbaye.

Deux jours après, la chevauchée se mettait en marche. Épergos et Doxi couverts chacun d'une broigne solide, armés de coutelas, coiffés de cervelières de fer, montés sur de

Fig 96

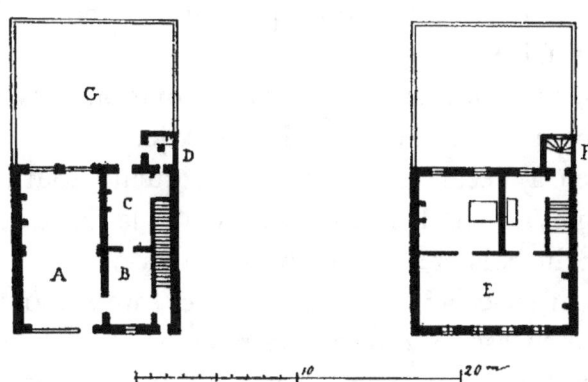

bons roussins, faisaient partie de la troupe qui se composait d'une douzaine de moines, l'abbé à leur tête, et d'une cinquantaine de vassaux de l'abbaye armés, sans compter nos deux compagnons.

Cela menait grand bruit sur le chemin et voyageait gaiement faisant quatre repas par jour. La chevauchée passa par Châlon-sur-Saône, par Beaune et Dijon. On couchait dans les couvents et on partait de grand matin.

De Dijon, on alla à Thil-Châtel, Isômes, Cherlieu, Luxeuil et Fougerolles.

En sortant de Fougerolles le matin, pour traverser les montagnes et se diriger sur Épinal, vers la troisième heure de marche, la troupe se croisa avec deux jeunes chevaliers bien montés suivis de leurs écuyers. Ces deux cavaliers paraissaient être des personnages de haute lignée. Ayant appris que l'abbé de Cluny était là, ils s'approchèrent de lui et se nommèrent; aussitôt l'abbé les accola, ces deux jeunes gens étaient de sa parenté et se rendaient à la cour du duc de Lorraine qui les avait mandés afin de régler avec eux quelques questions de succession, car ils étaient ses vassaux.

Vers onze heures, la troupe s'arrêta le long d'une prairie en pente bordée d'un bois, pour laisser reposer les montures et se refaire.

Chacun mit pied à terre et les provisions furent étalées sur l'herbe fraîche. L'abbé et les deux jeunes chevaliers étaient un peu à l'écart sous un arbre, quand tout à coup deux hommes armés, le heaume en tête et la lance au poing, sortirent du bois et s'arrêtèrent à distance.

« Qu'est-cela? dit l'abbé; par les saints apôtres! on ne va pas en chasse avec pareil harnois. »

Les deux jeunes gens qui n'étaient point armés, s'étaient levés. Alors, droit vers eux, s'avança un des deux hommes d'armes, la tête couverte de son heaume d'acier et la lance prête; s'adressant aux jeunes chevaliers : « N'êtes-vous point Hugues et Gérard de Favernay ? — Oui, » répondit Gérard, et aussitôt l'homme d'armes éperonnant sa monture se précipita sur lui, la lance baissée.

Gérard se détourna, mais cependant le fer lui traversa l'épaule, et le malheureux jeune homme roula sanglant sur le gazon. L'écuyer de Hugues, dès qu'il avait aperçu les heaumes briller à travers les arbres, s'était empressé de remettre entre les mains de son maître une lourde épée.

Épergos, qui n'était pas loin, voyant l'agression déloyale du cavalier armé dont le cheval lancé fournissait sa course, se jetant de côté, coupa les jarrets de la bête, qui s'abattit sur le coup.

L'homme d'armes se releva cependant et tirant son épée, s'avança à pied vers Hugues, qui, de son côté, plein de colère de voir son frère ainsi frappé traîtreusement, se précipitait sur le félon.

Les écuyers et les gens de l'abbé se levaient, prenaient les armes et se plaçaient devant le second chevalier qui, la lance au poing, restait immobile à la lisière du bois.

L'inconnu, couvert du haubert de mailles et le heaume en tête, saisissant son épée des deux mains, aurait infailliblement fendu le crâne d'Hugues jusqu'aux dents, si celui-ci, qui n'était vêtu que d'une cotte légère, n'eût esquivé le coup.

La pointe de l'épée s'enfonça dans le gazon, et saisissant le moment, Hugues mit le pied sur le fer et frappant du poing le heaume de l'homme d'armes de manière à le rejeter en arrière, il lui enfonça son large glaive dans la gorge. L'inconnu chancela et tomba lourdement. Ce que voyant, l'homme d'armes qui était resté sous bois, s'éloigna au pas de son cheval.

Hugues revint alors vers son frère qui avait perdu les sens et que l'abbé et Doxi cherchaient à ranimer. « Oh ! dit

Hugues, cher frère, reviens à toi, je t'ai vengé ; tu vis, n'est-ce pas ? Que dirait notre mère si je revenais seul ? Gérard, doux ami, c'est moi, ton frère, regarde-moi. »

Le blessé rouvrit les yeux. « Ah ! ta blessure est légère, n'est-ce pas ? » Doxi, qui était un peu chirurgien, pansa Gérard du mieux qu'il put, on le hissa sur sa monture et, en le faisant soutenir par son écuyer, tristement la troupe se remit en marche.

« Voilà, disait l'abbé, une méchante aventure et qui ne nous promet rien de bon. Et cet autre chevalier qui a laissé occire son compagnon sans faire mine de le secourir ! Voilà une méchante aventure ! »

Hugues, inquiet pour son frère, qui pâle et sanglant se soutenait à peine sur son roussin, la rage au cœur d'avoir été ainsi attaqué traîtreusement sur les terres du duc, tandis qu'il portait de lui un sauf-conduit, avait hâte d'arriver. Mais la troupe n'était pas montée pour marcher vite et les chemins de montagne étaient mauvais. Un secret pressentiment lui disait cependant qu'il fallait se hâter. « Oui, mon fils, disait l'abbé, il nous faut arriver promptement chez le duc. Ah ! c'est une méchante aventure ! » Et le chemin paraissait interminable. L'abbé, sur les instances de Hugues, se décida à ne point s'arrêter à Plombières, ainsi qu'il en avait eu l'intention, mais à se diriger par la traverse sur le château de Bellefontaine où le duc tenait alors sa cour.

Ce ne fut qu'assez tard que la troupe aperçut le donjon de cette résidence. Aussitôt on envoya en avant un des écuyers les mieux montés pour annoncer l'arrivée de l'abbé de Cluny et des deux jeunes vassaux.

Péniblement, pendant une heure, gens et bêtes gravirent la voie qui mène à la porte du château. Les hommes de garde étaient prévenus et on laissa la troupe entière dans la la baille. L'abbé avec quelques moines, les deux jeunes chevaliers, leurs écuyers, Épergos et Doxi, pénétrèrent seuls dans la cour. Le duc les attendait dans la grande salle, ayant près de lui la duchesse et ses femmes.

Le duc fit bon visage aux nouveaux venus; mais l'abbé était visiblement troublé.

« Qu'avez-vous, sire abbé? dit le duc; souffrez-vous de la fatigue du voyage? vous faut-il du repos? »

Et comme l'abbé balbutiait : « Sire duc, dit Hugues, nous vous demandons justice. Munis d'un sauf-conduit de vous, nous avons été attaqués traîtreusement et pendant notre repos, sans provocation aucune, par des hommes d'armes; l'un d'eux a blessé grièvement mon frère que voici »; et Hugues, enlevant brusquement la pélisse de Gérard, fit voir à tous son épaule sanglante et pansée à la hâte. Le blessé pâlit et chancela, car le mouvement de son frère avait rouvert sa plaie. « Par le sang du Christ, s'écria le duc, je jure que l'auteur de cette félonie sur ma terre sera pendu, fût-il chevalier et aussi noble que moi! »

On s'empressa autour de Gérard, et le duc ayant mandé son médecin, celui-ci déclara que la blessure n'était pas mortelle, mais qu'il faudrait au jeune chevalier un long repos et des soins. Les femmes de la duchesse allèrent quérir linge et cordiaux afin que le physicien pût faire son pansement. « Mais, reprit le duc, quand cette première émotion fut calmée, dis-moi, Hugues, comment la chose s'est-elle passée? » Le jeune chevalier raconta tout, naïvement. « Et pourquoi, poursuivit le duc, ne m'as-tu pas apporté la tête du félon? — Eh, sire duc, répondit Hugues, j'étais si troublé de l'état de mon frère, que quand j'ai eu mis à terre le traître, je n'ai songé qu'au blessé, laissant là le corps de ce chien. — Et l'autre homme d'armes a tourné le dos? — Oui, certes, nos chevaux étaient débridés, personne n'a songé à courir après lui; d'ailleurs il était armé, nul de nous ne l'était. — Deux traîtres, dit le duc après un moment de réflexion. Je saurai qui ils sont, mais il faut envoyer chercher le corps du tué ; celui-là du moins, nous le connaîtrons. »

A ce moment, une sourde rumeur se répandit au dehors. « Qu'est-ce encore ? s'écria le duc. — C'est Amauri, dit un écuyer, qui revient seul. — Amauri, mon neveu, où est-il ? — Le voici. »

Amauri entrait en effet dans la salle, pâle, troublé. « Parle, Amauri, où est Charles, mon fils ? dit le duc d'une voix étranglée. — Mort, tué, pendant que nous chassions ; ses écuyers le rapportent ici couché sur son écu. — Mort ! Charles tué, et par qui ? — Par ce damoiseau, dit Amauri en montrant Hugues. — Ah félon ! » hurla le duc en se jetant sur Hugues la main levée. Mais un chevalier de sa cour se mit devant lui et lui retenant le bras : « Sire duc, dit-il, ce jeune chevalier est de noble naissance, tu lui as délivré un sauf-conduit pour venir te trouver. Qu'il soit jugé ; s'il est coupable, qu'il soit condamné ; rien de plus, s'il plaît à ta seigneurie.

Aux premiers mots de cette scène, la duchesse s'était précipitée hors de la salle. Le corps de son fils, sanglant, couché sur son écu et couvert de feuillées, porté par quatre écuyers, était déposé au bas du perron. La duchesse se précipita sur ce cadavre et voyant cette large plaie béante, elle y porta ses mains comme pour la fermer.

« Oh ! mon Charles ! mon Charles ! » dit-elle.... le cœur faillait à ceux qui étaient là.

Dans la salle, Hugues, remis de la première émotion causée par la parole d'Amauri, se plaçant devant le duc, lui dit : « Sire duc, ne me menacez point ; si j'ai tué celui qui a blessé mon frère et qui voulait me tuer, je ne savais pas qu'il fût votre fils. Si je l'avais su, serais-je venu à votre cour, me placer sous votre sauvegarde et vous demander justice ? A quoi bon les menaces ? me voici prêt à me soumettre à la justice de votre cour. — Il parle bien, dirent les chevaliers ; mais qu'Amauri dise comment la chose s'est passée? — Parle, Amauri! — Je vous dirai la vérité, répondit celui-ci, et si je mens, que Dieu me maudisse! Hier soir, Charles vint me prier d'aller chasser avec lui, au vol ; mais comme je me méfiais de Thierry de Langres, nous partîmes armés. Un de nos autours se perdit; laissant arrière nos écuyers, nous courûmes pour le retrouver. A la sortie d'un bois, nous vîmes beaucoup de gens et parmi eux ces deux damoiseaux qui s'étaient emparés de l'oiseau. Charles redemanda son autour; celui qui est blessé se refusa à le rendre. Le débat devint si vif que Charles, pressé par les deux frères, frappa l'un d'eux et fut à son tour frappé par l'autre. S'il ose soutenir que j'ai menti, voici mon gage. — Sainte Marie ! s'écria l'abbé, jamais entendit-on pareil mensonge? Je suis prêt à jurer sur les saints et mes moines avec moi, que ce larron raconte une fable ! — Voilà, reprit le duc, un témoignage imposant. Que réponds-tu, Amauri? — L'abbé dit ce qu'il lui plaît, reprit Amauri, je ne prendrai pas la peine de le démentir ; mais je saurai bien forcer Hugues à convenir de sa forfaiture. — Eh bien, Hugues! s'écria l'abbé, que tardes-tu? offre ton gage, car le droit est avec toi. Si tu étais vaincu, ce que Dieu ne permettra pas, rentré à Cluny, je vendrais tout l'or de la châsse de saint Pierre ! — Voici mon gage et il faudra que ce larron dise la vérité : que je ne connaissais pas celui que j'ai tué et que j'ai été attaqué sans provocation. — Il me faut des otages, dit le duc. — Mon frère Gérard : je ne puis fournir que celui-là, sire duc, puisque je ne connais personne ici. — Et moi donc! reprit l'abbé de Cluny, je serai aussi ton otage, et si tu es vaincu, honni soit le duc de Lorraine, dût-il me pendre avec mes moines. — Vous avez tort, abbé, de parler de la sorte, dit le duc. A Dieu ne plaise que, quoi qu'il advienne, je vous fasse nul dommage. Donne tes otages, Amauri. Sire duc, voici mes cousins, Huelins et Sewin.

— Je les accepte ; si tu es vaincu, ils perdront leurs

terres. Avant que mon fils soit déposé au moutier, le combat doit être terminé ; hâtez-vous donc ; et, s'adressant au vieux chevalier qui avait arrêté son bras : « Comte Guillaume ! vous serez juge du camp. » Puis, l'assemblée s'étant séparée, le corps de Charles fut monté dans la salle, qui ne retentit plus que des sanglots et des lamentations des malheureux parents et des familiers du jeune duc.

Le lendemain, le champ-clos étant prêt de grand matin, les deux adversaires entendirent la messe au moutier et firent le serment d'usage sur les reliques des saints. Puis, l'abbé ayant voulu tenir l'étrier à son jeune parent et l'ayant embrassé, il se retira dans l'église et se mit en prières.

Le champ-clos s'étendait au fond d'un vallon au-dessous du château, et vers dix heures du matin, les barrières ayant été occupées par toute la chevalerie de la résidence et du voisinage, les deux champions parurent, après avoir été armés dans les pavillons dressés à cet effet. Le comte Guillaume donna le signal du combat.

« Voilà, disait Épergos à Doxi, pendant ces préparatifs, une manière commode de rendre la justice. Cet Amauri est évidemment un misérable de la pire espèce. Au lieu de s'éclairer, de recueillir les témoignages qui ne manquaient pas, certes, puisque nous étions là-bas une cinquantaine de personnes qui ont vu comment les choses se sont passées, on préfère s'en rapporter aux chances d'un combat, ce qui équivaut à admettre que le droit est du côté du plus fort. — Dieu, répondit Doxi, ne saurait faire triompher le mensonge sur la vérité. — Bon, mais l'abbé de Cluny, lui-même, tout abbé qu'il est, et qui certes a vu comment cet Amauri s'est conduit, qui est convaincu comme nous de l'innocence de Hugues, n'en admet pas moins que son jeune parent pourrait être vaincu, puisque, dans son émoi, il menace de s'en prendre aux reliques de saint Pierre, si le bon droit n'est pas vainqueur. — Préfères-tu les jugements des hommes? N'avons-nous pas vu comme la passion avait part à ceux que rendait à Athènes (ta ville préférée) le tribunal des héliastes. Les jugements des tribunaux de Rome te semblaient-ils toujours équitables? et les préteurs n'avaient-ils pas trop souvent la main tendue vers l'oppresseur pour recevoir son argent en échange d'un arrêt favorable? et que penses-tu de ces jugements des Cadis qui ne s'appuient que sur leur sentiment, non sur une loi? — Après tout, reprit Épergos, j'aime autant cette façon de juger par le combat, que celle employée vis-à-vis des hérétiques quand Simon de Montfort était dernièrement sur les terres du comte de Toulouse. » Doxi voulait assister au combat. Epergos s'abstint et les deux compagnons se séparèrent. »

Bientôt, on alla en toute hâte quérir l'abbé de Cluny, le vaincu allait faire des aveux.

Le vaincu était Amauri; couché sur le gazon, couvert de plaies, une main à peu près coupée, pâle et sanglant, le regard terne déjà.

Le comte Guillaume et les barons l'entouraient et le pressaient de questions; mais à peine pouvait-il articuler quelques mots. L'abbé arrivé, le moribond lui parla à l'oreille et expira.

Quant à Hugues, il n'était guère en meilleur état que son adversaire, et plusieurs fois il perdit connaissance pendant qu'on le transportait au moutier.

Le résultat de ce combat n'éclaircissait rien et le duc était accablé de douleur et de perplexité.

En vingt-quatre heures, il avait perdu son fils unique, son neveu, vu blesser deux de ses vassaux les plus puissants, dont l'un était en péril de mort; il devait, suivant sa parole, confisquer les terres de deux autres de ses vassaux, otages d'Amauri; il voyait sa chevalerie fort animée et prête à recommencer le combat, les uns prenant parti pour Amauri, les autres pour Hugues. La duchesse accablée, comme attachée au cercueil de son fils, semblait perdre la raison. Que faire?

Le soir de cette deuxième journée, quand tout était silencieux dans le château, le malheureux père fit appeler le comte Guillaume dans sa chambre, et dès qu'il fut entré, saisissant les mains de son vieux chevalier : « Ah! comte, comte! » lui dit-il; et il éclata en sanglots.

Le comte Guillaume était un grand vieillard, droit encore. Des boucles de cheveux blancs entouraient son crâne chauve et luisant; et, depuis que son âge ne lui permettait plus de porter le camail de mailles et le heaume, il avait laissé croître sa barbe. Blanche comme une toison d'agneau, elle descendait en ondes soyeuses sur sa poitrine. Ses yeux grands, clairs, semblaient regarder au fond du cœur de chacun; aussi pouvait-on difficilement soutenir son regard. Il était vêtu d'une longue pelisse brune doublée de vair sur une cotte de soie serrée à la taille par une ceinture ornée de bossettes d'argent. Des chausses noires couvraient ses jambes osseuses, mais encore solides et droites. Pendant que le duc, le front appuyé sur l'épaule du chevalier, donnait cours à sa douleur contenue et distraite jusque-là, celui qui eût pu voir la belle figure du vieillard eût été touché d'admiration. Que de choses disaient ces nobles traits! Lui aussi pleurait, de grosses larmes glissaient sur ses joues et venaient mouiller la chevelure de son seigneur; mais que de droiture et de douceur cependant se peignaient dans ces yeux humides. Combien de dures épreuves avaient laissé leur trace sur ces traits flétris sans en avoir pu altérer la sérénité et la bonté.

« Allons, dit enfin le comte, sire duc, mon seigneur, reprenez vos sens. — Oui, comte, oui, parlons de tout ceci »; et il se reprenait à sangloter. Puis, quand cet orage de douleur fut un peu calmé, les personnages s'assirent en face l'un de l'autre. « Comte, dit le duc, je t'ai fait appeler; tes sages avis me sont nécessaires plus que jamais. Plût à Dieu que je les eusse toujours suivis.... Que penser? Que faire? A quoi se résoudre? Amauri a-t-il parlé? — Amauri n'a rien confessé avant de mourir et n'a prononcé que des paroles sans suite. — On m'a assuré qu'il avait dit quelques mots à l'abbé de Cluny. — L'abbé de Cluny m'a donné sa parole que ces mots n'avaient trait qu'à l'état de son âme et n'accusaient pas le mourant de trahison. L'abbé est un homme de Dieu, il ne ment pas; d'ailleurs il est de son intérêt de déclarer qu'Amauri aurait confessé sa félonie. — Et toi, comte, quel est ton sentiment? — Sire duc, Amauri est mort. Dieu ait son âme, Charles est mort. Les deux témoins principaux de la scène d'hier sont blessés et l'un des deux est peut-être mort à cette heure. Mais cinquante autres personnes, sans compter l'abbé qui est un homme digne de foi, ont vu ce qui s'est passé, et ceux que j'ai interrogés séparément, ont exactement confirmé le récit de Hugues. Les deux agresseurs, Charles et Amauri, étaient armés, la tête couverte du heaume qui ne pouvait laisser voir leur visage; ils étaient seuls et nul n'a signalé la présence d'un écuyer. Ceux-ci, que j'ai interrogés également, m'ont affirmé qu'Amauri leur avait donné l'ordre de les attendre au milieu du bois. — Mais quel intérêt pouvait avoir Amauri et mon fils d'aller attaquer ces gens, si ce que rapporte Hugues est vrai? — Un seul des deux avait à cela un intérêt, c'est Amauri. — Comment cela? — Tous ceux qui rapportent la scène d'hier sont d'accord pour déclarer que, des deux chevaliers armés, un seul a attaqué, que l'autre est demeuré immobile; Amauri, lui-même, dans son récit, n'a pas dit qu'il eût pris part à la lutte. — Ainsi, Amauri aurait entraîné Charles dans une entreprise félonne?... — Sire duc, permettez-moi d'achever. Hugues a raconté que l'un des deux chevaliers, avant de se jeter sur son frère, avait, à haute voix, dit : « N'êtes-vous point Hugues et Gérard de

Favernay?... et que, sur la réponse affirmative de Gérard, il s'était précipité glaive baissé sur lui. L'abbé m'a narré exactement la même chose, ainsi que le messager Épergos, qui fait partie de sa suite, et qui était là présent; homme de grand sens, prudent, m'a-t-il semblé et qui parle clair. Donc, Charles aurait cru devoir se débarrasser de ces deux frères; pourquoi? Charles était doux et ne pouvait être poussé à un acte aussi éloigné des lois de la chevalerie, que par une violente passion, que s'il eût cru à une trahison et eût pensé devoir en prévenir les effets sans perdre de temps. Il ne connaissait pas les deux frères de Favernay, non plus que ceux-ci ne le connaissaient. Ce n'était donc que sur un bruit, sur une supposition, qu'il se mettait en devoir de se défaire d'eux. Qui avait intérêt à faire naître dans l'esprit de Charles cette méchante pensée? Celui qui devait profiter de la mort des deux frères : Amauri. — Hélas! dit le duc, je commence à voir clair dans cette horrible affaire. — Vous savez, sire duc, que grande partie de la terre de Favernay passe, par suite d'anciennes alliances et de la disposition des fiefs de Lorraine, à la terre de Mirecourt en cas de défaillance des hoirs mâles de Favernay. La terre de Mirecourt est rentrée dans votre domaine seigneurial il y a deux ans et vous l'avez donnée à votre neveu Amauri.... — Assez, assez, comte! je comprends tout et Amauri jouait à coup sûr. Si Charles tuait les frères de Favernay, lui, Amauri, voyait le domaine que je lui ai octroyé, augmenté de la terre de Favernay; si mon fils succombait.... — Oui, sire duc, si Charles succombait, Amauri pouvait devenir duc de Lorraine. »

Un long silence suivit ce discours. Le duc paraissait en proie aux angoisses les plus poignantes; la figure du vieux chevalier, impassible, grave, avait l'immobilité d'une statue.

« Mais, reprit brusquement le duc, qu'a donc pu dire Amauri à mon fils pour l'engager à attaquer ces jeunes gens? Quelles fables a-t-il pu inventer pour le décider à se déshonorer par un acte de félonie? — Sire duc, votre fils Charles était un bon et doux damoiseau, bien appris, mais de tête un peu légère, facile à émouvoir. Humblement, je vous dis un jour, que peut-être mieux valait pour lui la compagnie de chevaliers mûrs et d'expérience que celle d'Amauri, avec qui toutes ses journées se passaient en chasse.... — Hélas! c'est vrai, et en moi-même je te trouvais sévère pour la jeunesse, comte. — Aussi n'ai-je pas insisté et ne parlerais-je pas de ceci à mon seigneur, si, depuis ce jour, je n'avais pas surveillé attentivement les démarches des jeunes gens, dans l'espoir de prévenir quelque malheur et de voir passer sans tache la couronne ducale de Lorraine sur la tête de votre fils unique... Malheureusement, le mauvais esprit l'a emporté. Il ne m'était pas difficile de reconnaître qu'Amauri, dont le regard ne s'adressait jamais droit, était rongé par une ambition sans limites et qu'il s'entourait de mille trames pour obtenir ce qu'il désirait. Ce qu'il a pu dire à Charles, je ne le sais, mais il pouvait inventer plus d'une fable pour l'animer contre les jeunes gens appelés à votre cour; d'autant que les frères Hugues et Gérard passent pour être des damoiseaux accomplis, braves (et l'un d'eux vient de le prouver), aimés des dames et qui sont pénétrés de la sagesse de leur mère, l'une des plus nobles femmes de la Lorraine. Il est facile d'exciter la jalousie, de grossir les faits les plus minces, dans une tête de vingt ans. Mais à quoi bon s'appesantir sur ce passé irréparable, sire duc, il ne s'agit plus, pour votre seigneurie, que de sortir de cette affaire, tout honneur sauf, et puisque vous daignez me demander avis, je vous le donnerai sans réserve.

« Après avoir porté le corps de votre fils au moutier, assemblez vos chevaliers, profitez de la présence de l'abbé de Cluny, appelez des témoins et faites de l'affaire, devant tous, une information exacte dont il sera tenu registre, scellé de votre sceau. Si l'acte de votre fils est une tache, il l'a lavée de son sang, mais il ne saurait convenir que, quoi qu'il en coûte, le duc de Lorraine ne se montre pas bon justicier, fût-ce de ses proches. Quand chacun l'aura reconnu tel, même à ses propres dépens, il n'est pas un baron qui ose revenir sur cette triste affaire. Le jugement rendu, ou plutôt l'information achevée, octroyez de nouveau aux otages d'Amauri leurs terres, confisquées par suite de sa défaite, traitez honorablement les deux frères Hugues et Gérard et renvoyez-les à leur mère sains et saufs, si Dieu permet qu'ils ne meurent pas de leurs blessures. »

Ainsi fut-il fait comme le conseillait le comte Guillaume. Mais, pendant ces plaids, Épergos et Doxi n'avaient guère eu le loisir de remplir la mission dont ils étaient chargés près le duc Thibaut. En leur qualité de messagers munis de lettres scellées, on leur laissa parcourir le palais jusqu'à ce que le duc pût les entendre.

Le château de Bellefontaine (fig. 97) occupe le sommet d'un mamelon rocheux, abrupt, taché de quelques bouquets de sapins rabougris. On n'y arrive que par un chemin tortueux du côté du sud. Sur ce point, une grande barbacane A[1], enveloppée d'un simple mur en maçonnerie, crénelé, précède un pont jeté sur un fossé creusé dans le roc. Ce pont qui, en cas de siége, est facilement enlevé, est protégé par deux grosses tours entre lesquelles s'ouvre la porte, défendue par un mâchicoulis et fermée par des vantaux et une herse. Quand on a franchi le couloir percé entre les deux tours, on pénètre par une pente douce dans la baille, ou première cour, enveloppée de murs élevés et crénelés et contre lesquels, à l'intérieur, sont disposés des écuries et logements de serviteurs C. Ces

---

1. Voy. la descriptoin détrillée d'un château de la grande époque féodale dans l'*Histoire d'une forteresse*.

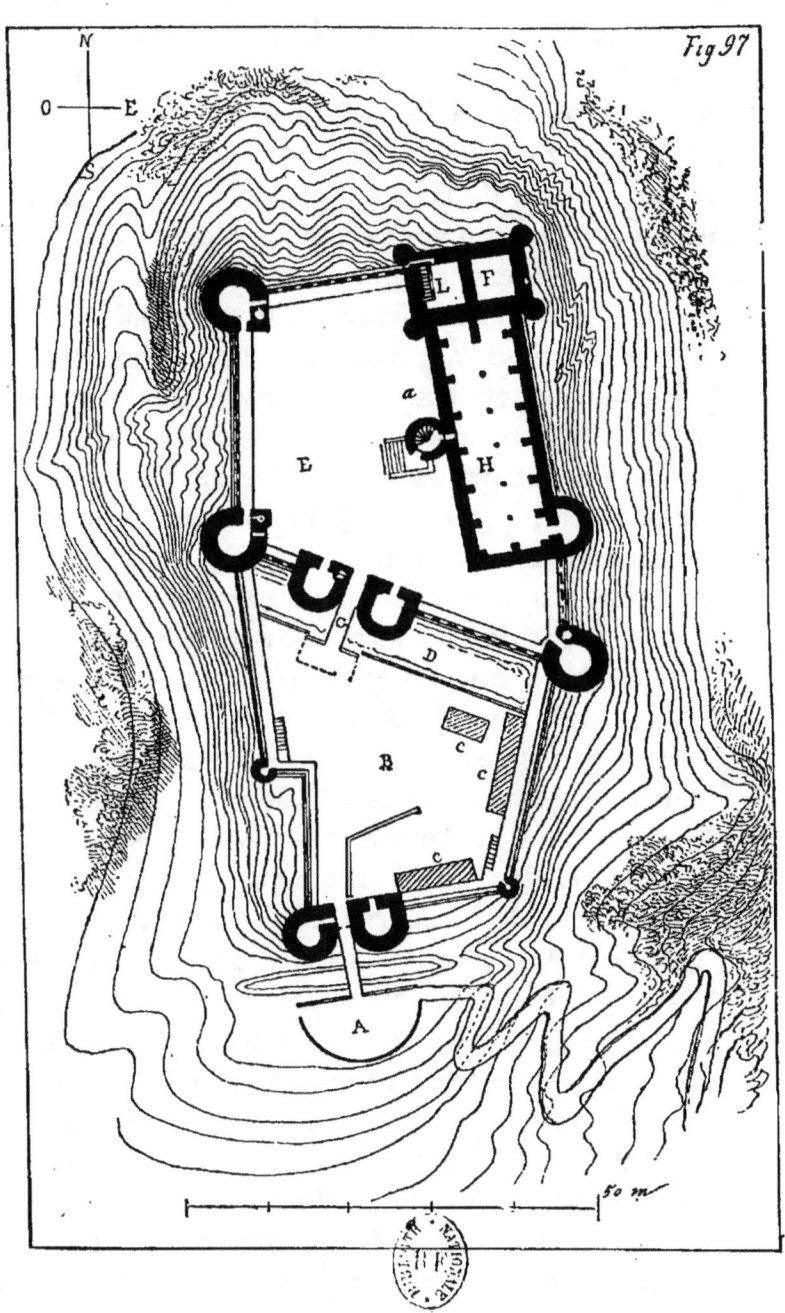

constructions sont faites de bois et peuvent être détruites rapidement si on craint que la baille ne tombe au pouvoir de l'ennemi et si toute la garnison doit se renfermer dans le château, séparé de la baille par un second fossé profond D, également creusé dans le roc.

Devant le pont du château est une petite barbacane défendue par une simple palissade. Ce pont G, disposé comme le précédent, est protégé par deux tours, avec porte entre elles. Le passage franchi, on entre dans la cour E, entourée de hautes murailles avec fortes tours aux angles. L'habitation est tout entière renfermée dans le grand bâtiment H et le donjon F. Un large escalier circulaire avec perron en avant permet d'atteindre aux différents étages de ce bâtiment, qui se défend du côté extérieur dominant un escarpement inaccessible.

Si nous faisons une coupe transversale sur $a\,b$, nous avons la disposition des locaux de ce gros bâtiment (fig. 98). Le niveau de la cour est en A et l'escarpement rocheux en B. Du sol de la cour, on descend à l'étage inférieur C, voûté, réservé aux cuisines et à l'emmagasinement des provisions, lesquelles sont descendues par une trémie. Ces caves reçoivent du jour par de larges soupiraux S. Le sol des appartements du rez-de-chaussée D est quelque peu élevé au-dessus du niveau de la cour. Ce rez-de-chaussée est voûté, partagé en deux, comme les caves, par une épine de piliers légers qui portent ces voûtes. Des cloisons de bois (clotets) divisent ce rez-de-chaussée en plusieurs chambres possédant chacune une fenêtre sur la cour. C'est là que demeurent les barons, les chevaliers familiers du duc. Au-dessus est la grande salle E, qui occupe toute la longueur du bâtiment jusqu'au donjon. A chacune de ses extrémités s'ouvre une vaste cheminée. La grande salle est couverte par une belle charpente lambrissée sur les entraits de laquelle, en cas de siége, on peut établir un plancher de bois propre au loge-

98

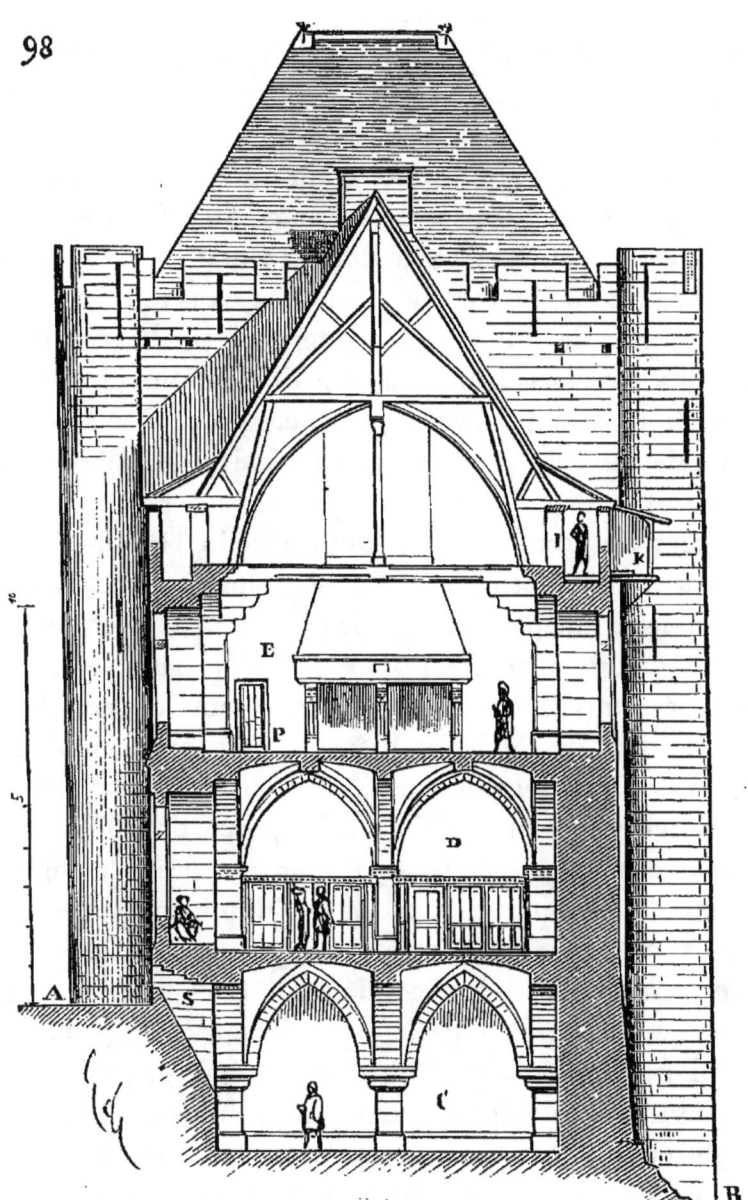

ment d'une nombreuse garnison qui, alors, se trouve à proximité et au niveau des défenses I, consistant en un chemin de ronde crénelé auquel on ajoute, au besoin, des hourds de bois K, propres à défendre le pied des murs et à préserver les archers et arbalétriers.

De la grande salle, on ne communique au donjon que par la petite porte P, fortement barrée et fermée en outre par une herse. C'est dans le donjon que demeure le seigneur du lieu. Ce donjon est divisé en deux dans toute sa hauteur par un mur de refend [1] et on ne peut pénétrer d'une des deux pièces dans l'autre que par des couloirs étroits et détournés. Les hauteurs des planchers du donjon sont au niveau de ceux du gros bâtiment, mais, du dehors, on ne peut entrer dans ce donjon que par une porte percée à la hauteur du premier étage et une échelle. Habituellement le seigneur, pour pénétrer dans ses appartements, monte par l'escalier principal, traverse la grande salle et entre chez lui par la petite porte P. Pour se rendre dans les pièces du rez-de-chaussée et dans les caves, il faut, du premier étage du donjon, descendre par un escalier droit, intérieur, en bois L. De l'étage des caves, on peut sortir sur les rochers extérieurs par un couloir étroit, percé dans l'épaisseur du mur, et une poterne masquée par la tourelle d'angle nord-ouest. Les défenses du donjon dominent celles du gros logis, ainsi que le montre la coupe, et l'une des tourelles contient un escalier conduisant du premier étage au deuxième et aux crénelages supérieurs, lesquels peuvent être munis de hourds. La chapelle était disposée dans une des salles du donjon, et des puits, creusés dans le roc sur plusieurs points, fournissaient une belle eau claire.

La figure 99 présente la vue de ce château du côté du sud-est.

1. Voy. le plan, figure 97.

VUE EXTÉRIEURE DU CHATEAU FÉODAL (P. 342).

La mission dont Épergos était chargé consistait précisément à fournir au duc Thibaut des renseignements nouveaux sur l'art de fortifier les places, renseignements apportés de Palestine par le baron Guy, qui avait pris une part très-active à la défense du château de la Roche-Pont contre le duc de Bourgogne, une vingtaine d'années auparavant [1]. Le baron Guy était mort, mais son neveu, le sire de la Roche-Pont, dont le fils aîné avait épousé une fille du duc Thibaut, avait fort à cœur de fournir à son allié les précieux renseignements recueillis par ce baron Guy, non-seulement sur l'art de fortifier les places, mais sur la composition des feux grégeois et traits à poudre. Le duc, qui savait l'objet de la mission confiée aux deux compagnons, recommanda donc qu'on fît voir, à Épergos surtout, — car la partie de la mission dont Doxi était spécialement chargé était étrangère à la fortification des places, — toutes les dispositions les plus secrètes de la défense, jusqu'au moment où il pourrait l'entretenir; aussi, quand cette audience lui fut donnée, Épergos put-il savamment parler au duc.

« Sire duc, lui dit-il, votre châtel de Bellefontaine se défend plus encore par son assiette que par les travaux de main d'homme; aussi l'objet de ma mission ne saurait être applicable à un lieu comme celui-ci. Mais un seigneur aussi puissant ne saurait, comme un vassal, se renfermer dans ce nid d'aigle pour y attendre son ennemi. Il lui faut de grandes places en pays découvert, où il puisse réunir et protéger ses armées. Or, en Syrie, les chrétiens ont à défendre souvent un vaste territoire contre un ennemi vigilant et toujours armé, et, s'ils ont perdu Jérusalem, ce n'est pas faute de précautions défensives, mais parce que la division s'était mise entre eux et qu'ils n'ont pu réunir leurs forces au moment opportun.

---

1. Voy. l'histoire de ce château dans l'*Histoire d'une forteresse*.

« Le baron Guy, de bonne mémoire et de profonde expérience, oncle du sire de la Roche-Pont et qui avait fait la guerre en Syrie, avait donc réuni beaucoup de renseignements sur l'art de fortifier, non-seulement une place isolée, mais un territoire tout entier, et ce sont ces renseignements, recueillis par son neveu, que je suis chargé de vous transmettre de sa part. Ils sont consignés sur ces vélins par un clerc, frère Jérôme, mais ils doivent être accompagnés d'explications verbales que Votre Seigneurie entendra s'il lui plaît. » Ce fut ainsi qu'Épergos remplit sa mission, à la satisfaction du duc, car il sut lui prouver que les châteaux qu'on bâtissait jusqu'alors étaient trop resserrés; que la défense, en cas d'une attaque vigoureuse, y était gênée et ne pouvait prendre l'offensive, si l'occasion s'en présentait; qu'il fallait étendre les défenses; et, au moyen de postes très-forts, isolés, mais pouvant communiquer entre eux par des signaux, protéger au loin les abords et arrêter la marche d'un ennemi ou l'obliger à diviser ses forces.

Le duc écouta Épergos avec attention, et, ayant fait écrire tout ce qu'il lui dit, il lui fit bonne chère, malgré la douleur dont il était accablé. Doxi ayant, de son côté, remis son message au duc, les deux compagnons s'en allèrent, emportant de beaux présents.

XXVII

LA RENAISSANCE.

« Mon bon et docte ami, » disait Épergos à Philibert, architecte fort occupé de constructions notables, tant aux champs qu'à la ville, « mon bon et docte ami, vous aurez beau dire, vous ne faites pas de l'architecture grecque ou romaine, mais bel et bien de l'architecture française sous le très-chrétien et très-glorieux roi Charles neuvième, qui ne ressemble pas plus à Périclès et à Auguste que vos palais ne ressemblent à ceux d'Athènes ou de la Rome antique. — Voire! répondit Philibert; le grand roi François, à l'instar des Médicis et autres princes qu'il est inutile de nommer, ne fit-il pas venir et acheter toutes sortes de livres rares et exquis qu'on pouvait trouver en la Syrie, l'Égypte, la Grèce et autres pays étrangers, afin de rendre leurs bibliothèques plus belles et plus propres à instruire les doctes sur les choses touchant l'antiquité païenne, et notamment sur le grand art de l'architecture. — Dites cela dans vos écrits, mon ami, mais je voudrais bien voir ces livres antiques qui vous apprennent votre métier. — Eh! mais, Vitruvius.... — Je vous accorde celui-là, tout de bon.... puis après?

— Et Frontinus, Cicero, Plinius, Hérodote, Plato, Aristotélès et d'autres.... — Eh! mon ami, vous pourrez lire cent ans Aristote et Platon, Pline, Ciceron et Frontin, que je vous donne un royaume si vous y trouvez de quoi bâtir une maison. — Dans les lettres de Cicero et de Plinius, il est des passages qui touchent à l'art de l'architecture. — Oui, ces messieurs parlaient de leurs *villæ* et se plaisaient à décrire à leurs amis les avantages et commodités qu'elles renfermaient, afin de les engager à les venir visiter ; mais bâtissez donc quelque chose sur ces descriptions d'amateurs des arts. Entre nous, laissez là cette prétention à imiter l'antiquité que vous ne connaissez pas; gardez ces discours pour vos seigneurs qui, vêtus de hauts-de-chausses à crevés, de pourpoints étroits à longues manches traînantes et de manteaux courts à l'espagnol, coiffés de chapeaux sans bords ornés de fermoirs et de colliers à devises, croient habiter dans des palais faits à l'antique et se font traduire Tite-Live entourés de perroquets et de lévriers. Mode que tout cela, mon bon ami, mode. Profitez-en, mais n'en soyez pas la dupe. — A vrai dire, depuis trente ans et plus, j'ai observé que la plupart de ceux qui ont voulu élever des bâtiments les ont aussi soudainement commencés que légèrement ils en avaient délibéré, demandant, par fortune, avis à quelque présomptueux et sans connaissance de l'art, mais qui se disent fort habiles et fort experts en matière d'architecture.

« Ces frottés de grec et de latin ne sont même point maçons ou charpentiers, mais quelques complaisants parasites et faux maîtres ès science, qui entraînent les seigneurs en des dépenses, cause souvent de leur ruine et de leur honte ; car, prétendant acquérir une renommée immortelle, ils ne recueillent que fâcherie, dettes et soupçons de folie. — A la bonne heure, parlez à ces prétendus amateurs des bâtiments façonnés à l'antique le langage de l'écolier limousin du divin Rabelais ; mais avec moi, ami, ne vous amusez

RENAISSANCE

VUE D'UN HÔTEL DE LA RENAISSANCE — PARIS (P. 347).

pas à ces passe-temps et appelez les choses par leur vrai nom.... Vous disiez donc que vous terminez un petit hôtel, près de la Bastille, dont vous êtes satisfait. Le peut-on visiter ? — Oui, certes, Épergos, mon ami, on peut le visiter. J'y ai mis mes soins, et le seigneur s'est gardé d'iceux inconvénients, laissant liberté et pouvoir à l'architecte de choisir les maîtres maçons et ouvriers tel que bon lui semblait. Aussi verrez-vous que l'œuvre a été bien conduite. — Allons donc voir votre hôtel. »

Épergos et l'architecte Philibert tirèrent vers la Bastille, et, passant par la rue Saint-Antoine, ils entrèrent dans une cour fermée par une grille posée sur un bahut. L'hôtel était en retraite de cette grille de dix toises environ, isolé et entouré de jardins qui s'étendaient par-derrière jusqu'à vingt ou trente toises. Philibert avait raison d'être content de son œuvre, car l'aspect de cet hôtel, dès l'entrée, était gracieux et plaisant (fig. 100). Le rez-de-chaussée, relevé de deux toises environ au-dessus du sol des jardins, était précédé d'un perron divisé en deux degrés latéralement, avec quelques marches en avant. Les paliers des deux degrés arrivaient sous deux pavillons reliés à un portique construit en retraite, de manière à laisser une terrasse entre ces deux pavillons. Au-dessus de ce portique, s'élevait le premier étage, orné de belles caryatides aux angles et sur les trumeaux. Les façades latérales, ainsi que celle postérieure, étaient fort simples. Le tout était bien bâti, en belles pierres de taille et couvert de toits en ardoises avec grandes lucarnes de pierre sur les deux faces principales au centre, et autres plus petites couvertes de plomb.

Quand Épergos eut complimenté son ami sur cette façade heureusement mouvementée, on entra d'abord dans l'étage inférieur au niveau du sol de la cour. Cet étage voûté (fig. 101) était en grande partie destiné aux offices et cuisines; cependant la porte A, percée entre les deux degrés, était réservée aux maîtres qui pouvaient aller prendre le frais, en été, dans la galerie B et dans ce que Philibert ap-

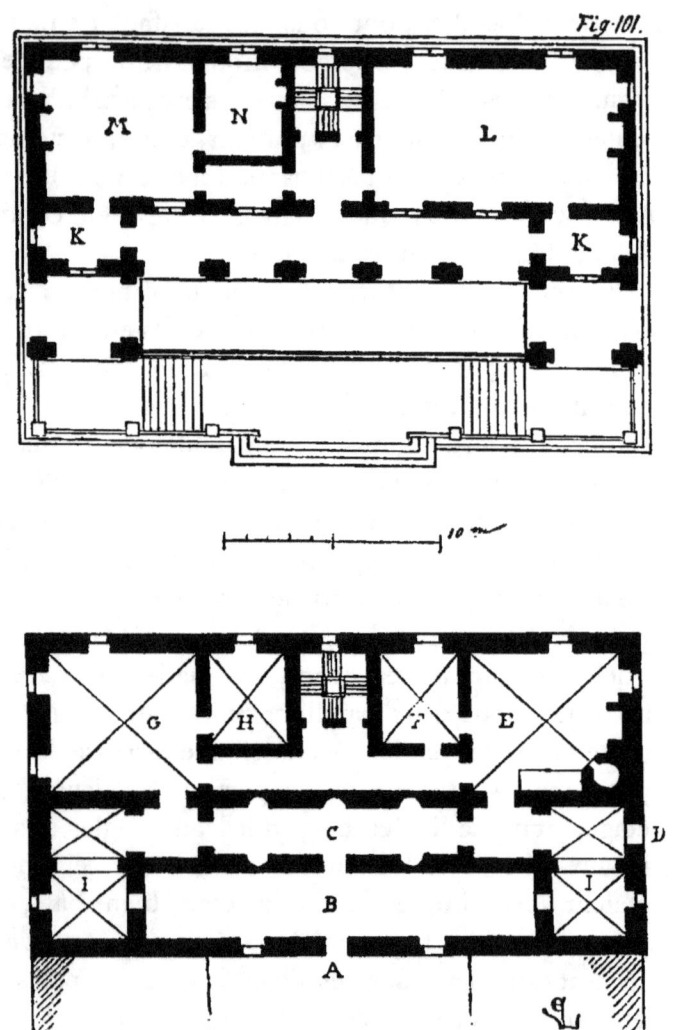

Fig. 101.

pelait *la Grotte* C, lieu obscur, orné de niches. Les gens de service entraient par la porte latérale D pour se rendre à la cuisine E et aux offices F G H. En I étaient des celliers. L'escalier central montait aux appartements et descendait aussi aux caves. Le rez-de-chaussée relevé contenait, outre les portiques servant de vestibules, deux antichambres K, une grande salle L et une grande chambre M avec garde-robe N.

Le premier étage était distribué à peu près de la même manière, si ce n'est que le portique donnait une jolie galerie, et les deux pavillons, des cabinets fort gais. Dans les combles étaient les chambres pour les gens. Des deux côtés de l'entrée de la cour s'élevaient une écurie et des communs pour le service.

« Je m'émerveille, dit Épergos à Philibert, lorsqu'ils eurent visité le logis et pendant qu'ils se promenaient dans le petit jardin qu'on plantait, comme chaque nation conserve ses habitudes à travers les siècles. Les Florentins, Romains, Milanais, Vénitiens, prétendent reprendre les formules de l'habitation des anciens, et chacune de ces populations conserve invariablement les mêmes dispositions intérieures des habitations élevées depuis des siècles. Tous leurs efforts pour revenir à l'art antique ne tendent à autre chose qu'à adopter certains ordres, certains détails d'architecture empruntés à cette antiquité et qu'ils plaquent sur les façades comme un vêtement d'emprunt. Vous faites exactement de même ici, mon excellent ami. Votre joli hôtel est un hôtel français, disposé comme le sont ceux élevés il y a cent ou deux cents ans. Seulement, au lieu d'arcs au tiers point, vous avez mis des arcades plein cintre à vos portiques ; à la place de ces contre-forts gothiques qui renforçaient les trumeaux, vous avez placé un ordre dorique romain avec des caryatides au-dessus. Au lieu de combles pyramidaux sur vos pavillons, vous avez élevé des coupolettes carrées surmontées de lanternons. C'est un habit à la mode du temps, mais le corps n'a changé ni de forme ni de structure. Remarquez que je n'émets pas un blâme, c'est une observation. Si vous alliez à Venise, vous verriez que les palais qu'on y élève aujourd'hui sont, comme plans, comme structure, comme disposition intérieure, exactement ceux qu'on y élevait jadis; seulement les architectes font ce que vous faites ici, ils remplacent l'enveloppe gothique par une enveloppe empruntée à des formes décoratives de l'antiquité. Il en est de même à Florence, à Rome et par toute l'Italie. Vous tous, là-bas comme ici, essayez de parler latin, mais les idées, les besoins que vous exprimez avec ce latin plus ou moins pur, ne sont point du tout les idées et les besoins qu'exprimaient les anciens; ce sont les vôtres, ni plus ni moins. C'est pourquoi je n'attache pas à cette défroque que vous empruntez à l'art antique, l'importance que vous semblez y mettre. J'ai feuilleté quelques-uns des livres publiés depuis peu et dans lesquels vous prétendez restaurer, d'après des ruines, les édifices publics ou privés de l'antiquité. Cela m'intéresse étrangement de voir ces constructions antiques transformées par vous autres, de la meilleure foi du monde, en constructions de votre époque. Pourquoi alors ne pas rester tout bonnement ce que vous êtes et ce que les siècles vous ont fait en suivant votre propre nature et en tâchant de perfectionner vos connaissances? Pourquoi ce retour un peu puéril vers des formes qui ne sont nullement d'accord avec vos besoins et vos mœurs? Non que je prétende qu'il faille négliger l'étude des lois, des lettres, des arts de l'antiquité; c'est un bien acquis qu'on a trop longtemps laissé en oubli et qu'il est utile et bon de connaître, dont il faut se servir; mais il me semble qu'il faudrait s'en servir, non pour le substituer à celui que vous possédez déjà, mais pour l'accroître. Je ne prends qu'un exemple afin d'expliquer ma pensée.

« Vous avez inventé en France, il y a de cela plus de trois cents ans, un système de voûtes supérieur à ce que les Romains ont fait, en ce qu'il permet une liberté absolue dans son emploi, système léger, facile à appliquer partout, approprié à la nature des matériaux que notre pays possède en abondance.

« Eh bien! vous l'abandonnez ce système, qui était un perfectionnement, une découverte utile, pour retourner à la voûte antique romaine, dont la construction n'est raisonnable qu'autant qu'on emploie les procédés adoptés par les Romains, ce que vous ne faites pas, et qui sont loin de laisser à l'architecte une liberté complète. Pourquoi cela? A quoi bon? » Doxi était venu rejoindre Épergos et Philibert pendant ce discours. « Oui, dit-il, les peuples se lassent à la fin de ces prétendus perfectionnements : en s'avançant, ils ne trouvent que ténèbres de plus en plus épaisses et reviennent sur leurs pas pour retrouver la lumière. Il est bien temps, car nous tombons dans l'obscurité! »

Épergos ne voulait pas engager une discussion avec son compagnon en ce moment; aussi s'adressant de nouveau à Philibert : « Quoi que j'aie dit, ami, je trouve votre hôtel charmant et ne puis que féliciter le seigneur qui a le bonheur de le posséder. — Un huguenot! » dit Doxi entre ses dents. Épergos ne fit pas semblant d'avoir entendu, et, après quelques propos flatteurs pour l'architecte, les deux compagnons le quittèrent.

Quand Épergos et Doxi furent seuls, s'en allant le long de l'arsenal : « En vérité, dit le premier, tu es un singulier homme. Je t'ai vu affilié aux mystères des Égyptiens, et ne voyant rien au delà des rites pieux de ce peuple, repoussant comme un crime toute autre manière de rendre hommage à l'ordre divin de l'univers. Puis les Assyriens, à leur tour, ont été pour toi les véritables interprètes des choses divines. Puis, après avoir admis je ne sais quelles autres idées, tu t'es pris d'un amour fanatique pour le paganisme, tel que le comprenaient les Romains, pensant que rien n'était et ne serait supérieur à cette alliance du prêtre et du magistrat. Tu considérais les chrétiens comme de misérables intrigants ou des fous, tendant à la désorganisation de la société. Cela a passé ; alors le bouddhisme est devenu ta foi, il fallait convertir la terre au bouddhisme.

« Revenu parmi les chrétiens, le fanatisme s'est emparé de toi, et à la maxime du Christ : « Aimez-vous les uns autres », tu as substitué celle : « Aime-moi ou je te tue. »

« Aujourd'hui tu en veux à ceux de la religion, aux huguenots comme tu les appelles ; il ne te suffit pas d'avoir contribué jadis à faire brûler de pauvres diables d'hérétiques par centaines. Et tu viens me dire que les peuples veulent revenir sur leurs pas ; mais toi-même, puisque tu prétends que les ténèbres s'épaississent à mesure qu'on marche en avant, pourquoi ne reviens-tu pas au culte d'Isis et d'Osiris ? — Le jour de la justice est proche, répondit Doxi, et il est inutile de répondre à des questions oiseuses ; je n'ai pas le pouvoir d'empêcher l'esprit du mal, l'esprit d'orgueil, d'envahir peu à peu le monde, mais mon devoir est d'arrêter ce mal dans la mesure de mes forces. Je dois combattre avec les armes dont on se sert et non avec celles qui sont rouillées et hors de service. D'ailleurs, on n'arrive à la vérité que par un long chemin ; mais, quand on l'a jointe enfin, c'est à ses côtés qu'il faut marcher, non devant elle ; car c'est alors qu'on s'égare dans les ténèbres. — La métaphore ne prouve pas grand'chose. Le plus clair de tout ceci, c'est que tu te mets toujours du côté du plus fort, dans l'espoir de retarder la marche naturelle des choses de ce monde, afin de conserver la place que tu as su te faire ; puis, quand arrive le moment où malgré tes efforts le progrès s'est accompli, la transformation s'est faite, aux prix de mille maux et de luttes cruelles, tu abandonnes un beau matin ces principes que tu déclarais immuables, la dernière expression de la vérité, pour prendre rang parmi les défenseurs d'un nouvel ordre de choses, que tu considères de nouveau comme immuable. Cela est peut-être habile ; est-ce parfaitement honnête? Je laisse à ta conscience le soin de décider. — Ma conscience me dit que l'esprit du mal est persistant, qu'il veille, prend mille formes et séduit les hommes en leur présentant sans cesse de nouveaux horizons pleins de promesses trompeuses. Je me tiens au centre de la résistance, là où est ce centre, ce n'est pas moi qui marque son point, je ne puis que m'y placer. — Soit.... encore une métaphore. Je vois que tu es en disposition de nous faire de bonne besogne. Du moins épargne mon ami Philibert. — Est-il huguenot? — Ma foi, je n'en sais rien; mais, par affection pour moi, admets qu'il ne l'est pas! »

XXVIII

CONCLUSION.

C'était le mois passé, huit personnes se réunissaient chez Brébant pour fêter la promotion d'un des convives au grade de capitaine de vaisseau. Outre le capitaine, la réunion des amis comprenait Épergos, Doxi, un journaliste, un directeur d'une administration de l'État, un architecte, un ingénieur et un peintre.

La conversation s'engagea bientôt sur les campagnes futures du capitaine et sur les contrées où son service allait le porter. Chacun disait son mot, et, sur ces contrées éloignées, les anecdotes plus ou moins authentiques, les appréciations plus ou moins exactes abondaient.

Souvent Épergos émettait quelques doutes ou essayait de rétablir des faits exagérés : « Épergos est terrible, dit le peintre, et met sur toute chose un glacis gris. Pour Dieu, laisse-nous croire à la vivacité des contrastes, autrement il n'y a plus d'art possible.

L'Ingénieur. Ce n'est pas à Épergos qu'il faut s'en prendre, si la rapidité des voyages, l'éparpillement de la science et des découvertes du siècle jettent sur tous les coins du globe une teinte uniforme, et si les Japonais font des bateaux à vapeur, des chemins de fer et allument du gaz dans leurs villes; si les Persans portent des paletots tout comme nous et si l'infanterie du Grand-Seigneur est armée de fusils à aiguille.

Le Peintre. Du moins laissez-nous croire encore à ces contrastes; permettez à notre imagination de s'y complaire, ne tuez pas en nous le sentiment du pittoresque par la peinture de la réalité brutale.

Doxi. Autrefois le bien et le mal étaient inégalement répartis sur la terre. Ici était la vérité, là l'erreur; aujourd'hui on a changé cela : la vérité et l'erreur sont si bien mêlées et font si bon ménage même, qu'il n'en sort que des fruits bâtards, nourriture malsaine et pauvre, de laquelle même on ne saurait extraire les sucs vivifiants tant ils sont délayés dans un milieu empoisonné.

Le Directeur. Doxi a bien un peu raison; aussi le rôle d'un gouvernement est de rechercher ces sucs nourriciers, afin de les donner seuls au peuple.

Le Journaliste. La difficulté, mon bon, est de les distiller ces sucs nourriciers, et je n'aime pas beaucoup voir le gouvernement se faire distillateur, car s'il se trompe, nous sommes certains d'être empoisonnés.

L'Architecte. Pour Dieu, ne parlons pas politique; avec ces journalistes on en arrive toujours là. Dis-nous, Épergos, toi qui as tout vu, qui a visité tant de pays, que te semblent ces monuments du Cambodge dont on vient de placer des échantillons dans le palais de Compiègne et dont j'ai eu des photographies entre les mains? Les as-tu examinés, ces photographies et ces objets?

Épergos. Mieux que cela, j'ai visité ces monuments sur place.... Il y a longtemps, il est vrai.

L'Architecte. Eh bien! à quelle civilisation cela appartient-il? Il me semble y trouver des influences hindoues, chinoises, mongoles, et au total cela ressemble plus à un art de décadence qu'à un art primitif?

Épergos. Tes appréciations sont exactes, mais il serait bien long de suivre la filière de ces arts de l'Orient.

Le Capitaine. Épergos répond toujours ainsi et semble redouter de nous éclairer; cependant je suis témoin qu'il en sait long sur toutes ces questions appartenant aux vieilles civilisations et me souviens, qu'avant de partir pour un de mes derniers voyages en Cochinchine, il m'a donné des indications d'une telle précision sur de vieux monuments, que j'ai pu exactement les trouver aux points indiqués; seulement ils étaient en ruine, ce qu'ignorait sans doute notre ami, puisqu'il m'avait décrit des salles, des plafonds, dont on ne retrouvait plus que les débris. L'étrange, c'est que dans le pays on m'assura que ces édifices étaient ruinés depuis plus de deux siècles.

Épergos. Il n'y a rien que de très-naturel en tout ceci : on rétablit par la pensée une chose dont on ne voit que les fragments, et plus tard cette impression résultant du travail du cerveau demeure, tandis que le souvenir de la réalité s'efface.

L'Architecte. Je ne me tiens pas pour satisfait, Épergos. Tu as vu les monuments du Cambodge, du royaume de Siam, ces monuments immenses perdus aujourd'hui au milieu des forêts, ces monuments qui accusent un état florissant, très-peuplé, désert en partie aujourd'hui.

« Qu'était cette civilisation? Raconte-nous au moins ton voyage en ces pays?

Épergos. Le *moi*, comme dit un ancien, est insupportable, et je n'ai pas l'envie de jouer ici le rôle de ces correspondants envoyés au loin par un journal et qui n'entretiennent les lecteurs que de ce qui leur est advenu, des dangers qu'ils ont couru et des repas qu'ils ont faits. Je dis que ta question, mon ami, m'entraînerait à faire une conférence très-longue et probablement ennuyeuse, sur ces arts de l'extrême Orient. D'ailleurs les arts du Cambodge sont un détail presque insignifiant au milieu du vaste continent oriental qui a vu naître et disparaître tant de civilisations.

Le Capitaine. Passons sur les détails si tu veux, d'autant qu'il faudrait rester ici quarante-huit heures, admettant qu'il te plût de parler pendant tout ce temps-là. Mais des questions générales, tu peux bien nous dire deux mots, puisque toi-même m'as répété cent fois quand je t'interrogeais à propos de mes voyages futurs : « C'est toujours la même chose, le monde n'est pas si varié que tu crois; il y a dans l'ordre moral et matériel, touchant l'humanité, trois ou quatre principes qui se représentent partout et toujours indépendamment des temps, des milieux, des circonstances. »

Épergos. Eh bien! si c'est toujours la même chose, vous en savez tous autant que je puis en savoir.

L'Ingénieur. Allons, Doxi, aide-nous donc à faire parler Épergos, puisque tu ne l'as jamais quitté, ou parle à sa place.

Doxi. Je crois que le mieux est de se taire sur ces matières qui touchent au passé des hommes, car j'ai toujours vu que l'étude de l'histoire, de ce qu'on appelle les civilisations, a rendu pire l'espèce humaine au lieu de l'améliorer.

L'Ingénieur. Comment, pire! parce que cette étude lui enseigne à comparer, à raisonner, à éviter les écueils sur lesquels d'autres ont péri?

Doxi. Peut-être. Il devrait suffire de lire un livre, s'il contient la vérité.

Tous. Bravo! Doxi!

L'Architecte. Parlons sérieusement, car quoiqu'en dise Doxi, je ne lui crois pas l'envie de procéder devant nos bibliothèques, comme les premiers chrétiens à Alexandrie.

Le Journaliste. On ne sait pas, on ne sait pas : ces conservateurs ont de terribles dispositions à supprimer ce qui les gêne; et, si je deviens ministre de l'instruction publique, je ne nommerai pas Doxi conservateur de la Bibliothèque Nationale.

L'Architecte. La question préalable! ou nous barbottons dans la politique. Épergos, dis-nous seulement si tu crois que les hommes ont d'abord construit en bois, en pierre ou en terre? Cela ne touche qu'à des généralités, c'est bien simple.

Épergos. Pas si simple que tu crois. Si des hommes naissent sur un territoire boisé, ils se serviront naturellement de bois pour se faire des abris; mais s'ils se trouvent au milieu d'une contrée où le bois est rare et où la pierre ou le limon abonde, ils essayeront de se faire des demeures avec ces matières.

« Mais si des hommes nés sur un territoire très-boisé et ayant, par suite, pris l'habitude de construire en bois, se transportent sur un territoire dépourvu de ces grands végétaux, ils sont assez embarrassés. Il leur faut cependant des maisons. Alors, tout en se servant de matériaux nouveaux, pour eux mis à leur portée, ils ont une disposition à conserver les formes et apparences données par leurs constructions de bois.

Or, soit facultés naturelles, soit conséquence des milieux dans lesquels les diverses races humaines se sont trouvées tout d'abord établies....

Doxi. Bon, le voilà avec ses races!

Tous. N'interrompez pas l'orateur! A bas l'interrupteur!

Épergos. Il est arrivé que ces races ont adopté certains procédés de construction, procédés dont les éléments premiers se retrouvent à travers les siècles et apparaissent encore aujourd'hui aussi bien que les racines de chacune des langues parlées par ces races primitives. Et pour m'appuyer sur des exemples : les Aryas, sortis d'une contrée montagneuse et boisée qui s'étend du haut Indus au Brahmapoutra et s'enfonce au nord dans le haut Thibet et jusqu'à l'Altaï, vers son extrémité occidentale, se sont évidemment servis des bois que ces montagnes leur fournissaient en abondance pour élever leurs demeures.

Quand ils ont quitté ces altitudes pour descendre d'abord dans l'Indoustan, puis vers l'ancienne Médie et la Perse, puis vers le Pont-Euxin; puis toujours inclinant à l'Occident, vers notre Europe, tantôt ils ont trouvé des pays boisés, alors ils continuaient à construire d'après leurs méthodes premières, tantôt ils ont occupé des contrées peu abondantes en bois, alors ils ont construit — ou fait construire, ce qui est plus exact, — avec du pisé ou de la pierre; mais ces demeures reproduisent, dans cent détails, l'apparence de la structure de bois. Témoin ces monuments de l'Inde, d'une époque relativement récente puisqu'ils ne datent que du commencement du bouddhisme et qui, bien qu'élevés en pierre ou même taillés dans le roc, figurent des ouvrages de charpenterie.

« Les édifices du Cambodge dont parlait tout à l'heure notre ami, lesquels sont postérieurs au commencement du christianisme, quoique bâtis entièrement de grès, même les combles, conservent ces apparences de structure de bois, d'une manière si frappante, qu'à distance on les prendrait pour des édifices de charpenterie.

« Est-ce à dire que ces constructions du Cambodge, non plus que beaucoup d'autres de cette classe, sont dûs à la race âryenne? Certes non. Ceux du Cambodge proviendraient, d'après les figures nombreuses sculptées sur leurs parois, de la race Mongole; mais d'où la race mongole avait-elle reçu ces influences?

« Des traditions âryennes, et c'est pourquoi cet art de seconde main, mélangé dans ses détails de produits très-divers, manifeste tous les signes d'un art de décadence. Il n'en est jamais ainsi des produits purs ou à peu près purs de cette race des Aryas; ils ne se noient pas dans une quan-

Fig. 102.

tité d'apports confus, ils se conservent à travers les âges. Vous serez peut-être surpris si je vous dis que les chalets de montagnes de la Suisse sont exactement pareils aux chalets que l'on voit sur les rampes de l'Himâlaya et dans les vallées de Kachmyr. Rien cependant n'est plus exact. Cette construction, cette apparence que vous donne le croquis que j'ai justement dans cet album (fig. 102), vous les trouvez sur ces deux points du globe qui n'ont entre eux nulle relation.

« Il y a des milliers d'années que les chalets suisses, comme ceux du Thibet et de la vallée de Kachmyr, sont construits suivant les mêmes procédés par des tronçons d'une même race séparés depuis des siècles. On a parlé beaucoup depuis peu de quelques découvertes récentes, des habitations lacustres. Ces habitations lacustres, c'est-à-dire élevées dans les eaux calmes des lacs, mais assez distantes des rives pour que leur isolement au milieu des eaux fût une sûreté, sont dues à une circonstance particulière, non à une race plutôt qu'à une autre. Il y a des habitations lacustres élevées par les Jaunes, les Chinois, les Touraniens, il y en a et il y en avait qui étaient élevées par des Aryas. Les unes comme les autres conservent, bien que construites dans des conditions identiques, les procédés de structure qui appartiennent aux Aryas et aux Touraniens.

« Voici encore un croquis (fig. 103), qui montre quelques-unes de ces habitations élevées en Birmanie et presque entièrement faites de bambous, car cette contrée en produit en quantité.

« Là, l'influence des Aryas et des Jaunes,—car si les castes élevées appartiennent aux descendants des Aryas, le peuple est de sang touranien, — se fait sentir à la fois: combinaisons de charpente qui appartiennent aux Aryas, emploi de ces nattes, de ces ouvrages de bambous dans les constructions qui appartiennent plus spécialement aux Jaunes. Les habitations lacustres du lac de Bienne devaient fort ressembler à celles-là, sauf les bambous qui étaient remplacés par des troncs d'arbre ou même des branchages entrelacés et du limon. J'avais donc raison quand je disais à notre ami le capitaine que c'est toujours la même chose, ou pour être plus correct, que l'on retrouve toujours chez tous les peuples, les éléments qui trahissent leur origine.

« Voilà les Sémites, qui eux, à leur berceau, ne construisent pas avec du bois puisqu'il a plu au Créateur de les

Fig. 103.

placer dans des contrées où le bois de construction a toujours été rare. Il leur faut employer la pierre, ou, ce qui est plus facile, le limon des rivières. Il en est même, parmi eux, qui n'ont ni limon, ni bois, ni pierre propre à bâtir Ils habitent sous des tentes; cependant les herbages, bientôt mangés sur un point par les troupeaux, venant à manquer, il leur faut chercher sans cesse de nouveaux pâturages qui semblent fuir devant eux; depuis le commencement du monde ils transportent ainsi leurs tentes d'un lieu à un autre.

« Est-ce à dire que ces hommes soient incapables de concevoir un autre abri que celui fourni par quelques peaux ou de grossières étoffes de laine, cousues ensemble. Non, certes, et la preuve, c'est que quand ces pasteurs ont pu s'établir quelque part, comme en Égypte, comme en Syrie dans les temps les plus éloignés, ils ont bâti et fait bâtir, non comme l'ont fait les Aryas, mais comme faisaient leurs frères sémites.

« Maintenant, si les principes sont invariables, si les traces des origines sont indélébiles, les conséquences produites par le mélange de ces origines sont variables à l'infini, et il faut dire que la qualité esthétique est d'autant plus faible que ces mélanges sont plus confus.

« Je n'aime guère les formules qui, en ces questions, peuvent fausser les idées. Aussi je ne vous donne celles-ci que comme un exposé très-sommaire qui rendra mes explications plus claires en leur prêtant la précision d'une opération chimique. Les Aryas, livrés à eux-mêmes, construisent toujours de la même manière et ont une affection si prononcée pour la structure de bois, qu'ils cherchent de préférence les contrées boisées et considèrent ces grands végétaux comme sacrés. Tous les peuples d'origine âryenne aiment les forêts, s'y plaisent, y vivent et ont des bois consacrés. Les Jaunes, livrés à eux-mêmes, et venus probablement à l'origine sur de vastes territoires arrosés, marécageux, construisent en roseaux ; ils obtiennent de bonne heure des chaux, de la brique, des émaux, des peintures, des matières agglutinantes, toutes choses qui exigent un développement industriel primitif, mais qu'ils perfectionnent rapidement. Les Sémites, ou vivent forcément sous la tente ou dans la grotte naturelle ou creusée, ou se font des *grottes* avec de l'argile, c'est-à-dire qu'ils élèvent des masses concrètes de limon ou d'argile, des *tumuli* creux dans lesquels ils sont à l'abri de la chaleur et des insectes, car ils sont venus dans des contrées chaudes, peu garnies de bois et où les cours d'eau sont rares. Ce sont eux qui les premiers ont inconsciemment donné les éléments de la voûte.

« Je néglige certaines races, ou qui sont restées à un état d'infériorité évidente, ou qui ne sont pas nettement accusées; car il est bien entendu que la nature n'admet pas ces classifications tranchées, commodes pour nous autres, mais dont elle ne se soucie guère.

« Il ne serait pas correct cependant de négliger ce qu'on appelle les *Chamites*, race puissante, divisée en deux groupes, noir et blanc, mais qui paraît avoir eu de tout temps une aptitude particulière pour les ouvrages de pierre; de pierre sans l'appoint du mortier, de pierres superposées, jointives, taillées. Mélangée de bonne heure aux Sémites, cette race a su donner à ce mélange un caractère particulier, l'amour des constructions colossales, surprenantes, des matériaux indestructibles.

« C'est ce qui explique comment, dans certaines contrées de l'Afrique et de la Syrie, Égypte et Phénicie, on voyait, à côté de la hutte d'argile, de limon du peuple, ces édifices grandioses élevés à l'aide de moyens d'une puissance qui nous étonne.

« Si donc, ces éléments étant connus, nous les mélangeons, suivant des proportions différentes, nous obtenons des résultats différents, mais dans lesquels cependant chacun de ces éléments se laisse deviner en si petite dose qu'il soit.

« Ainsi quand les Aryas se trouvent en conctact avec les Sémites déjà mélangés de Chamites, il en résulte un art très-complet. Le sens moral de l'Arya lui fait repousser ces exagérations, aimées des Chamites, mais à la structure de bois il substitue la structure de pierre et il emploie les formes qui conviennent à cette dernière, bien qu'on reconnaisse la trace de la première. C'est ce phénomène que nous présente, à sa plus haute expression, l'art grec. Le Grec, qui connaît parfaitement la chaux et qui l'emploie pour faire des enduits, ne met pas le mortier en œuvre avec la pierre de taille, celle-ci est posée jointive, à l'instar des constructions phéniciennes; mais, à ces constructions faites suivant le procédé phénicien, il donne des formes qui rappellent la structure de bois. Il en résulte un art qui est merveilleux dans ses produits, mais dans la composition duquel on ne reconnaît pas moins les origines d'où il est sorti.

« Allons en Égypte; là, si les produits sont divers, et se perdent dans un passé obscur, on peut cependant les démêler et en déduire les éléments qui ont dû les composer. On trouve à la fois : la structure sémitique, une influence âryenne, un élément chamite très-prononcé.

« Passons-nous à Rome? la structure présente des origines non moins diverses, mais qui restent pour ainsi dire juxtaposées sans se mélanger étroitement. Le Romain fait des voûtes que n'admettaient pas les Grecs et que construisaient les Étrusques; il emploie le mortier dans ses constructions, mais avec la brique, le blocage, le moellon, jamais avec la pierre de taille. Il emploie celle-ci, comme l'emploient les Grecs, c'est-à-dire à joints vifs, et cela jusqu'à la fin de l'empire.

« Il y a dans le Romain un apport phénicien, c'est-à-dire étrusque, c'est-à-dire sémite, mélangé de chamite, un apport âryen incontestable; car lui aussi, construit en bois à son heure, aime les forêts et les vénère.

« Peut-être même y a-t-il dans son affaire quelques atomes de sang jaune, car il aime la structure agglutinée, il emploie les mortiers à profusion.

« Mais voyez comme cette influence des races est indélébile? Regadez ces cottages anglais, c'est toujours la maison de l'ârya, non-seulement comme structure, mais comme disposition des locaux. Vous y voyez perpétuellement la salle (Hall) où se réunit la famille, parloir, lieu d'assemblée, puis cette séparation de la vie intérieure avec la vie publique, *gynécée* des Grecs, *nursery* de l'Anglais, c'est à bien peu de choses près le même lieu, car il ne faut pas confondre le gynécée avec le harem, l'un est le lieu sacré de la famille, l'autre une sorte de volière fermée aux regards étrangers. Allez en Suède, en Danemark, vous trouverez dans l'habitation privée ces dispositions, qui datent des temps primitifs de la race des Aryas, la salle et le lieu réservé à la vie de famille ; lieu inviolable. Dans vos anciens châteaux français, vous reproduisiez la même disposition, tant que les influences gallo-romaines n'ont pas repris le dessus sur les influences indo-germaniques, de ce qu'on appelle les Francs. Comme structure, le vrai cottage de l'Anglais est encore la maison de charpente de l'Arya et même, s'il le bâtit en pierre, les formes rappellent la structure de bois. De même, si vous allez à Damas, au Caire, à Ispahan aussi bien qu'en Algérie ou à Tunis et même en Espagne, vous retrouvez un seul plan adopté dès une haute antiquité, et suivi jusqu'à présent. La cour, entourée de portiques, le *patio* avec ses chambrettes, puis la salle haute s'ouvrant sur ce patio avec ses divans et ne recevant que des jours voilés, lieu frais et tranquille où l'on se réunit. Eh bien ! cette disposition se trouvait à l'état rudimentaire, et se voit encore dans quelques cités à peine habitées de la Syrie méridionale :

« Une cour simplement entourée de murs, avec portiques formés de nattes posées sur des roseaux, et un abri au fond [1].

---

1. Voy. la figure 46.

« Rien ne ressemblait plus aux rues de la Rome moderne que les rues de la Rome antique.

« Visitons-nous la Chine? Il vous est facile de constater que les maisons construites il y a quatre cents ans étaient identiquement pareilles à celles qu'on y bâtit aujourd'hui, puisqu'il existe des représentations fidèles de ces habitations ; et, si vous remontez plus haut ou plus loin, vous retrouverez toujours la même structure, par cette raison qu'elle résulte d'un procédé rudimentaire qui n'est ni la conséquence d'un mélange, ni une déduction.

« Allons-nous au Mexique et dans le Yucatan? Oh! là, dans ces grands édifices d'Uxmal, de Chichen-Itza, d'Isamal, de Palenqué et de Mitla, les mélanges sont manifestes. On trouve la trace d'origines transportées là de seconde main, la structure de bois caractérisée, mais simulée en pierre, même inconsciemment; les procédés d'agglutinage, c'est-à-dire les blocages avec mortier; la pierre taillée en dépit de ses propriétés et des conditions de pose; la trace de l'ornementation empruntée aux tissus, aux passementeries, par conséquent un art déjà bien vieux, en pleine décadence et avec ces formes décrépites, une singulière barbarie primitive dans les plans, dans les dispositions qui touchent aux habitudes. D'où l'on peut conclure que les peuplades qui ont construit ces monuments sont le produit d'origines très-diverses, ou un produit inférieur ayant reçu des influences de races puissantes et depuis longtemps adonnées aux arts, mais n'ayant subi qu'imparfaitement et grossièrement ces influences, les ayant mal digérées pour ainsi dire, et surtout étant hors d'état de les coordonner et de choisir celles qui s'approprieraient au climat et aux conditions dans lesquelles les circonstances les plaçaient.

« Mais je ne veux pas vous fatiguer par une énumération de toutes les conséquences des origines, dont je vous ai montré les points saillants. Il faut toujours conclure.

« Il est donc certain que, pendant des milliers d'années, ces origines se sont rapprochées, séparées, confondues. Longtemps il a été facile de les distinguer, parce que les mélanges étaient récents ou très-simples. Plus le monde a marché et plus ces mélanges ont été étendus et compliqués. Cependant l'analyse peut toujours permettre de retrouver ces origines, si complexe que soit la combinaison, de même qu'on peut toujours reconnaître l'origine d'une langue par ses racines, et la reconstituer du moment qu'on a mis la main sur quelques-unes de ces racines. Ce siècle-ci a fait de grands pas dans la voie analytique; il lui en reste plus encore à faire. La conséquence, pour l'objet en question, c'est-à-dire touchant l'habitation de l'homme, sera de faire connaître à chacun les éléments propres à sa race ou aux races dont il est issu, ce qui lui permettra de se loger mieux suivant sa nature et ses aptitudes.

« Le mouvement de la renaissance qui a été pour l'Europe une véritable révolution, en remettant sous ses yeux tout un passé qu'elle ignorait ou ne connaissait que très-imparfaitement; ce mouvement, par l'enthousiasme qu'il a excité en faveur de l'antiquité, chez tous les esprits élevés, a détourné un moment cette partie du globe de sa voie. On trouvait l'antiquité si belle, si complète, qu'on voulait s'y arrêter, contracter avec elle une indissoluble union; et d'abord on se reprit d'amour pour sa forme.

« Ainsi négligea-t-on tout un travail considérable qui avait été fait pendant le moyen âge, et voulut-on le considérer comme bon à jeter au panier. C'était une erreur, et de plus, ce n'était pas possible. Il n'est pas plus donné à une époque qu'à un homme ou à un corps, si puissant qu'on le suppose, de biffer une page du livre de l'humanité que de soustraire une des strates de la couche terrestre, sous le prétexte qu'elle est grossière. Ce qui est acquis, est acquis.

« Mais cet enthousiasme pour l'antiquité produit aujourd'hui des fruits plus sérieux. Il fait tout fouiller, tout scruter, tout analyser, tout classer; on a vu bientôt qu'on ne peut pas étudier *une antiquité* coupée dans l'inventaire humain, que toutes les époques s'enchaînent et se transforment par une série de transitions et d'influences; de même qu'en géologie on ne peut étudier un terrain, sans savoir ce qu'il y a au-dessous et au-dessus. Ces amateurs passionnés des formes grecque et romaine, — car ils les confondaient dans leur amour naïf, bien qu'elles soient aussi différentes dans leur principe que dans leurs expressions, — ont pu égarer l'Europe pendant deux ou trois siècles. — Qu'est cela dans la vie de l'humanité! — et on s'est mis partout à faire du néo-grec ou du néo-romain, qui ferait bien rire les Grecs et les Romains, sans se soucier des origines, des aptitudes des peuples, du climat, des matériaux, des conditions nouvelles faites à la société. A Paris comme à Rome, à Madrid comme à Saint-Pétersbourg, à Vienne comme à Stockholm, on a fait des palais prétendus romains ou grecs.

« Cependant des générations de chercheurs se sont élevées, et n'ont pas eu trop de peine à démontrer que l'humanité n'est pas ainsi faite tout d'une pièce et que, si une maison de Pompéi est charmante sous le ciel de Naples, et pour des gens qui vivaient il y a deux mille ans, ce n'est pas une raison pour qu'elle convienne à notre temps et à notre climat. Il y a donc une tendance prononcée vers une réaction. Chacun cherche déjà et cherchera davantage à savoir d'où il vient, quel il est, et par suite, à adopter ces formes originelles qui conviennent au génie et aux besoins de sa race. Ce mouvement est très-prononcé déjà en Angleterre, en Allemagne, en Suède, en Russie; il s'accentuera de jour en jour. Aux yeux de Doxi, je sais bien que c'est là le comble du désordre moral, lui qui a toujours rêvé l'unité de l'autorité et qui n'a jamais voulu admettre que les hommes aient des aptitudes différentes en raison de leurs origines diverses; mais je crois, au contraire, qu'il y a dans l'épanouissement de ces idées une source nouvelle de prospérité et de grandeur pour l'humanité.

« Le philosophe a dit à l'homme : « Connais-toi toi-« même, » et c'est, en effet, le commencement de toute sagesse. Il est temps de dire à l'humanité : « Recherche tes « origines, tu connaîtras tes aptitudes et tu pourras mar-« cher dans la véritable voie de tes destinées.... »

« Si j'admettais la métempsycose, dit en sortant le journaliste à l'architecte, je croirais qu'on a oublié, à chaque période de l'existence d'Épergos, de le tremper dans le Léthé! »

TABLE

PROLOGUE.		1
CHAP. I.	SONT-CE DES HOMMES ?	4
— II.	LES ARYAS.	8
— III.	LA NOUVELLE HABITATION DE L' « HOM ».	15
— IV.	LES JAUNES.	26
— V.	LES ÉMIGRANTS.	37
— VI.	PREMIERS ÉTABLISSEMENTS DES ARYAS SUR LES HAUTS AFFLUENTS DE L'INDUS.	41
— VII.	DES OCCUPATIONS DE DOXI ET D'ÉPERGOS CHEZ LES ARYAS ÉTABLIS SUR LE HAUT INDUS	54
— VIII.	LE DÉSERT DE L'ASIE CENTRALE.	62
— IX.	LE DELTA DU NIL.	67
— X.	LES DEMEURES DES ÉGYPTIENS SOUS LES TROIS PREMIÈRES DYNASTIES.	82
— XI.	LES GRANDES ÉTAPES.	107

Chap. XII.	Comment étaient faites les premières habitations des Aryas établis dans la Médie supérieure	116
— XIII.	Les Sémites pasteurs et les Sémites sédentaires	124
— XIV.	Les Assyriens	129
— XV.	Les Pélasges	154
— XVI.	Les Ioniens de l'Asie, Cariens, Lyciens	162
— XVII.	Les Hellènes	185
— XVIII.	Les Romains	212
— XIX.	La Syrie septentrionale	238
— XX.	L'Inde bouddhique	256
— XXI.	Voyage a travers l'extrême orient	269
— XXII.	Les Nahuas, les Toltèques	278
— XXIII.	Les Scandinaves	293
— XXIV.	La Gaule sous les Mérovingiens et les Carlovingiens	301
— XXV.	Les Sarrasins	311
— XXVI.	L'époque féodale	323
— XXVII.	La Renaissance	345
— XXVIII.	Conclusion	354

Catalogue de bons Livres à l'usage de la Jeunesse

ÉDUCATION & RÉCRÉATION
18, Rue Jacob, 18
PARIS
J. Hetzel & Cie

JOURNAL ILLUSTRÉ DE TOUTE LA FAMILLE
MAGASIN ILLUSTRÉ
D'ÉDUCATION ET DE RÉCRÉATION
Couronné par l'Académie Française
DIRIGÉ PAR
Jean MACÉ, P.-J. STAHL, Jules VERNE

La collection complète du *MAGASIN D'ÉDUCATION* se compose de 22 beaux volumes grand in-8° illustrés. (**Il paraît deux volumes par an.**)

Prix : brochés, **154** fr.; cart., dorés, **220** fr. — Séparés, brochés, **7** fr.; cart., dorés, **10** fr.

ABONNEMENT D'UN AN :
PARIS, **14** FR. — DÉPARTEMENTS, **16** FR. — ETRANGER, PORT EN SUS

Les deux volumes de l'année 1875, tomes XXI et XXII, contiennent :

L'Ile mystérieuse, de Jules VERNE.— *Le Chalet des Sapins*, de Prosper CHAZEL.— *L'Odyssée de Pataud et de son chien Fricot*, de P.-J. STAHL et CHAM. — *L'Araignée, Ces détestables Souris, Le Hibou, Le Grillon, La Chenille*, de BÉNÉDICT. — *Un Robinson fait au Collége, La Grammaire de Mlle Lili*, de Jean MACÉ. — *L'Enfant grondé*, par Victor DE LAPRADE. — *Le Singe qui fume, Le Singe-Lion et le baron Larrey, Un Chien instruit, Les Lièvres de Cowper*, de Pierre NOTH. — *Un premier Symptôme, Sur la Politesse, Lettre à Mlle Lili*, de E. LEGOUVÉ. — *Histoire de Bebelle, Une Lettre inédite, Septante fois sept*, de Ch. DICKENS. — *La Matinée de Lucile*, de P.-J. STAHL. — *Histoire d'une Robe bleue, Les Lunettes du vieux Curé, Morale pratique du père Hans, Pâquerette, Le premier Hanneton, Le Taciturne, Une Aventure en chemin de fer*, de Henry FAUQUEZ. — *Le petit Tailleur*, de F. GÉNIN. — *Notre vieille Maison*, de Henry HAVARD. — *Mlle Oui et Mlle Non*, par M.-F. DUPIN DE ST-ANDRÉ. — *Histoire d'une goutte d'eau*, etc., etc.

Les tomes I à XXI renferment comme œuvres principales :

Les Aventures du Capitaine Hatteras, Les Enfants du Capitaine Grant, Vingt mille lieues sous les mers, Aventures de trois Russes et de trois Anglais, Le pays des Fourrures, de Jules VERNE. — *La Morale familière, Les Contes Anglais, La famille Chester, L'Histoire d'un Ane et de deux jeunes Filles*, de P.-J. STAHL. — *La Roche aux Mouettes*, de Jules SANDEAU. — *Le Nouveau Robinson Suisse*, de STAHL.

et Muller. — *Romain Kalbris*, d'Hector Malot. — *Histoire d'une Maison*, de Viollet-le-Duc. — *Les Serviteurs de l'Estomac, Le Géant d'Alsace, L'Anniversaire de Waterloo, Le Gulf-Stream*, etc., de Jean Macé. — *Le Denier de la France, La Chasse, Le Travail et la Douleur, A Madame la reine*, etc., de E. Legouvé. — *Petit Enfant, petit Oiseau, La Sœur aînée*, Poésies de Victor de Laprade. — *La Jeunesse des Hommes célèbres*, de Muller. — *Aventures d'un jeune Naturaliste, Entre Frères et Sœurs*, de Lucien Biart. — *Causeries d'Économie pratique*, de Maurice Block. — *La Justice des choses*, de Lucie B***. — *Vieux souvenirs, Départ pour la Campagne, Bébé aime le rouge*, etc., de Gustave Droz. — *Le Pacha berger*, par E. Laboulaye. — *La Musique au foyer*, par Lacome. — *Histoire d'un Aquarium, Les Clients d'un vieux Poirier*, de E. Van Bruyssel, etc., etc. — C'est-à-dire une Bibliothèque complète de l'Enfance et de la Jeunesse.

Les petites Sœurs et petites Mamans, Les Tragédies enfantines, Les Scènes familières et autres séries de dessins par Frœlich, Froment, Detaille ; textes de Stahl.

L'année 1876 (tomes XXIII et XXIV) contiendra, Ouvrages principaux :

Le Courrier du Czar, de Jules Verne, illustré par Férat. — *Le petit Roi*, de S. Blandy, illustré par Bayard. — *Une Affaire difficile à arranger*, de P.-J. Stahl, illustré par Frœlich — *Les Grottes de Plémont*, de F. Genin. — *L'Embranchement de Mugby*, de Dickens. — *Mémoires d'un Écolier américain*, par Thomas Bailey-Aldrich. — *Curiosités d'Histoire naturelle*, par Pierre Noth. — *Histoire de l'air*, par Gaston Tissandier. — *Morale en action par l'Histoire*, de E. Muller. — *Les Plantes de la Maison*, par Georges Aston. — *Introduction à nos Histoires de France*, par Jean Macé. — *Scènes de la Vie des forêts aux États-Unis*, par Van Bruyssel. — *Le Crieur de ville*, par F. Montgoméry. — *Baby Sylvester*, de Bret Harte, traduits par Th. Bentzon, etc.

Les Nouveautés pour 1875-1876 sont indiquées par une †

Albums Stahl illustrés in-8° (1ᵉʳ âge)

FRŒLICH	Alphabet de mademoiselle Lili.
—	Arithmétique de mademoiselle Lili.
—	† Grammaire de mademoiselle Lili. (J. Macé).
—	† L'A perdu de mademoiselle Babet.
—	Bonsoir, petit père.
—	Les Caprices de Manette.
—	Commandements du Grand-Papa.
—	Journée de mademoiselle Lili.
—	Le Petit Diable.
—	Mademoiselle Lili à la campagne.
—	Monsieur Toc-Toc.
—	Premier cheval et première voiture.
—	Premières Armes de mademoiselle Lili.
—	L'Ours de Sibérie.

Albums Stahl illustrés in-8° (suite)

COINCHON (A.)	Histoire d'une Mère.
DETAILLE	Les Bonnes Idées de mademoiselle Rose.
FATH	Pierrot à l'école.
—	Les Méfaits de Polichinelle.
FROMENT	La Boîte au lait.
—	Histoire d'un pain rond.
FRŒLICH	Mademoiselle Pimbêche.
—	Le Roi des Marmottes.
LALAUZE	† Le Rosier du petit frère.
LANÇON	Caporal, le Chien du régiment.
MARY	Le Petit Tyran.
PIRODON	† Histoire de Bob aîné.
PLETSCH (O.)	Les Petites Amies.

Albums Stahl illustrés grand in-8°

FRŒLICH	Le Royaume des Gourmands.
—	Mademoiselle Mouvette.
—	La Révolte punie.
—	Voyage de Mademoiselle Lili autour du monde.
—	Voyage de découvertes de Mademoiselle Lili.
FROMENT	La belle petite princesse Ilsée.
—	La Chasse au volant.
GRISET	Aventures de trois vieux Marins.
—	† Pierre le Cruel.
SCHULER (T.)	Le premier Livre des petits enfants.
VAN BRUYSSEL	Histoire d'un aquarium.

Albums Stahl en couleurs in-8°

FRŒLICH	Au clair de la lune.
—	La Boulangère a des écus.
—	† La Bride sur le cou.
—	Cadet-Roussel.
—	Le Cirque à la maison.
—	Hector le Fanfaron.
—	Il était une Bergère.
—	† Malbrough s'en va-t-en-guerre.
—	Monsieur César.
—	Moulin à paroles.
—	† La Tour prends garde.
—	Jean le Hargneux (*16 planches*).

VOLUMES IN-8° ILLUSTRÉS

BRÉHAT (A. DE)	Les Aventures d'un petit Parisien.
CAHOURS ET RICHE	Chimie des demoiselles.
CHAZEL (PROSPER)	† Le Chalet des sapins.
CHERVILLE (DE)	Histoire d'un trop bon Chien.
DESNOYERS (L.)	Aventures de Jean-Paul Choppart.
GRAMONT (COMTE DE)	Les Bébés.
—	Les bons petits Enfants.
GRIMARD (E.)	La Plante.
KAEMPFEN (A.)	La Tasse à thé.
LUCIEN BIART	Entre frères et sœurs.
MACÉ (JEAN)	Histoire d'une Bouchée de pain.
—	† Les Serviteurs de l'estomac.
—	Contes du Petit Château.
—	Théâtre du Petit Château.
—	Histoire de deux marchands de pommes.
MARELLE (CH.)	Le petit monde.
MALOT (HECTOR)	Romain Kalbris.
MAYNE-REID. *Aventures de Terre et de Mer.*	Le Désert d'eau. Les jeunes Esclaves. † Les deux filles du Squatter. Les Naufragés de l'île de Bornéo. Les Planteurs de la Jamaïque. La Sœur perdue. William le Mousse.
MULLER (E)	La Jeunesse des hommes célèbres.
Nouveau Magasin des Enfants.	Aventures de Tom Pouce. Histoire du véritable Gribouille. La Bouillie de la comtesse Berthe. Histoire d'un casse-noisette.
RATISBONNE (LOUIS)	La Comédie enfantine.
SAINTINE (X.)	Picciola.
SANDEAU (J.)	La Roche aux Mouettes.
SAUVAGE (E.)	La petite Bohémienne.
SÉGUR (COMTE DE)	Fables.
STAHL (P.-J.)	Contes et Récits de Morale familière.
—	La Famille Chester.

VOLUMES IN-8° ILLUSTRÉS (suite)

STAHL (P.-J.)	Histoire d'un âne et de deux jeunes filles.
—	Mon premier voyage en mer *(adaptation)*.
—	† Les Patins d'argent *(adaptation)*.
STAHL ET DE WAILLY	Contes célèbres anglais *(adaptation)*. — Mapes Dodge.
VIOLLET-LE-DUC	Histoire d'une maison.
—	Histoire d'une forteresse.
—	† Histoire de l'habitation humaine.

VOYAGES EXTRAORDINAIRES

VERNE (JULES)	† Le Chancellor.
—	Aventures du capitaine Hatteras.
—	Aventures de trois Russes et de trois Anglais.
—	Une Ville flottante.
—	Cinq Semaines en ballon.
—	Voyage au centre de la Terre.
—	De la Terre à la Lune.
—	Autour de la Lune.
—	Le Pays des fourrures.
—	Le Docteur Ox.
—	Tour du monde en 80 jours.
—	Vingt mille lieues sous les Mers.
—	Les Enfants du capitaine Grant.
—	† L'Île Mystérieuse.
J. VERNE et TH. LAVALLÉE	Géographie illustrée de la France.

PREMIER ET SECOND AGE
Volumes grand in-8° illustrés

MEISSAS (DE)	Histoire sainte.
TEMPLE (DU)	Les Sciences usuelles.
FLAMMARION (C.)	Histoire du Ciel.
LUCIEN BIART	Aventures d'un jeune Naturaliste.
GRANDVILLE	Les Animaux peints par eux-mêmes.
STAHL ET MULLER	Nouveau Robinson suisse.

Volumes grand in-8° illustrés

FABLES DE LA FONTAINE	Illustrées par Eug. Lambert.
MOLIÈRE	Édition Sainte-Beuve et Tony Johannot.
VICTOR HUGO	Les Enfants (le livre des mères).
CONTES DE PERRAULT	— Illustrés par Doré. In-4°.

CAHIERS
D'UNE ÉLÈVE DE SAINT-DENIS
COURS COMPLET ET GRADUÉ D'ÉDUCATION
POUR LES FILLES ET POUR LES GARÇONS
A suivre en 6 années, soit dans la pension, soit dans la famille
PAR DEUX ANCIENNES ÉLÈVES DE LA MAISON DE LA LÉGION D'HONNEUR
et
LOUIS BAUDE
ANCIEN PROFESSEUR AU COLLÈGE STANISLAS

15 *volumes in-18, br., 49 fr.; cart., 52 fr. 75. — Chaque volume se vend aussi séparément.*

Cours de Lecture. — Syllabaire. — Alphabet illustré. — Lignes orthographiques. — Premières lectures courantes. — Contes moraux. — Maximes. — Lectures instructives. — Fêtes et solennités de l'Église pendant les quatre saisons de l'année. — Lectures récréatives. — Les jeux de l'enfance. — (Broché, 2 fr.; cart., 2 fr. 25.)

Instruction élémentaire (1re partie). — Religion. — Éducation. — Instruction. — Des premiers nombres et des premiers chiffres. — Des cinq sens. — Du temps et de ses divisions. — De l'univers ou de la création. — Les quatre éléments. — Les cinq parties du monde. — Des différents noms qu'on donne à l'eau. — Phénomènes atmosphériques et souterrains. — Exercices de mémoire. — Lectures. — (Broché, 3 fr.; cart., 3 fr. 25.)

Première année (*Tomes I et II*). — Introduction. — Grammaire française. — Dictées. — Histoire sainte. — Mappemonde. — Géographie de l'histoire sainte. — Anciennes divisions de la France par provinces. — Division de la France par départements. — Table chronologique des rois de France. — Arithmétique. — Système métrique. — Lectures et exercices de mémoire. — Étymologies. — (Tome I, broché, 1 fr. 50; cart., 1 fr. 75. — Tome II, broché, 2 fr. 50; cart., 2 fr. 75.)

Deuxième année (*Tomes III et IV*). — Grammaire française. — Dictées. — Histoire sainte. — Histoire ancienne. — Eres chronologiques. — Mythologie. — Études préparatoires à l'Histoire de France. — Cosmographie. — Arithmétique. — Géographie de l'Asie mineure. — Départements et arrondissements de la France. — Géographie de la France. — Lectures. — Étymologies. — (Chaque tome, broché, 2 fr. 50; cart., 2 fr. 75.)

Troisième année (*Tomes V et VI*). — Grammaire française. — Histoire ancienne. — Histoire romaine. — Histoire de l'Église. — Cosmographie. — Arithmétique. — Études préparatoires de l'Histoire de France. — Paris et ses monuments. — Lectures. — Étymologies. — (Tome V, broché, 3 fr.; cart., 3 fr. 25. — Tome VI, broché, 3 fr. 50; cart., 3 fr. 75.)

Quatrième année (*Tomes VII et VIII*). — Récapitulation de l'Histoire ancienne. — Histoire du moyen-âge. — Histoire de l'Église. — Géographie moderne. — Géographie de l'Europe. — France provinciale et départementale. — Histoire naturelle. — Précis de l'histoire de la langue française. — Traité de versification. — Lectures. — Étymologies. — (Chaque vol., br., 3 fr. 50; cart., 3 fr. 75.)

Cinquième année (*Tomes IX et X*). — Histoire moderne. — Histoire de l'Église. — Géographie de l'Amérique et de l'Océanie. — Curiosités historiques. — Botanique. — Zoologie. — Principales inventions et découvertes. — Lectures. — Étymologies. — (Tome IX, broché, 3 fr. 50; cart., 3 fr. 75. — Tome X, broché, 4 fr.; cart., 4 fr. 25.)

Sixième année (*Tomes XI et XII*). — Principes de littérature. — Histoire de la littérature ancienne et française. — Introduction à la Philosophie. — Philosophie. — Table chronologique des principaux événements de l'histoire contemporaine depuis 1789. — Bibliographie. — Philologie des langues européennes. — Précis de l'histoire générale des études. — Biographie des femmes célèbres. — Notions Géographiques complémentaires. — Morceaux choisis. — Étymologies. — (Chaque volume, broché, 4 fr. 50; cart., 4 fr. 75.)

Cahier complémentaire. — Considérations générales. — Histoire de l'architecture. — De la Sculpture. — De la Peinture. — Gravure. — Lithographie. — Histoire de la Musique. — Astronomie. — Archéologie. — Numismatique. — Paléographie. — Minéralogie. — Algèbre et Géométrie. — De la vapeur et de ses applications. — Télégraphie électrique. — Galvanoplastie. — De la chloroformisation. — De la photographie et de l'aérostation. — Broché, 5 fr.; cart., 5 fr. 25.

EN PRÉPARATION
3me VOLUME PRÉPARATOIRE, **INSTRUCTION ÉLÉMENTAIRE** (*2e partie*)
4me VOLUME PRÉPARATOIRE, **COURS D'ÉCRITURE** avec planches.

Volumes in-18

AMPÈRE, Journal et Correspondance. 3 vol.

B. (LUCIE), † Une Maman qui ne punit pas. — † Aventures d'Edouard et Justice des choses.

ANDERSEN, Nouveaux Contes.

BERTRAND (A.), Les Fondateurs de l'Astronomie.

BIART, Aventures d'un jeune Naturaliste. — † Entre frères et Sœurs.

BOISSONNAS, Une Famille pendant la guerre de 1870-71 (1 vol.). — Un Vaincu.

BRACHET (A.), Grammaire historique

BRÉHAT (DE), Aventures d'un petit Parisien. — Dictionnaire Étymologique.

CARLEN, Un brillant Mariage.

CHERVILLE (DE), Histoire d'un trop bon Chien.

CLÉMENT (CH.), Michel-Ange, etc.

DESNOYERS (L.), Aventures de Jean-Paul Choppart.

DURAND (HIP.), Les grands Prosateurs. — Les grands Poëtes.

ERCKMANN-CHATRIAN, L'Invasion — Madame Thérèse. — Les 2 Frères.

FOUCOU, Histoire du travail.

GRATIOLET (P.), De la Physionomie.

GRIMARD, Histoire d'une goutte de séve.

HIPPEAU, Cours d'Economie domestique

HUGO (VICTOR), Les Enfants.

IMMERMANN, La blonde Lisbeth.

LA FONTAINE (*Edition Jouaust*). Fables, annotées par Buffon.

LAVALLÉE (TH.), Histoire de la Turquie (2 volumes).

LEGOUVÉ (E.), Les Pères et les Enfants (2 volumes). — Conférences parisiennes.

LOCKROY (Mme), Contes à mes nièces.

MACAULAY, Histoire et Critique.

MACÉ (JEAN), Arithmétiq. du Grand-Papa. — Contes du Petit Château. — Histoire d'une Bouchée de pain. — Les Serviteurs de l'estomac.

MALOT (HECTOR), Romain Kalbris.

MAURY, Géographie physique.

MULLER, Jeunesse des hommes célèb.

ORDINAIRE, Dictionnaire de Mythologie. — Rhétorique nouvelle.

RATISBONNE, Comédie enfantine.

RECLUS, Histoire d'un Ruisseau.

RENARD, Le fond de la Mer.

ROZAN (CH.), Ignorances de la Conversation.

ROULIN (F.), Histoire naturelle.

SANDEAU (JULES), La Roche aux Mouettes.

SAYOUS, Conseils à une Mère. — Principes de Littérature.

SIMONIN, Histoire de la Terre.

STAHL (P.-J.), Contes et Récits de Morale familière. — † Histoire d'un Ane et de deux jeunes filles.

STAHL (P.-J.), Mon 1er voyage en mer (*adaptation*).

STAHL ET MULLER, Le nouveau Robinson suisse.

STAHL ET DE WAILLY, Scènes de la vie des Enfants en Amérique. — Les Vacances de Riquet et Madeleine. — Mary Bell, Willam et Lafaine.

SUSANE (GÉNÉRAL), Histoire de la Cavalerie (3 vol.). — Histoire de l'Artillerie.

THIERS, Histoire de Law.

VALLERY-RADOT, Journal d'un Volontaire d'un an.

VERNE (JULES), Aventures de trois Russes et de trois Anglais. — Les Anglais au pôle Nord. — Le Désert de glace. — † Le Chancellor. — Cinq Semaines en ballon. — De la Terre à la Lune. — Autour de la Lune. — Le Docteur Ox. — Les grands Voyages et les grands Voyageurs. — Le Pays des fourrures (2 vol.). — Le Tour du monde en 80 jours. — Vingt mille lieues sous les Mers (2 vol.). — Voyage au centre de la Terre. — Une Ville flottante.

Les Enfants du capitaine Grant :

L'Amérique du Sud. — L'Australie. — L'Océan Pacifique.

L'Ile mystérieuse :

1re partie. Les Naufragés de l'air. — 2e partie. † L'Abandonné. — 3e partie. † Le Secret de l'île.

ZURCHER et MARGOLLÉ, Les Tempêtes. — Histoire de la Navigation. — Le Monde sous-marin.

Volumes in-18 (suite)
Prix divers

BRACHET (A.)	Dictionnaire étymologique de la langue française.
CLAVÉ	Principes d'économie politique.
DUMAS (A.)	La Bouillie de la comtesse Berthe.
MACÉ (JEAN)	Théâtre du Petit Château.
NODIER (CH.)	Trésor des Fèves et Fleur des Pois.
SOUVIRON	Dictionnaire des Termes techniques.

Volumes in-18 avec Cartes ou Figures

ANQUEZ	Histoire de France.
BERTRAND	Lettres sur les révolutions du Globe.
BOISSONNAS (B.)	† Un Vaincu.
FARADAY	Histoire d'une Chandelle.
FRANKLIN (J.)	Vie des Animaux, 6 vol. (non illustrés).
HIRTZ (Mlle)	Méthode de Coupe et de Confection.
LAVALLÉE (TH.)	Frontières de la France, avec Carte.
MAYNE-REID	AVENTURES DE TERRE ET DE MER. — William le Mousse.
—	Les jeunes Esclaves. — Les Chasseurs de girafes.
—	Les Naufragés de l'île de Bornéo. — Le Désert d'eau.
—	† Les Planteurs de la Jamaïque. — La Sœur perdue.
MICKIEWICZ (ADAM)	Histoire populaire de la Pologne.
MORTIMER D'OCAGNE	Les grandes Écoles de France.
NODIER (CH.)	Contes choisis (2 volumes).
SILVA (DE)	Le livre de Maurice.
SUSANE (GÉNÉRAL)	Histoire de l'artillerie.
TYNDALL	Dans les Montagnes.

Œuvres poétiques de Victor Hugo
ÉDITION ELZEVIRIENNE

10 *volumes*. Édition sur papier de Hollande et sur papier de Chine

Odes et Ballades, 1 vol. — Orientales, 1 vol. — Feuilles d'Automne, 1 vol. — Chants du Crépuscule, 1 vol. — Voix intérieures, 1 vol. — Rayons et Ombres, 1 vol. — Contemplations, 2 vol. — La Légende des Siècles, 1 vol. — Les Chansons des Rues et des Bois, 1 vol.

TOUS LES AGES
Albums in-folio illustrés

COLIN (A.)	Études de dessin d'après les grands maîtres.
FRŒLICH	Sept Fables de La Fontaine, illustrées de 9 planches.
GRANDVILLE ET KAULBACH.	Album (œuvres choisies).

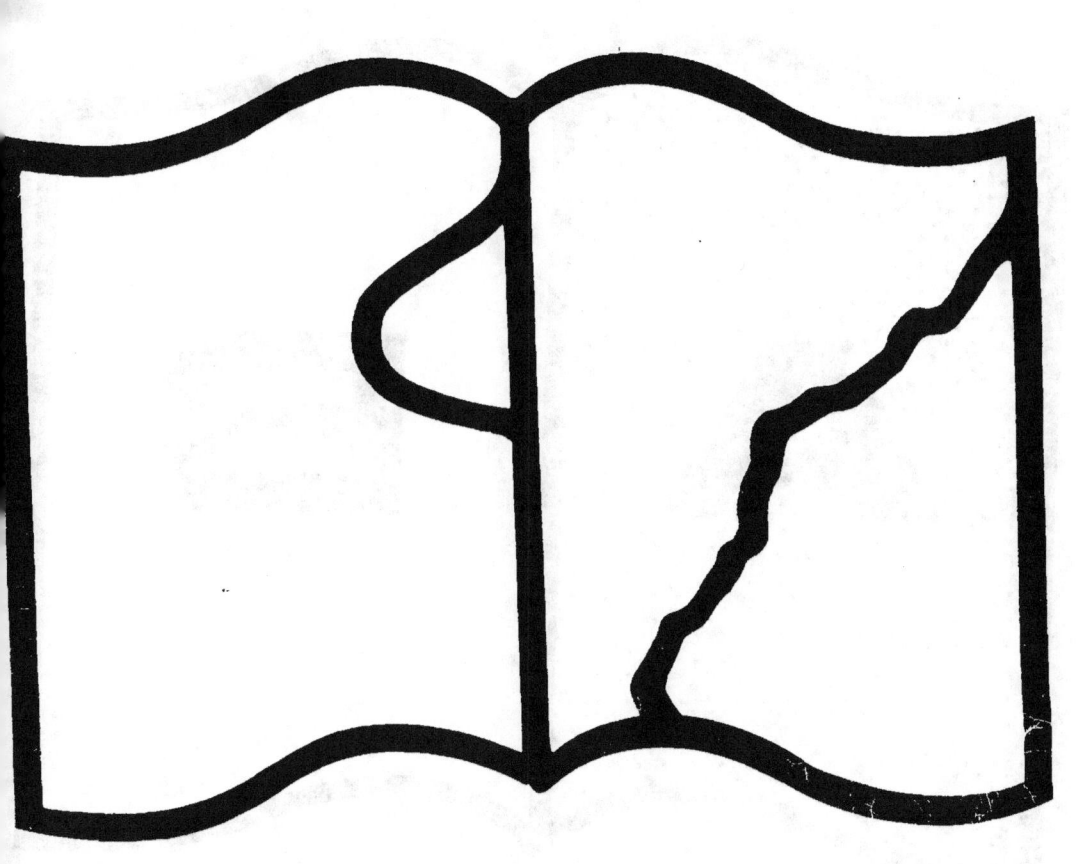

Texte détérioré — reliure défectueuse

NF Z 43-120-11

Contraste insuffisant

NF Z 43-120-14

www.ingramcontent.com/pod-product-compliance
Lightning Source LLC
Chambersburg PA
CBHW071111230426
43666CB00009B/1921